蝴蝶老师
教你读小说

HUDIE LAOSHI JIAONI DU XIAOSHUO

胡冬梅 著

全国百佳图书出版单位
时代出版传媒股份有限公司
黄山书社

图书在版编目（CIP）数据

蝴蝶老师教你读小说 / 胡冬梅著 .— 合肥：
黄山书社，2019.7
ISBN 978-7-5461-8333-6

Ⅰ . ①蝴… Ⅱ . ①胡… Ⅲ . ①阅读课—小学—教学参考
资料 Ⅳ . ① G624.233

中国版本图书馆 CIP 数据核字（2019）第 152116 号

蝴蝶老师教你读小说 胡冬梅 著

出品人 贾兴权
选题策划 项银芹
责任编辑 侯 雷
责任印制 李 磊
装帧设计 钱志刚
出版发行 时代出版传媒股份有限公司（http://www.press-mart.com）
黄山书社（http://www.hspress.cn）
地址邮编 安徽省合肥市蜀山区翡翠路 1118 号出版传媒广场 7 层 230071
印 刷 河北省永清县晔盛亚胶印有限公司
版 次 2019 年 10 月第 1 版
印 次 2021 年 10 月第 2 次印刷
开 本 787mm × 1092mm 1/16
字 数 280 千
印 张 17
书 号 ISBN 978-7-5461-8333-6/01
定 价 48.00 元

服务热线 0551-63533706

销售热线 0551-63533761

官方直营书店（http://hsssbook.tmall.com）

目　录
Contents

阅读是场奇妙的旅行

一起读小说

（代序）

一

一起读小说吧。

因为，整本书阅读与教学是当前语文教学非常重要的领域，也是一线教师较少涉猎的领域。儿童小说是整本书阅读与教学的重要组成部分，它不仅丰富孩子的阅读内容，给孩子文学初乳，更是在阅读中有效提升孩子的阅读力、思考力、写作力和创造力。

2015 年，应新蕾出版社邀约，我和著名儿童阅读推广人王林博士主编了四本《童书玩转语文课堂》，里面收录了 74 本国际大奖小说的教学设计，侧重读后延展活动的设计。2017 年出版后，得到很多一线老师的反馈，他们觉得如果有适合做班级读书会、聚焦主题展开讨论的设计就更好了，同时也希望教学设计更加具体翔实，更利于刚起步的老师以借鉴和参考。于是，便有了这本书的诞生，它可以算是《童书玩转语文课堂》的姐妹版。

这本书精心选用 12 本国际大奖小说，适用对象为三至六年级学生。根据教学需要，每本书精心设计三个不同面向的主题，主要聚焦在阅读理解、文学欣赏、创意写作、阅读策略等领域。通过话题讨论、策略学习、读写结合、主题阅读等形式激发学生持久的阅读兴趣，提升儿童小说的阅读力，训练思考力，提高写作力。

二

关于本书的实际运用，两点建议：照着教，也可变着教。

照着教，按照本书策划，一月读一本，一周聊一个主题，一年完成 12 本书。如果你是老师，一学期可以分别带领孩子阅读 4~5 本，寒暑假可以采用线上教学模式。如果你是家长，则不受课堂教学限制，充分利用每个周末的时光，与孩子来一场国际大奖小说阅读之旅。

变着教，则是根据自己或者孩子的实际情况，对书目、主题以及阅读时间做调整。例如，一周读完一本书有些困难，就给孩子多一点时间。一个主题一课时不够，就用两课时（有的主题是读写结合的，就建议连用两课时），有的主题不合适，就去掉或者变换一个。虽然，我对这 12 本书阅读与教学做了系统规划，书目的选择也是遵循由薄到厚，由浅入深的原则，部分主题前后有承接或照应，但也不是绝对的，因此，12 本书的前后顺序也可以微调。如果本书设计给了你启发，你能举一反三，自主开发新的主题新的设计自然是更妙的结果。

此外，这本书最大的特点不光是因为有 12 本小说 36 节课的教学实录，还为每本书配备了可扫码下载、完整可编辑的教学课件，可极大地方便教师教学使用。

三

这 12 本国际大奖小说书，涉及 36 个精选的聊书主题，30 余本作为辅读的优质图画书和 20 余本相关小说，通过两年线上线下的实际教学，得到了很好的效益，达到预设的目的。

学生反馈说，跟着老师读了 12 本书，越读越觉得有乐趣，不仅读懂了这本小说，还按图索骥读了更多的小说和其他的文学作品，更重要的是掌握了阅读小说的基本方法与实用的读写策略。

家长反馈说，看着孩子从一开始不喜欢阅读到现在捧起书放不下了，持续的小说阅读让孩子的成长清晰可见。

老师们则反馈说，比起语文课本，小说阅读与教学显然更有挑战，也更有意义。这本书没有高深的理论，没有泛泛而谈的策略指点，只是老师们特别熟悉的课堂实录，但是它确实给了刚入门的老师以非常实用的参考，也给有一定经验的老师以启发，让老师在教学实践中既提升了学生也提升了自己。

而我，借由 12 本小说的阅读与教学，不仅收获着读书的快乐，收获着学生对我的情意，也收获着对儿童小说教学更深刻的理解。角色、情节、背景、主题、语言、结构，这些日常阅读课里听不到的文学要素已经成为我和学生们通用的阅读密码；圆圈图、树形图、流程图、四格漫画、概念图、思维导图，这些思维图示不仅将思维可视化，更成为帮助我们解决阅读与写作问题的好帮手；提升自己、关注生活，学习表达、乐于分享则让我们明白阅读的终极意义。这里，特别感谢王林博士的指导，感谢我的同事的积极参与，也十分感谢博雅小学堂搭建的线上交流平台，感谢赵国庆主编的《八大思维图示法》一书带给我的诸多启发。

四

一起读小说，与大师同行，与孩子共长，与美好相遇！

开课之前的课

阅读是场快乐的旅行

阅读是最好的旅行，文字和想象会让我们看到更加精彩的世界。一个月读一本书，就是去一个地方旅行。既然旅行，就要做准备。这次的旅行都在境外，因为老师选择的都是获得国际大奖的小说，所以你要准备一个旅行护照，它既是我们身份的证明，也将为此次旅行留下最好的足迹。那它长什么样呢?

国际大奖小说阅读旅行

护照

持照人姓名：

国籍：

出生年月：

导游：

伴游：

旅行起止时间：

颁证机构：

护照的首页，主要是一些基本信息。其中：

“国际大奖小说阅读旅行”几个字说明本次阅读旅行的范围；

导游：主要写引领你阅读的老师或其他人；

伴游：支持或陪伴你阅读的人；

颁证机构：可以写你的学校，也可以写你的家。当然也可以用本书的书名。

三个重要提示

1. 快乐的心情。

2. 独立的思考。

3. 积极的分享。

我们的约定

按时参加，不缺席每一次活动！

约定人：　　　　　　　　　　　　　　　　　　见证人：

这页内容很重要，三个重要提示其实也算是保障本次旅行有收获的重要秘籍！

首先，快乐的心态。阅读是快乐的事，旅行更不用说了，阅读旅行自然是快乐加快乐，甚至是快乐乘以快乐，所以保持快乐的心情和状态非常重要。

其次，独立的思考。我国的大圣人孔子早在2000多年前就说过，“学而不思则罔，思而不学则殆”，意思是说，学习时如果不懂得思考就会迷惑而无所适从；而光思考不学习呢，则会一知半解，就如沙上建塔，终无所获。推及到读书也是一样的道理。这一年，我将和你一起读12本书。这12本书非常有趣，但是呀，和你一二年级读的书相比，它们不仅字儿多了，书厚了，而且书中的角色多了，故事长了也复杂了，意思也不是马上就能读懂的了；如果不会思考，那也只能是多读了几个字而已，读书的快乐呀，你终究是体会不到的。所以学习思考，学会思考，是阅读最大的快乐，也是最重要的收获。

最后，积极的分享。读完书一定要和别人分享你的感受与想法。当面说也可以，把想法写下来或者画下来也是不错的做法。

这页的下面还有个板块——我们的约定。按时参加，不缺席每一次的活动。这算是规则吧。人总有惰性，也常有知难而退的念头。可是，你知道吗？凡是想干成一件事都离不开“坚持”二字。按时、守时、不放弃、不抛弃就是坚持的具体表现。如果你觉得某一次旅行没什么意思或者你已经懂了，那么你可以自己找个别的法子去阅读，期待下一次的旅行，因为最美的风景总是在下一站！关于坚持，你同意我的观点吗？“按时参加，不缺席每一次的活动”这项约定，你能响应吗？如果答案是肯定的，那就在约定人后面郑重写下你的大名，也请爸爸妈妈作为见证者写下他们的名字吧。

旅行版图

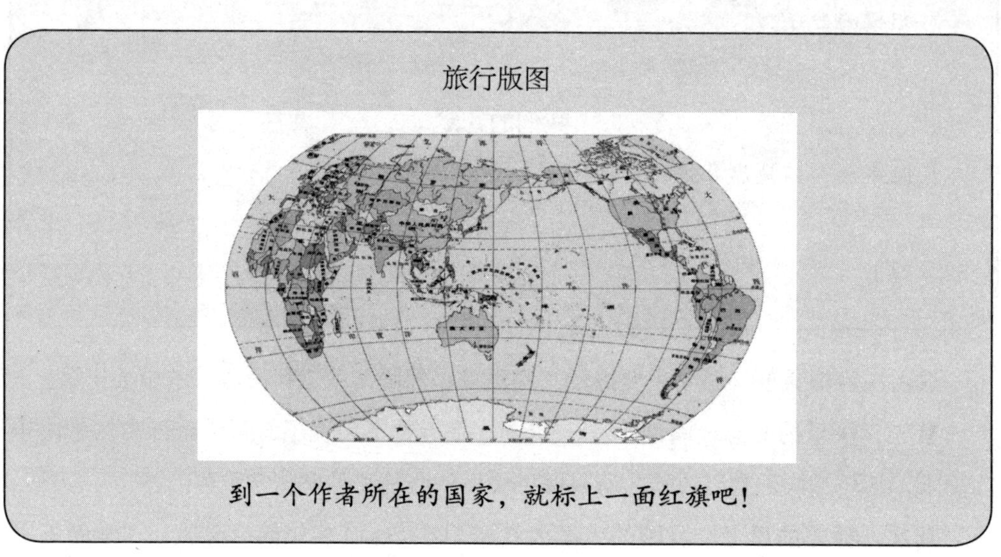

到一个作者所在的国家，就标上一面红旗吧！

这一页，是个旅行版图，画的是带有国家和地区名称的世界地图，如果你有兴趣，也可以不用网上下载，对照地图自己画一个，那更有创意！每当你读完一本书，就在这本书的作者所属国家上画一面小红旗，如果是这12本之外的，就画上一面小绿

第一站

目的地：

地主：

面积：

美景：

推荐指数：☆☆☆☆☆

签证人盖章或签名：

旗。一年下来，我们可以看看，随着书本旅行，我们都去过哪些地方，还有哪些地方的风景等待我们去领略。

这一页，算是这本护照的主要内容了，每一页代表一本书，也就是每一站景点。

目的地就是书名；地主其实就是作者、绘者；面积指的是字数；美景就是书中最精彩的地方，它可以是人物、情节，也可以是主题、语言，凡是给你留下深刻印象的都可以写啦，写一两句话或者画一画都可以；推荐指数，最高五颗星，最低一颗星，每读完一本书，你就可以涂色。哎，咱们可以做个小实验。我们每本书交流不止一次，我相信一本书你也绝不会只读一遍，所以你可以看看每次读完后对这本书的印象有没有改变，推荐指数有没有变化。相信我，这个实验会很有意思。最后，当这本书的阅读讨论全部结束，也就是一个月后，邀请爸爸妈妈对你这个月的阅读表现做个鉴定，可以像推荐指数那样赋星，也可以写上几句话，这既是对你本次阅读旅行的小结，也算是去往下一站的签证吧。

好啦，这个阅读旅行护照解读完毕了。记得独立或者和爸爸妈妈一起合作，做个阅读旅行护照吧！如果你觉得里面还有内容可以添加，还想画画花边美化一下，那就更有创意了！记得这旅行结束后，我们把护照拿出来晒一晒，看看谁的收获最大！

当然，作为本场旅行的导游，我觉得很有必要再预告一下本次阅读旅行必去的几个景点：我们将要去阅读坊、思维堂、聊书室、写作厅和拓展台。

在阅读坊，我们要学习阅读一本书的基本方法，比如预测、联想、整合、图像化、提问、检视等；

在思维堂，我们将学习如何利用一些好玩的图示帮助大脑思考，比如圆圈图、气泡图、流程图、树形图、四格漫画、概念图等；

在聊书室，我们主要围绕这本书的角色、情节、背景、主题等展开深度阅读；

到了写作厅，就是根据这本书的语言表达特点或者内容学习书面表达，从仿写到创作，从一句到一段甚至到一篇；

到了拓展台，顾名思义，我们要以这本书为原点，拓展阅读。

我相信，只要你坚持参与每一次阅读活动，一年下来，你的阅读、写作和思考的本领一定会大大增强。我也相信，这趟旅行还会遇到意外的惊喜、更多的收获。那就让我们一起期待吧！

（教学课件，后同）

第一本书
爱上读书的妖怪

关于本书

说起这本书，还挺特别，因为它在众多国际大奖小说中并不起眼，影响力并不够大。它是韩国著名儿童文学作家李相培的“妖怪系列”中的其中一个。李相培和许多小朋友一样，从小就对妖怪感兴趣，长大后发表了很多以妖怪为主人公的童话作品，如《妖怪爸爸》《去上学的小鬼》《妖怪三侍郎》《哈哈，我是妖怪》等。《爱上读书的妖怪》这本书讲的就是三个妖怪从爱钱到爱上读书的故事。故事情节奇特，语言通俗，插画夸张，属于乍一读不是很起眼，甚至有些读不下去，但是越读越有意思的一本书。将它作为阅读之旅的首月书目，不仅是因为这本书的内涵到语言有着阅读开启的作用，还有一点巧思就是看看同学们能不能像书中的妖怪一样，在这趟不一样的阅读旅行中从不爱阅读到“疯狂地”爱上阅读。

关于主题

主题	目标	拓展书目	读前准备	作业
捧起一本书	阅读一本书的基本方法，学习预测和理解监控等阅读策略	无	提前阅读	阅读护照 阅读单 独立阅读完本书
书的魔力	梳理内容，理解妖怪的前后变化，联结到其他书目以及学生的生活，聊一聊书及阅读的魅力	《我讨厌书》	无	观看《神奇飞书》
妖怪来了	学习思维图示“圆圈图”，聊一聊、写一写“妖怪”	《妖怪的宠物》 《丑妖怪》 《尤利怕妖怪》 《妖怪炸油饼》 《极品笨妖怪》	无	1. 学习运用圆圈图创编一个妖怪 2. 选做：观看影片《西游记》《怪兽电力公司》《捉妖记》

教学现场

第一课
捧起一本书

如何阅读一本书

捧起一本书，从哪里开始读，又怎么读呢？让我猜猜，你是从头往后一页页读还是找到第一章就开始读，是一鼓作气读完一本书还是读读停停要读很久呢？每个人的喜好和性格不一样，读书的方式和习惯也会不一样，好的阅读习惯如果养成了的话，你会受益终生，所以，第一本的第一课，我最想和大家分享如何阅读一本书。咱们就以《爱上读书的妖怪》为例，怎么样？

怎样阅读一本书呢？我总结了三句话，叫：

封面目录学问大。
边读边想边对话。
读后回味乐分享。

这三句话其实是告诉我们读前、读中和读后的一些基本方法。

封面目录学问大

我们观察一个人，是不是首先会看到他的穿着？穿衣打扮可透露了一个人的喜好与特点。**封面**就是一本书的外套，很重要，上面有很多重要的信息，你注意到了吗？不信，我们现在就开始观察这本书的封面。

你首先看到了什么？封面最显著的位置是个邋遢的人，穿着随意，戴着顶不合适的草帽，胡子拉碴，长相丑陋，大鼻头上架着副眼镜，手里捧着本书，不过看书挺专注，脸上有微笑。你猜，他会是谁？是做什么的？他的身上会发生什么有趣的故事呢？

继续看，你还看到什么？封面上还有两个很小的人，长相气质与这个大大的人差不离，一个扛着扫帚，一个伸出双臂，都在向前奔跑，他们又是谁呢？

在封面的正中，是书名——《爱上读书的妖怪》，看到书名，你会想起什么呢？妖怪？封面的三个人物是书名中提到的妖怪吗？爱上读书？嗯，没错，一个走路都在看书，一个用扫帚挑着一捆书，看来，他们应该是故事的主角。那这本书会讲些什么呢？会讲这些妖怪是怎样爱上读书的吗？

你看，仅仅是图画和书名，仔细观察，大胆猜测，就已经很有意思了，虽然还没打开书，其实阅读已经开始了——我们在观察与猜测中已经开始了阅读之旅。

封面除了书名和图画，还有很多信息。不信，再往书名下方看，这行像图又像笔画的，是哪一国的文字？别急，带着疑问再往下看，噢，原来是韩文，因为作者是韩国的李相培，绘者是韩国的白明植，这行文字应该是《爱上读书的妖怪》的韩文了。因为故事是韩文，所以要翻译成中文，我们才能读懂，看看这本书是谁翻译的？对，田志云。

封面上还有什么信息值得了解的呢？在封面上方有几行字：国际大奖小说、韩国儿童文学会优秀创作图书奖、韩国阿拉丁图书奖、教保文库韩国代表童书奖，看来这本书获奖颇丰啊。封面最下端是该书的出版社——新蕾出版社，这是我国优秀的少儿出版社之一，她为我们出版了很多好书。翻到**封底**，你还会看到一些人对本书的评论，这叫书评。以上这些信息其实是给了不会选书的同学们一个建议：当你迷失在茫茫书海中不知道选什么书看时，这些国际大奖小说就是个值得信赖的建议哟。

同学们，读到这，你是否开始对这本书充满好奇了呢？是否觉得原来封面封底上有那么多的学问。别急，后面还有呢！

翻开封面，你会发现一个向内折起来的半页，翻到书的最后一页，你会发现也有个向内折的半页，这叫**勒口**，前面的叫前勒口，后面的自然就叫后勒口。你先看看前勒口上面都写了什么？自己读一读。

一个腐朽的柳树钱柜幻化成了一个柜子精，发霉的金钱味儿是他的最爱。在和其他两个妖怪——笔记本精和扫帚精寻找安家之地时，他们遇到了一位学者，为了得到“风水宝地”，他们答应了学者的挑战。他们真的能从容应战吗？谁最终会获胜呢？让我们一起进入这神秘的世界，体会读书的乐趣吧。

噢，原来这是编者和你在说话，她会简要告诉你这本书的大概内容，怎么样？和你看封面时的猜测一样吗？小编在这里会提出一些问题，让你带着问题继续阅读。下方罗列的是该书获得的主要奖项。有些书的勒口会将作者的照片和简介放在这儿，了解作者会对后面的阅读有帮助。后勒口上标注了出版社其他的一些书，所以，小小的勒口也有大大的学问啊。

继续翻，这个橙色的一页，叫**环衬**，也叫蝴蝶页，因为它像蝴蝶一样扇动着翅膀。蝴蝶页可以有图案文字，也可以像这本书一样就是橙色的一张纸，但即使这么简单的橙色其实也是在跟读者说话。比如一看到橙色，你会联想到什么？有什么感受呢？温暖！希望！也许这就是小编的心思呢！

继续翻，这页叫**扉页**，上面有书名、作者、出版社以及图，好像内容和封面差不多，但是又有些细微的差别，你发现了吗？比如，图上画的是什么？与封面上的图有什么联系吗？一个妖怪趴在地上舔着手指蘸着吐沫在读书，右上角三个妖怪骑着一把扫帚上在月夜中向着远处起飞，你又想到什么了？

再翻过来，好多字，密密麻麻的，原来是图书出版编目的数据和出版发行的信息。这些倒不用太细看，除非你想当个图书管理员，但有两处信息我觉得要提醒每一位小读者。一个是字数，55 千，表示这本书有 5 万 5 千字左右，这个数据在我们的阅读护照上就能用上了，一年下来，我们就可以很容易统计出我们的阅读量啦。还有个信息，是在最下方，“著作权所有，请勿擅用本书制作各类出版物，违者必究”，这是告诉读者，每本书都是作者辛辛苦苦写出来的，包含着作者和编者的爱与心血，每本书都有它的版权，不能随意盗版，否则就是不尊重作者和出版社的劳动成果，侵犯他人的权益。所以这页也叫**版权页**。

前言，也叫**序**，经常是名人名家给这本书写的感言，也有作家自己写的话，读读这些内容，其实也可以从中读到很多关于本书和作者的信息。比如，《一辈子的书》是我国著名儿童文学作家梅子涵爷爷写的一篇文章，读一读，你会觉得读书，读经典的书是件多么重要、自然而且诗意的一件事。

好了，再往下，是**目录**，别小看目录，简单看一看，你就会大致了解本书有多少章节，每个章节大概讲了什么，哪一章最能吸引我，最精彩的内容会是哪一章。在心里猜一猜，等读完了，可以验证一下自己的猜测有多少是对的。

目录结束，一般就进入到正文的阅读了。不过。这本书很特别，你发现了吗？作者非常贴心，他把本书中的主要角色都罗列出来了，不仅有图像，还有简单的介绍，读读它，会对我们后面的阅读起到重要的作用。让我们一起来认识认识他们，和他们打声招呼吧！

柜子精、扫帚精、笔记本精、世家大王、吝啬鬼老头儿、学者、圆咕噜和哲洙、熙熙攘攘的书虫们，他们都是什么样的特点？他们之间发了什么故事？相信读完这本书，你一定会有自己的答案。

以上的内容，信息很多，几乎后面的每一本书都有，蝴蝶老师的建议是当你捧起一本书，翻开每一页，认真阅读，当然并不是每页都要平均用力，比如前言在每本国际大奖小说中都有，就不必次次阅读了，但这里一定记住——**封面目录学问大，读读猜猜趣味多**。

边读边想边对话

好了，你现在一定非常着急，想马上就开始从第一章读起，对吗？别急，前面我说过，这次的阅读书目与绘本大不相同，它对我们的阅读习惯、阅读能力都提出了挑战。这么厚的一本书，这么长的阅读时间，怎样保证自己读的时候不走神，不仅能读懂，还能体会到阅读的快乐呢？

首先根据自己的时间做个阅读计划，本书有六个章节，你可以每天读一章，正好到下一次交流时，全部读完。当然，你也可以一天读两三章，甚至一下子读完，只要不影响正常的休息和学习就可以。不管怎样，老师的体会是，对于初读者，不要在一个章节的一半停下来，也不要这本书读了一半又拿起别的书读，隔了好几天又拿起来读，因为这样会让阅读不连续，会对你的理解和感受造成一定的干扰。

其次，读的时候要边读边想边对话。这是什么意思呢？这本书里就有最好的解释，作者李相培是这方面最好的老师啦！

现在大家就翻到第一章，看第三页、第五页和第六页，你可看到了有红色的字了？像不像你们语文老师给你们批改的作业呢？读一读这几句红色的话，这里呀，是作者在讲故事时自己又冒出来的话，有的是对前一问题做回答，有的是提出问题，有的是当时的感受。

比如，书中写到这棵老柳树遭到了雷劈，树底裂开了一个很大很大的窟窿，作者就感慨一句“哇，风景真好啊！”

当大家看后都说“可惜了，地方虽好，但是我们不能在那里住啊。为什么呢？”作者又跳出来回答“那里人太多了！”

当写到一个男子猫着腰，背着一个大袋子，一副鬼鬼祟祟的样子，脸被凌乱的头发遮住了，眼睛鼻子嘴巴都看不清时，作者立马猜测“这家伙肯定是连夜行窃的小偷，头上还顶着一个破斗笠”。

你看，红色的字就是作者在写故事时，边写边想，把自己的想法写出来，就像和编故事的另一个自己在对话，这样的写法非常特别，也给我们读者带来不一样的趣味！我们就可以学习这种方法，边读边想，把自己的当时想法、疑问说出来，或者画下来、写下来，就仿佛你一直和作者面对面，他在讲故事，你有积极的回应，这多有意思呀！

怎么样？这招记住了吗？**要想读书有乐趣，边读边想边对话**。

读后回味乐分享

这本书读完了，是否合上就完事了呢？要想做个优秀的阅读者，一定要再想一想，这本书讲了一个什么故事呢？可以问问自己，三个妖怪为什么会从开始爱钱到爱上阅读呢？书中哪个角色我最喜欢？哪个地方最精彩还想再读一遍？哪幅图给我留下最深的印象？也可以想哪个地方我还不理解，哪个地方不满意呢？也可以大胆想象：如果是我写，又会怎样写呢？这些回想非常重要，因为它不仅帮助你更好的判断自己有没有读懂这本书，也会让你有了和别人分享阅读感受的内容。你说，是不是一举多得呢？

为了方便，我把刚才的一些内容设计成一个简单的阅读单，当你读完这本书后，试着填一填，然后和爸爸妈妈交流交流，也可以下次和我交流。当然，你也可以凭着自己的理解添加删改阅读单里的内容。

请记住最后一招：**读后回味乐分享**。

《　　　》阅读单	
本书的基本信息 作者：　　　　绘者：　　　　译者：	
读完这本书，我觉得 写得最精彩的地方是（　　）章 画的最好的插图在（　　）页 没有读明白的是（　　）页 不喜欢的（　　）页 我最喜欢的角色是（　　），因为（　　　　）	
我从本书中，找到一句很精彩的话：	
我认为哪个部分可以演一演：	
我也想给某个角色或场景画幅插画：	
如果让我选，我想选哪一段讲给我的好朋友听：	
读完本书，我认为最大收获是	
读完本书，我最想对谁说一句话	

第二课
书的魔力

揭示主题

同学们，第一节课结束后，你们有没有制作自己的阅读护照呢？有没有按照老师的建议读完这本书呢？有没有从封面目录读起？读的时候有没有边读边想边对话？读完后有没有和爸爸妈妈或同学一起交流分享呢？比如哪一个章节是你最喜欢的？哪一个角色你最感兴趣？哪一个插图你觉得最有意思？你最想重读的是哪一段呢？我想，大家一定都有很多的想法要交流，今天这节课，我们先一起聊一聊书的魔力。

为什么要聊这个话题呢？因为这本书的三个主人公——柜子精、扫帚精、笔记本精原本是个只爱金钱的妖怪，正是因为书，发生了巨大的变化，究竟书有多大的魔力呢？

爱上读书的妖怪

我们先回顾一下书的主要内容，思考这两个问题：

三个妖怪是怎样爱上读书的呢?

读书让三个妖怪都发生了哪些变化?

究竟是什么事情让三个妖怪开始爱上读书的呢？我们一起来回顾一下这个故事的起因、经过和结果。

起因，就是故事发生的原因。柜子精、扫帚精和笔记本精这三个妖怪贪恋金钱，因为不堪狗的骚扰，为了藏好钱所以要寻找新家，为抢占风水宝地，答应学者的挑战，为“人不通古今”寻找下半句。

经过：他们先后问了女学生、世宗大王，到图书馆找书、找答案，并且开始学习读书，找到了“马牛而襟裾”的意思。

结果：三个妖怪爱上了读书，把所有的钱给了学者建造图书馆。

梳理了故事发生的原因、经过和结果，就发现三个妖怪原本是为了给钱找个家，却在解决问题的过程中，接触书、认识书、学习书到爱上书，最后用钱为书安了家，为自己也安了最合适的家——图书馆。妖怪也不是突然就爱上读书的，而是根据故事的发展一步一步改变的。

读书让三个妖怪都发生了哪些变化呢？

首先，从言行看，从粗鲁莽撞变得谦虚有礼了。

书中哪些地方可以看出呢？

三个妖怪第一次见学者，柜子精是这样打招呼的——

“你胆子还真够大的。哈哈哈……”从柜子精的喉咙里传来阴险的笑声。

“少废话，这里一直都是我们妖怪的地盘，我们的地盘听我们的，谁敢在这里盖房子，我们就给他们搞破坏！”柜子精扯着嗓子大喊。

“你给我闭嘴，少在那儿说风凉话，赶紧给我滚！”三个妖怪眼里露出了恶狠狠的蓝光。

你看看，妖怪的言语是多么可怕、无理呀！

可当妖怪们从图书馆给世宗大王找到书回来再次见到学者时，他们是怎么说的呢?

“是的，对不起，我们迟到了。”

“这次比赛我们输了，不需要再比下去了。这块地是您的了！”

妖怪以前哪会说“对不起”“您”这样的字眼呀！妖怪已经不知不觉地学习用礼貌的语气和别人说话了，态度也谦逊温和多了。

其次，从对待钱的态度看，从吝啬贪婪到慷慨大方。

书中哪些地方能看出呢？你能找一找吗?

“我也要像吝啬鬼老头儿一样成为一个大富翁。”成为大富翁是当时柜子精的最大愿望。

“一直宝贝儿似的供奉着钱。”“对啊，光学习好有什么用，钱才是最重要的。”则看出了钱在柜子精的心目中的地位是至高无上的、无坚不摧的。

以上从语言和心理活动描写出了妖怪对钱的贪婪，书中第 18、19 页更是直接描写了柜子精对钱的迷恋，写得十分形象，我们一起读一读:

柜子精迫不及待地用他那只大手把锁打开，一股脑地把钱全部倒在地上。瞬间，一股浓浓的钱味儿迎面扑来。柜子精贪婪地抽动着他那硕大的鼻孔。“啊！就是这个味道，太好了，爽极了！”他把钱铺了厚厚的一层，然后坐在上面，像坐在软绵绵的坐垫上！柜子精爽极了，感觉自己如神仙一般。

你看这一段，“迫不及待、一股脑、贪婪的抽动”“啊！就是这个味道，太好了，爽极了！”“柜子精爽极了，感觉自己如神仙一般。”作者从动作、表情、语言、神态几方面把一个贪钱的妖怪形象刻画得栩栩如生，再配合看一看插图，读读文字，看看画面，再回味回味，嗨，这段描写真是绝了。

可后来呢，柜子精对钱的态度有了 180 度的改变，你看第 88 页，柜子精圈着一大堆的钱，再也不是以前那副贪婪的神情了，他一脸苦恼，感慨：“钱钱钱，现在就是一个包袱，一个累赘。”当听说学者因为没有足够的钱无法盖图书馆时，柜子精转身把藏在角落里的那些空口袋拎了出来，丝毫没有犹豫的对笔记本精和扫帚精说，“咱把钱都放到这些袋子里去吧”。

你看看，对待钱的态度上，柜子精的变化可谓是天翻地覆了。

再次，从爱好看，从爱钱到爱书。

以前的妖怪最大的爱好就是偷钱、攒钱、藏钱、赚钱。这个我们已经见识了。可是自从见了世宗大王，看到了书，又到了图书馆，看到了书虫们，特别是在认字、朗读、阅读的过程中，爱钱的妖怪们爱上了读书。书中哪些地方可以看出妖怪真的爱上读书呢？同学们，你们能像老师那样从书中找到证据吗？

我找的是这几处，看看我们是否一样？

比如在第 89 页 ~92 页，你看他们：

无论白天黑夜，不吃不睡，整天只知道开口练发音，眼里的蓝光一直在闪。

柜子精也炫耀似地抖了抖肩，现在的他已经今非昔比，一旦文字从嘴里蹦出来就停不下来，如同被魔法牵引着，就连早先拿捏不准的发音也能被抑扬顿挫地读出来了。

再看看，三个妖怪读一本书时的状态：

扫帚精读《一个倔脾气的一天》时，读着读着，就会忍俊不禁。既为倔脾气的家伙做的囧事幸灾乐祸，又深感惋惜。

笔记本精因为对世宗大王感兴趣，所以读的是《仁君世宗大王》。

而柜子精则完全被《明心宝鉴》迷住了，在他找到“人不通古今，马牛而襟裾”的意思时，三个妖怪紧紧抱作一团，因为，他们能为自己找出问题的答案而高兴。

从此以后，三个妖怪更加爱读书了，争先恐后地抢着读，无时无刻不在读，朗朗的读书声总是从他们家里飘出。

延伸阅读

从嗜钱如命到嗜书如命，三妖怪真的发生了巨大的变化。我们通过思考这两个问题，回顾了这本书的主要内容，大家一定对书的魔力有了初步感受。那书里到底都写了什么，会产生如此之大的魔力？我想起一本特别有意思的书，我们一起读读。

朗读图画书《我喜欢书》——

我喜欢书。

我喜欢各种各样的书。

好笑的书……和恐怖的书。

童话故事……和儿歌集。

漫画书……和填色书。

胖胖的书……和瘦瘦的书。

有关恐龙的书……和讲怪兽的书。

数数儿的书……和字母书。

介绍太空的书……和讲海盗的书。

唱歌的书……和怪怪的书。

我真的很喜欢书。

是呀，书里可以有好笑的事情，有恐怖故事，有童话，有儿歌、有恐龙，有怪物，有奇妙的宇宙，有知识，有强盗……有一切我们想到的和想不到的事情！书中的妖怪们不正是因为书里有如此丰富的内容才开始喜欢阅读的吗！

你看，连以前只爱钱的味道的柜子精都有这样的感慨：“我发现，只要有书，万事不难。”故事中那已进坟墓但依然酷爱读书的世宗大王也说过：“书籍比我每日吃的饭都重要呢。”朝鲜半岛的抗日英雄安崇根也说：“一日不读书，如喉中卡刺。”

如果你是个热爱阅读的人，你也可以说一句自己的读书名言。

不过由他们的话，我想起了我国几个名人读书的有趣故事。

匡衡凿壁借光

西汉时候，有个农民的孩子，叫匡衡。他小时候很想读书，可是因为家里穷，没钱上学，也买不起书，只好靠给有钱的人家打短工，借书来读。可他白天种庄稼，没有太多时间看书，只有利用一些晚上的时间来看书。可是匡衡家里很穷，买不起点灯的油，怎么办呢？

有一天晚上，匡衡躺在床上背白天读过的书。背着背着，突然看到东边的墙壁上透过来一线亮光。他霍地站起来，走到墙壁边一看，啊！原来从壁缝里透过来的是邻居的灯光。于是，匡衡想了一个办法：他拿了一把小刀，把墙缝挖大了一些。这样，透过来的光亮也大了，他就凑着透进来的灯光，读起书来。匡衡就是这样刻苦地学习，后来成了一个很有学问的人。

鲁迅卖章买书

我国的大作家鲁迅，在南京江南水师学堂读书时，因考试成绩优异，学校奖给他一枚金质奖章。他没有戴此奖章，作为炫耀自己的凭证，而是拿到鼓楼大街把它卖了，买回几本心爱的书和一串红辣椒。每当读书读到夜深人静、天寒体困时，他就摘下一只辣椒，分成几片，放在嘴里咀嚼，直嚼得额头冒汗，眼里流泪，嘴里“唏唏”，顿时，周身发暖，困意消除，于是又捧起书攻读。

毛主席书天书地

毛泽东是我们新中国第一任主席，工作日理万机，可他总是挤出时间，哪怕是分分秒秒，也要用来看书学习。他的中南海居所，简直是书天书地。卧室的书架上，办公桌、饭桌、茶几上，到处都是书，床上除一个人躺卧的位置外，也全都被书占领了。

为了读书，毛主席把一切可以利用的时间都用上了。在游泳下水之前活动身体的几分钟里，有时还要看上几句名人的诗词。游泳上来后，顾不上休息，就又捧起了书本。连上厕所的几分钟时间，他也从不白白地浪费掉。

同学们，你们还想到了哪些人哪些读书的趣事呢？其实，无论是中国，还是外国，无论是过去，还是将来，无论你是名人伟人，还是普通人，甚至是妖怪，一旦与书交上朋友，那就一辈子乐趣无穷，受益终生。不过你是否想过，有没有不爱读书的人呢？有，比如，米娜。

朗读图画书《我讨厌书》——

有一个女孩名叫米娜。如果你看过大百科全书，你会发现，“米娜”在古代梵文中是“鱼”的意思。不过，米娜可不知道这些，因为她从来不看书——她讨厌所有的书，更讨厌去读什么书。

米娜常常叫喊：“这些该死的书，老是挡我的路！”的确，她家里到处堆的都是书。该放书的地方有书，不该放书的地方也有书。

化妆台、抽屉里和桌子上有书，壁橱、碗柜、衣柜里有书，还有沙发、楼梯、椅子上，甚至连壁炉里也都塞满了书。

更糟的是，她的父母总是往家里带回更多的书。他们还不断地买书、借书和预订书，你看看吧——吃早餐时他们看书，吃午餐时他们看书，吃晚餐的时候他们还是看书。爸爸妈妈很想让米娜也加入读书的行列，可米娜总会踩着脚尖叫：“我讨厌，我讨厌书！”爸爸妈妈把书里的故事读给她听，米娜却用手捂住自己的耳朵，大声说：“我讨厌，我讨厌书！”

如果说，在这个世界上还有谁比米娜更讨厌书，那就只有麦克斯——米娜的小猫了。很久以前，当麦克斯还是只咪咪猫的时候，一本地图册从天而降，砸在它的尾巴上。打那以后，麦克斯的尾巴就变成烟斗模样了。所以，麦克斯每次都尽可能地站在书的上方，免得它们再落下来砸到自己！

有天早上，米娜像往常一样，挪开洗脸池里的书去刷牙，然后走到厨房找吃的。她先在一堆字典上拿到了麦片粥，再打开冰箱，从一叠杂志里找到牛奶。她给自己和麦克斯倒了点牛奶，然后大声叫道：

“麦克斯，吃早餐啦！”

可是，麦克斯没有像往常一样立刻跑过来。米娜又叫了一遍：“麦克斯，快来吃早餐！”可它还是没有来。

“跑到什么鬼地方去了？”米娜嘀咕着。她在浴缸里找了找，又看了看烘干机的背后，还有楼梯下、座钟上。可这些地方只有书，根本就没有麦克斯的踪影。

突然，米娜听到一声大叫：“喵呜！”她赶紧跑进餐厅，天啊，麦克斯竟站在她们家最高的那摞书上，那些都是米娜父母给她买回来，而她根本没有碰过的书。最底下的那本有着漂亮封面的书，是她还是小婴儿的时候，爸爸妈妈为她买来的，夹在中间的是字母表和儿歌集，最上面的是童话和冒险故事。这些书挤得几乎都要挨着天花板啦，而且，它们全都染上了厚厚的一层灰尘。

“别担心，麦克斯，我来救你！”米娜说着就准备往书上爬，开始的时候，踩在那些厚重的书上，米娜还觉得就像爬楼梯一样容易，可是，当她踩到一本薄薄的诗集时，脚下一滑，失去了重心，立刻摔了下来。

只听“哗啦”一声，所有的书都飞了起来，又噼里啪啦地落了下去。哦，真是糟透了！装订的书线被摔断了，里面的书页也摔散了。而最最奇怪的是：书里面的人和动物，居然全从书里跑了出来，掉到了地板上！他们一个接一个，推来搡去，弄翻了椅子，冲散了书本，把小小的房间挤得满满当当的。

王子、公主和仙女，青蛙、大野狼和三只小猪，还有圆木上的怪兽，他们全都从书里跑了出来。蛋头先生飞到了空中，被摔成两瓣，落在鹅妈妈和紫色长颈鹿的后面。还有大象、国王、小精灵，它们不知怎么搞得，和一群猴子相互缠到了一块儿。

而最最多的是兔子：野兔、白兔、戴帽子的兔子——它们遍地都是，什么种类都有，而且还在源源不断地从书里跳出来。

米娜惊奇得目瞪口呆地坐在地板上，当另外六只兔子从她身边的书里钻出来时，她自言自语地说：“天哪！这些书里的文字怎么都变成兔子了？”

现在，她简直不敢相信自己的眼睛了：这还是家里的餐厅吗？大象正站在饭桌上，用盘子表演着杂技；猴子们扯下窗帘当帽子戴，而兔子们正在一点一点地咬着桌子腿呢。

米娜大叫：“快停下来！给我回去！”可她的声音很快就淹没在汪汪的狗叫声、呼噜呼噜的喘息声、还有咚咚的敲击声中了，没有谁听得到米娜在说什么。她抓起离她最近的一只兔子，想把它塞进一本烹饪书里。可小兔子被吓坏了，它挣脱着从米娜的手中跑掉了。米娜又打开一本书，四只鸭子从里面摇摇摆摆地走了出来。她连忙把书关上，尖叫起来："不行，这样不行！天知道它们是从哪本书里跑出来！"她想了想，又说，"算了，我干脆一个一个地问，看看它们到底生活在哪个故事里。"

于是，她从一个完全不认识的奇怪动物开始问道："你是谁？""我是代表字母A的土豚。"那个动物气呼呼地说着，还把脚重重地踩在字母书上。

米娜又在桌子下面找到一只浑身湿透的狼，便问它是哪个故事里的。大灰狼哭丧着脸叹了口气说："唉！我也弄不清，自己到底是《三只小猪》里的狼，还是《小红帽》里的狼……"它一边说，一边用桌布擦了擦鼻涕。有什么办法呢，米娜压根儿就没读过那两本书，她也不知道答案啊。

这时，米娜想出了另一个办法。她拿起手边的一本书，高声地读了起来："很久很久以前，在一个很远的地方……"

渐渐地，这些动物停止了嬉笑打闹，也停止了咆哮和争吵。它们慢慢地，慢慢地聚拢过来，因为它们也想知道，故事里到底发生了什么事情呢。接着，它们就坐成了一个圆圈，开始专心地听米娜讲故事了。

当米娜念到第二页的时候，小猪们欢呼雀跃起来，"那是我们哎，"它们叫道，"她在念的那页是我们的故事，我们的书耶！"它们跳出圆圈，钻过米娜的膝盖，消失在了书里。米娜"啪"的一下就把书合上了，生怕它们会再从书里跑出来。

她又拿起了另外一本书。就这样，米娜开始一本一本地读起故事书来。当然啦，动物们也一个一个又回到了属于它们的故事书里。

最后，只剩下一只穿着蓝色外套的兔子了。米娜慢慢拿起一本书，书的名字是《彼得兔的故事》。"或许我可以把它留下来呢。"米娜想。当大家都回到属于自己的故事里后，她开始觉得有点孤单了。

小兔子可怜巴巴地站在米娜面前，抽动着鼻子，不停地跺着脚。看得出，它是多么急切地想回家啊。米娜重重地叹了口气，翻开最后一本书。小兔子摇了摇尾巴，单脚跳进书中，眨眼间就不见了。

房间里安静下来了。只有麦克斯还坐在书上，好像想在光洁的封面上看清自己的脸。米娜叹了口气说："唉，我再也看不到那些可爱的兔子了。"

忽然，米娜又笑了起来，因为她看到，那些故事都还躺在地上，陪伴在她的身边呢。

孩子们，这个故事是否很有意思呢？如果回顾一下故事的起因、经过和结果，我们可以发现米娜开始本来非常讨厌书，可是为了救她的猫，打翻了一屋子的书，书中的小动物全跑出来了。为了送小动物回家，她朗读了书，就在这一本本阅读的过程中发现了书的魔力，体会到了读书的乐趣。

孩子们，你是否也曾和米娜有着一样的经历呢？从不爱读书到发现读书其实很有意思呢？其实，不管是妖怪，还是米娜，还是世宗大王、匡衡，他们的读书经历或许各不相同，但是他们的故事却告诉我们书有着神秘的魔力，不过这其中的魔法只有自己亲身经历，才有体会哟。

阅读作业

观看荣获 2012 年奥斯卡金像奖最佳动画短片奖《莫里斯·莱斯莫先生的神奇飞书》，看看书的魔力有多大。

第三课
妖怪来了

什么是圆圈图

前两周，我们一起阅读了《爱上读书的妖怪》这本书，大家一定对书中的妖怪印象深刻。因为一说起妖怪，大家都是又新鲜又好奇，也有的同学还有些害怕，可是都挡不住想了解的欲望。今天这节课，老师将和大家一起来聊一聊"妖怪"，并且学习一种帮助我们思考的工具——圆圈图。

你一定很好奇，圆圈图是什么东西？别急，我们以“书的魔力”为例，一起来认识它。

说起书的魔力，你会想到什么？

你会想：书都会写些什么？读书有哪些乐趣？读书的好处有什么？等等。

那就把这些想法一一写下来。下面请看，蝴蝶老师是怎样将这些想法记录下来的。

首先画两个圆圈，大圆套一小圆。

将思考的主题“书的魔力”写在小圆里。

然后，我把关于书的想法按照一定的顺序写在大圆里。例如：

书的种类：图画书、文字书、工具书；

书的样子：大书、小书、厚书、薄书；

书的内容：漫画、小说、童话、诗歌；

读书的方法：朗读、默读、表演读；

读书的好处与乐趣：开阔视野、增长知识、解决问题、身心愉悦；

关于读书的词语：嗜书如命、废寝忘食、受益匪浅、津津有味；

关于读书的人：学生、世宗大王、匡衡、鲁迅、毛主席；

正在读的书：《爱上读书的妖怪》。

……

刚才，我们利用了一种思维图示帮助我们完成了对“书”的联想。通过绘制这个图，我们对书有了很多很多的想法，如果需要说或者写一段话，就可以利用这个图帮助自己有条理进行表达。这个图示就是圆圈图。

好，我们再对圆圈图做个清晰的定义与说明。

圆圈图由一个小圆和一个大圆组成，思考的中心词写在小圆圈内，关

于中心词的联想写在两圆之间。联想的关键词可以是文字，也可以是简单的图片。关键词的数量要尽量多，涵盖多个不同的角度，精炼、简短、概括，与中心词直接相关。当然，为了效果，可以适当修饰，给圆圈涂上不同的颜色，关键词均匀分布，不需要编号，不划线、不成排。

用圆圈图可以做什么

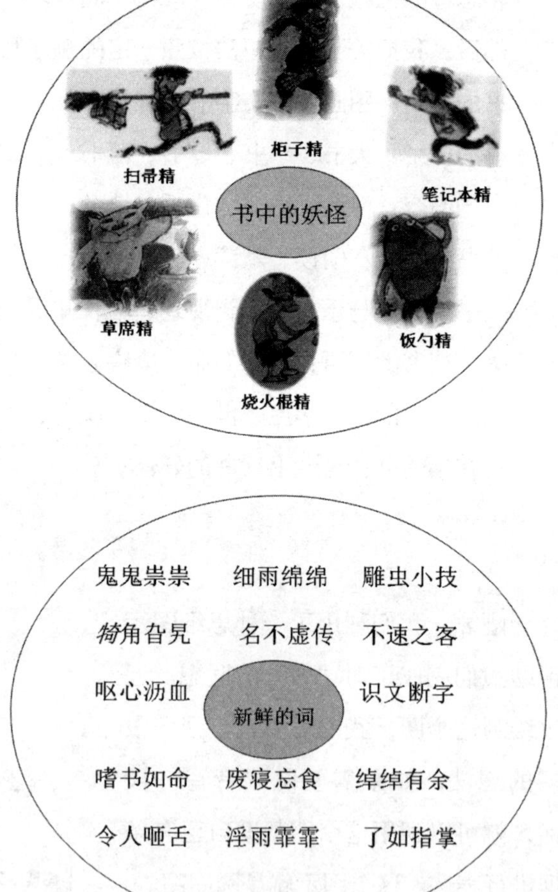

用圆圈图可以做什么？仍然以《爱上读书的妖怪》为例。比如一位同学在读了这本书后，回想书中都提到哪些妖怪呢？于是，他做了这张圆圈图：

这个圆圈图主要以图片为主。这样显得非常直观。当然文字也是可以的。

还有个同学发现这本书里有许多四字词语，他很喜欢，于是他做了个新鲜的词圆圈图。

这位同学搜集的是词，如果书中的某些句子你很喜欢，同样也可以搜集。

通过以上三个例子，大家是否对圆圈图的用法有了初步的了解呢？

其实，圆圈图可以帮助我们做很多事情：产生更多有创意的想法，拓展思考问题的角度、回忆学过的知识、定义一些概念等。它不仅可以帮助我们打开思维、拓宽思路，让我们的思维更加活跃，而且可以让我们对问题的思考更加全面。

用圆圈图聊妖怪

下面我们就来试一试用圆圈图聊妖怪。说到“妖怪”，你会联想到什么?

第一步，画个圆圈图，大圆套小圆。大圆可以画的大一些。

第二步，在小圆里面写上中心词“妖怪”。

第三步，开动脑筋，把和“妖怪”有关的词语写下来，按照从上往下，从左到右的顺序写。

你看，关于妖怪，凡是能想到的都可以写下来，这样，对于妖怪的认识会越来越全面，越来越有意思。

利用圆圈图，也可以帮助我们深入系统的了解一个问题。我们以柜子精为例，读完这本书，柜子精给你留下什么印象呢?

由何而变：由破钱柜变成的妖怪；

喜好：喜欢钱的味道；

样貌：瘦高个儿、大大的眼睛、红红的脸蛋儿、全身长满毛、蓝蓝的眼光、脑袋上扣着一个破斗笠（可以是文字，也可以是图）；

雷鸣般的嗓音，诡异的笑声；

全身腥臭味儿；

本领：变影子鬼、幻化成人的模样、变火球；

故事：从爱钱到爱书。

由何而变：破钱柜
喜好：
喜欢钱的味道
柜子精
样貌：
瘦高个儿、大大的眼睛、红红的脸蛋儿，全身长满毛、蓝蓝的眼光、脑袋上扣着一个破斗笠
雷鸣般的嗓音、诡异的笑声
全身腥臭味儿
本领：
变影子鬼
幻化成人的模样
变火球
故事：从爱钱到爱书

你看，通过阅读，利用圆圈图，我们可以把和柜子精有关的关键词都罗列出来。我们可以借着圆圈图更加全面了解柜子精，如果需要我们来介绍柜子精，你一定就知道说些什么了。

阅读作业

好了，同学们，关于妖怪，除了柜子精、笔记本精、扫帚精，你还能想象出哪些妖怪？他们由何而变？长什么样？有什么本事？性格爱好怎样？他的身上发生了什么好玩的故事？课后你可以学习利用圆圈图帮助自己思考，然后做一个圆圈图，如果你特别喜欢这个作业，也可以借助这个圆圈图写个关于某个妖怪的故事，我们可以评一评谁的妖怪最有特点，谁的故事最有趣。

另外给大家推荐几部关于妖怪的电影，节假日时你可以选择看一看，如《西游记》《捉妖记》《怪兽电力公司》等，或许这些电影会帮助你开拓思路哟！

国际大奖小说
纽伯瑞儿童文学奖银奖
北京市绿色印刷工程——优秀青少年读物绿色印刷示范项目
RAMONA
QUIMBY,
AGE 8
雷梦拉八岁
天津出版传媒集团

第二本书
雷梦拉八岁

关于本书

如果说要给三年级的同学推荐一本必读书，我一定会选这本。不仅是因为三年级的小朋友大多是八岁，会与书中主人公雷梦拉产生共鸣，还因为本书是美国著名作家贝芙莉·克莱瑞的代表作品。贝芙莉写作的灵感大多来自她日常的生活体验，与身边的环境息息相关，因此她的小说质朴、真实，温暖却不乏力量，赢得了孩子们的喜爱。“雷梦拉”是一个图书系列图书，获得过多项国际大奖，因此，读起这本小说，会让人欲罢不能，一定会一鼓作气读完整系列的书，而且本书还被改编成电视剧，有兴趣的可以看看哟！当然，还有一本书一定也会随之被提起，那就是大家熟悉的《亲爱的汉修先生》，它也是贝芙莉·克莱瑞的作品，她凭此书获得 1984 年“纽伯瑞儿童文学奖”金奖。老师和同学们也可读读这本书，通过阅读贝芙莉的书走近孩子们的日常生活，走进孩子的心灵世界。

关于主题

主题	目标	拓展书目	读前准备	作业
小故事大情绪	梳理故事内容，体会成长中的快乐与烦恼，学习不良情绪的排解方法	《菲菲生气了》《生气汤》	提前阅读，完成阅读单	阅读单：《我的故事之最》
有趣的气泡图	学习用思维图示“气泡图”概括人物的主要特征	无	课前准备好纸笔	练习运用“气泡图”概括书中其他人物特征
“永远的雷梦拉”	学习阅读系列书，了解作家	“永远的雷梦拉”系列八册	可提前阅读雷梦拉系列书籍，能读几本就读几本。	继续阅读系列书，填写阅读单

教学现场

第一课
小故事大情绪

有趣的表情包

同学们，上周大家已经读了这本书，是否被书中的故事给吸引了呢？也许你与故事的主人公雷梦拉一样，都是刚上三年级，都是八岁。虽然大家并不在一个国家，一所学校，可是，你是否有着与雷梦拉一样的故事，一样的情绪呢？今天的第一课，我们就来走进雷梦拉的小故事、大情绪，一起走进三年级的精彩生活。

上课之前，我们先来看一组生活中常见的表情包，你们看表情说含义。

微笑，撇嘴、渴望、发呆、得意、流泪、生气、害羞、闭嘴、尴尬、发怒、调皮、龇牙、惊讶、难过、酷、冷汗、抓狂、吐、偷笑、愉快、疑问、晕、糗大了、坏笑、委屈、鄙视、阴险、吓、可怜，这些表情、情绪相信绝大多数你们都有体验，每一个表情，每一个心情背后都有一个故事，是什么事情让你微笑？什么事情让你生气？什么事情让你惊讶？什么事情让你委屈？世上的事情千变万化，不同的事情会带给人不同的情绪，不同的感受，这也正是生活的魅力。

对于刚上三年级的雷梦拉来说，生活就如万花筒，五彩斑斓，变化多端。有让人高兴的事情，也有令人烦恼的事情；有让人难过伤心的事情，也有出其不意、令人惊讶的事情。那书中都讲了雷梦拉的那些故事呢？我们一起来回顾一下。

借助目录说故事

这本书挺厚，7 万多字，怎样迅速地回顾一本书的主要故事呢？还记得第一讲中，我曾说过，封面目录学问大，在第二讲中还提到要抓住主要事件，说清一个故事的起因、经过和结果，下面，我们可以一起翻开目录，学习借助目录简单说一说雷梦拉的故事。

第一章，开学第一天。讲了雷梦拉怀着对新学期的憧憬乘坐校车来到新学校，却被一个叫丹尼的男孩抢走了爸爸给的粉红橡皮，经过一番较量，橡皮还回来了。

第二章，在豪依家。为了想独自享受读书的美好时光，雷梦拉成功地用“持续默读”摆脱了薇拉珍。

第三章，煮蛋风波。雷梦拉为了想在同学们面前表现，在脑门上狠敲鸡蛋，没想到妈妈给的是生鸡蛋，结果成了鸡蛋头，闹了大笑话，在办公室里，她听到了威利老师说她是爱出风头的小家伙和讨厌鬼，心里难过极了。

第四章，饭桌上的争吵。因为一碟牛舌，姐妹俩与爸爸妈妈发生了争吵，结果被罚做晚餐。

第五章，厨房大灾难。姐妹俩没有躲过惩罚，只好在厨房里齐心合力，共同完成了生平第一次晚餐。

第六章，十足的讨厌鬼。雷梦拉因为生病，在课堂上吐了，她更加认为自己是讨厌鬼了，老师和同学都不会喜欢她了。

第七章，小病号。雷梦拉因为生病所以在家休息，得到了家人的关心，还收到了威利老师和同学们的慰问信，感觉舒服多了。

第八章，精彩的报告。生病的雷梦拉在家认真完成了一份精彩的读书报告，在第二天课堂上得到了老师和同学的称赞，雷梦拉也主动和威利老师沟通，消除了误会。

第九章，下雨的星期天。下雨的星期天让一家人心情都不好，在爸爸的提议下，一家人外出吃饭，还被一个陌生的老爷爷买了单，一家人又和好如初了。

雷梦拉故事之最

看看这九个章节，回忆大致故事内容，我们似乎与雷梦拉一起度过了不一样的三年级生活。我们可以通过目录发现，家、学校、邻居家是雷梦拉故事的主要场所，发生的事情也都是平常人家都会遇到的事情，但就是在这一个个平常的故事中，我们看到了一个活生生的女孩形象，我们随着她开心、自信、骄傲、烦恼、生气、委屈、纠结……下面，合上书，让我们一起回忆，书中哪些故事给你留下深刻印象？我们一起来数数雷梦拉故事之最。

最高兴的事：得到礼物；

最享受的事：持续默读；

最有成就感的事：完成精彩的读书报告；

最头疼的事：对薇拉珍友好；

最担心的事：爸爸妈妈争吵；

最难过的事：被威利太太说成讨厌鬼；

最生气的事：开学第一天被校园猩猩抢走橡皮；

最糗的事：当众把生鸡蛋敲在脑门上成了鸡蛋头；

最委屈的事：为什么是自己要陪薇拉珍而不是姐姐？

最具挑战的事：第一次做晚餐；

最意想不到的事：被陌生人买了单；

最希望的事：一家人开心。

……

当然，每个人对故事的理解有些偏差，比如有的人会认为，最高兴的事是骑自行车，生病时得到家人的关心，收到同学的慰问信，等等。只要言之有理，都是可以的。当然，你还可以继续编写其他的故事之最。

一样的三年级，不一样的故事，同学们，你们都有着怎样的不一样的故事呢？课后也写一写自己的故事之最吧！

给故事贴表情包

通过了解雷梦拉的故事之最，我们发现，雷梦拉的三年级生活正是由这样一个个真实的故事组成。透过故事，让我们了解了雷梦拉，了解了雷梦拉一家人；也透过这些故事，我们发现，在一个个与不同的人交往过程中，会产生许多复杂的情感。喜怒哀乐惧，是人之常情。都说童年是最美好、最无邪、最开心的，其实，小小少年，自有自己的烦恼。

如果我们现在给九个章节标注个表情符号，你们第一个感觉会是什么呢？大家可以试试。你会发现，苦恼、难过、郁闷、生气占了大多数，可是，仔细琢磨琢磨，似乎苦恼、难过中孕育着开心、惊喜。

例如，开学第一天，爸爸给的礼物——粉红橡皮就被丹尼抢走，眼看一天的好心情被破坏，雷梦拉用自己的方法让丹尼主动还回橡皮，坏心情一下子就没了，反而由开始对丹尼的讨厌变成了一点点好感。

再比如，陪薇拉珍玩，是件多么无奈多么心烦的一件事，可是用了“我要去完成我的持续默读”成功摆脱了薇拉珍——雷梦拉那种成就感多么强烈！

雷梦拉妈妈说过，生活总是会有高低起伏，情绪也是一样，总会有高低起伏。尤其是郁闷、纠结、委屈、生气、烦恼更是成长期最为正常的情绪体验，不必过于担心，也无需纠结，因为人正是在不同的情绪体验中才得以成长。不过，如何将不良的情绪转化为良好的情绪，在体验中接受自己，接纳别人，我觉得是件特别重要的事情。

延伸阅读

我们先看另一个小女孩的故事。

朗读《菲菲生气了》——

菲菲抱着猩猩玩“过家家”，玩得正开心时，姐姐来了，一把夺走了布熊。

菲菲说：“还给我！”

“不！”姐姐抱着猩猩跑了。

菲菲看着妈妈，希望妈妈能说几句公道话。可是妈妈却说：“是该姐姐玩一会儿了！”

菲菲生气了，非常生气。她喘着粗气，胸口一起一伏，眼睛里好像要冒出火来。

她想踢、她想打、她想尖叫，她想把所有的东西都砸掉。

茶几上有一个杯子。乒！把它砸掉——水和碎玻璃到处飞。

桌子上有一个鱼缸。乒！把它砸掉——金鱼在地板上蹦跳。

还有衣柜上那面大镜子，哗啦！把它砸掉——以后，妈妈再也别想照镜子看来看去臭美啦。

这些都是菲菲脑子里想出来的，其实菲菲什么也没做。可她真的非常非常生气！

菲菲呼呼地喘着粗气，心里好像有一座正在爆发的火山。她觉得喉咙里呼出来的气就像长长的火苗。火会烧着被子，烧着玩具，烧掉一座大楼。最后，整个城市都烧得通红通红的。

这一切都是菲菲心里想的，因为菲菲太生气了。

菲菲忍不住委屈地从家里跑出来。她一直跑，一直跑，一直跑到再也跑不动。

她看看石头，看看大树，又看看灌木丛里的小花。她听见了鸟叫。

然后，她爬到一棵大榉树上，眺望远方。她抬起头看看蓝天和白云，微风轻轻吹着她的头发，摸着她的脸蛋……

菲菲觉得好多了，她慢慢地往家里走去。妈妈伸开双臂欢迎她。一家人又开心地在一起啦。

这时，菲菲已经不生气了。

故事中的菲菲因为玩具被抢，妈妈不帮着说话，委屈、愤怒，她离开家，大哭一场，然后在平和、开阔的户外环境中平息了愤怒的情绪，最后她回到了温暖的家，重新接纳了家人。

菲菲用放声大哭、换个环境的方式排解了自己的不良情绪，而书中的雷梦拉又是怎样赶跑那些坏脾气的呢?

雷梦拉赶跑坏脾气

雷梦拉特别在意威利老师对自己的评价，她的心情几番沉落都与老师有关，而且这种情绪持续了不短的时间。我们来看这个例子。

开学第一天，第一次见到威利太太，雷梦拉确定老师还是喜欢她的，她也喜欢这位通情达理的富有幽默的老师，那时的雷梦拉是自信的。可“煮蛋风波”成为事件的转折。当听到威利太太在背后说她是“爱出风头的小家伙”“讨厌鬼”时，雷梦拉感到十分难过、伤心，甚至委屈，她觉得自己再也无法面对威利太太了，她开始躲避甚至开始暗暗用自己的方法抵抗老师。因为不开心，脾气变坏，和妈妈斗嘴斗气，到生病在全班呕吐时，雷梦拉已经完全认为自己就是十足的讨厌鬼了，威利老师和同学们肯定都不喜欢自己了。即使在家休息时收到威利老师的信，她也不确定老师是否真的想念她。当雷梦拉在爸爸、姐姐的鼓励下，用心完成了读书报告，并在课堂上精彩亮相得到了威利太太的称赞，她鼓起勇气主动和威利太太说话，并得到了威利太太的解释，误会才解除了，雷梦拉心里的大石头也总算落地了。她一下子跑下楼梯来到餐厅，说“我真不敢相信我居然都吃完了！”其实，我猜她内心最想说的是“我真不敢相信我居然和威利太太说了我的看法！”自信开朗的雷梦拉又回来了。

你们看，在与威利老师的接触中，雷梦拉的情感一直在微妙地变化着，自信——难过——痛苦——忐忑——自信，在经历一系列事件后，雷梦拉能主动与伙伴和爸爸妈妈倾诉，寻求理解，特别是能主动和威利老师沟通，坦诚地说出自己的想法。在多次的沟通中，雷梦拉学会了接纳自己，接纳别人。将坏情绪赶跑了，雷梦拉也不知不觉长大了。

爸爸化解坏情绪的招

雷梦拉的爸爸更是化解不良情绪的高手。在下着雨的星期天里，无聊、烦躁、争吵、冷战，全家人都陷入不良的情绪中，爸爸的一句“来吧，各位，把东西收拾好，让这种坏情绪见鬼去吧！我们今天出去吃晚饭，即使再糟糕，我们也要笑起来，高兴起来。这是命令！”在全家陷入经济危机，一大堆账单未付的情况下，爸爸提前预支了快乐，为让大家安心吃饭，他承诺要在感恩节加班挣钱。

哦，爸爸太棒了！“让坏情绪见鬼去吧！即使再糟糕，我们也要笑起来，高兴起来！”这种积极的语言、自我鼓励是非常棒的方法，它现在简直成了我的座右铭。

阅读作业

同学们，当你们不开心时又是怎样化解的呢？是否也与雷梦拉一样勇敢，与爸爸一样有魄力呢？欢迎大家将自己的体验、经验和大家分享，同时也试着完成《我的故事之最》吧。

第二课
有趣的气泡图

从圆圈图到气泡图

同学们，今天我们继续分享《雷梦拉八岁》。

说起雷梦拉，一看到这三个字，听到这个名字，你都会想起什么呢？我们利用圆圈图，将由雷梦拉产生的联想写下来。

我们来看一个小朋友画的圆圈图。

读完一本书，我们自然会从书中的人物联想起很多信息，有和人物密切相关的，也有关联不大的，有书本的内容，也有实际生活的内容，有别人的联想，也有自己的联系，圆圈图就是帮助我们打开思路，产生多元丰富的联想。可是，如果我们要聚焦一个事物，给它画像，圈圈图似乎就不够用了，比如，雷梦拉是本书的主人公，读完这本书，我们自然要问一问，雷梦拉是个怎样的女孩？她具有怎样与众不同的特点呢？这时，我们就需要另外一种帮助我们思考的工具、思维图示，它就是气泡图。这

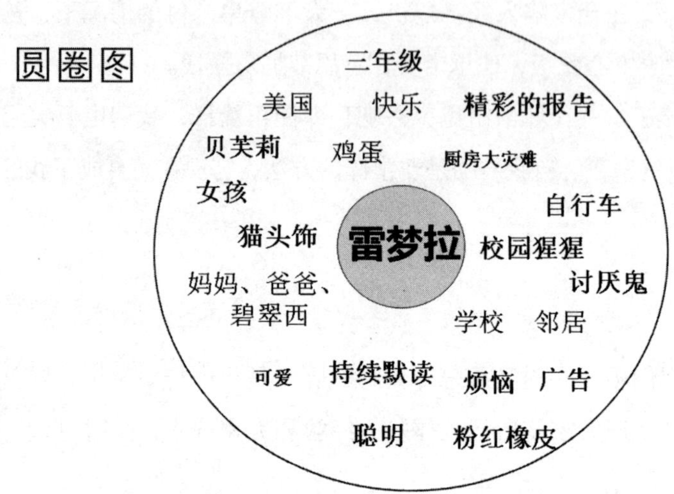

也是我们今天这节课的主要学习内容：学习用“气泡图”描述人物的特征。

绘制气泡图

那怎样绘制气泡图呢？大家拿出一张白纸，一边看老师的讲解，一边实际操作。相信，有了圆圈图的基础，绘制气泡图一定不在话下。

1. 首先在纸的正中间画一个大圆。

2. 在大圆的中心写上中心词。

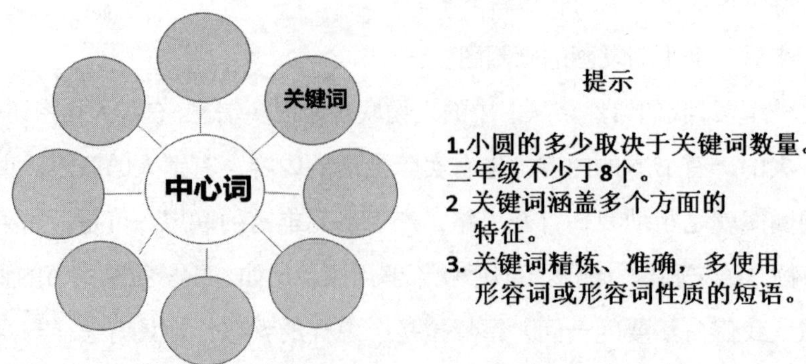

3. 在大圆的周围均匀画上小圆，画多少小圆，则是根据你能写多少关键词而定，对于三年级以上同学来说，一般来说画上 6~8 个——当然，越多越好。

4. 在小圆里写上表示中心词特征的词语，注意要使用形容词或形容词短语这样的描述性语言。文字大小适当、工整。

图示容易画，难点在于从多个角度去描述这个人物的特征，并且用词语或短语进行描述。下面，我们就来学习这个本领。

先来解决第一个难点：要多角度对人物特征进行描述。这里，我们还是利用圈圈图帮助我们打开思路。同学们，可以现在动手写一写，越多越好。

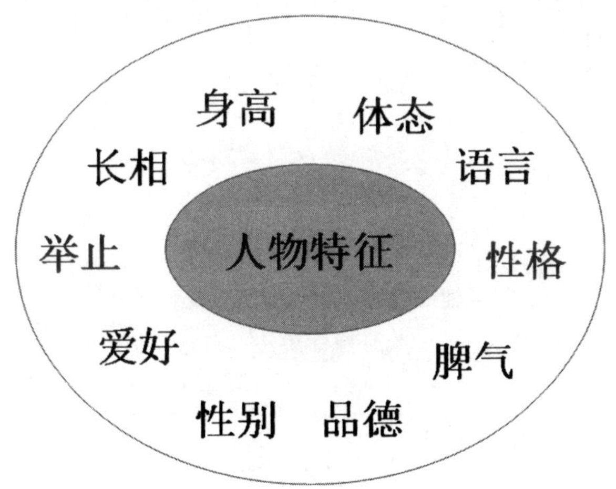

那好，围绕这些方面，我们就可以回忆有关雷梦拉的故事、细节，然后选择词语。

第二个难点，选用恰当的词语或短语。

词是最小的能够独立运用的语言单位。例如：书，滴答，学校，老师，香喷喷，美丽大方。

短语，也叫词组，是指由两个或两个以上的词组合而成的语法单位。例如：蓝蓝的天空，毛茸茸的玩具，飞快地奔跑，美丽极了，吃得干净，你和我。

明白了什么是词和短语，那么，在小圆圈里就知道了要填写的是词和短语。

那填写什么样的词和短语呢？这里不仅需要对人物本身要熟悉，还应该有些基本的词汇储备。再开动脑筋，运用圆圈图积累一些描写人物特点的词或短语吧。

比如说形容一个人的外貌的词语：

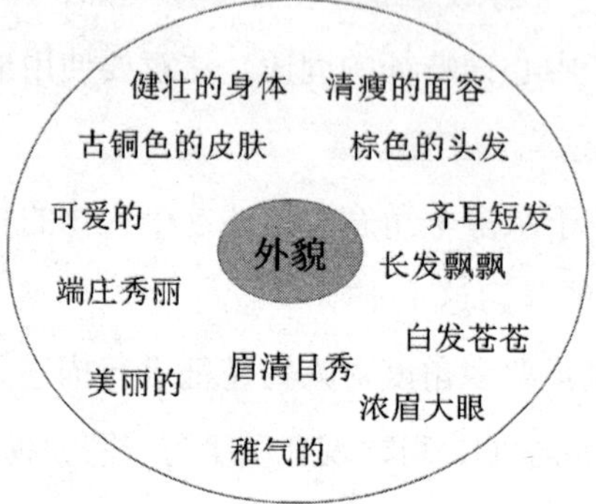

形容一个人的性格的词语：

形容一个人的品质的词语：

好了，知道从哪些方面描述一个人，又知道了什么内容去填写，下面只要充分调动回忆，想一想书中都记录了哪些事，雷梦拉给我们留下什么印象，气泡图就可以动笔写了。为了帮助大家回忆书中内容，我们可以再次打开书，看看目录，看看插图，看看雷梦拉的故事之最。

好了，现在，大家可以动笔写一写。

这是老师写的雷梦拉气泡图。

同学们，你们是怎样描写雷梦拉的呢？如果写好，大家一起分享哟。

关键词写的越多，越接近事实，我们对雷梦拉的认识与了解就越全面，越深刻。

书中的人物角色还有很多，例如爸爸、妈妈、碧翠西、豪伊、威利太太、丹尼、陌生爷爷、薇拉珍、肯普太太等，我们都可以根据阅读，寻找线索，概括出他们的特点。

气泡图的作用

气泡图除了可以对人物的特征进行描述，还可以对其他事、景、物进行特征描述。例如，有位同学对大熊猫、雪、地球做了这样的特征描述。

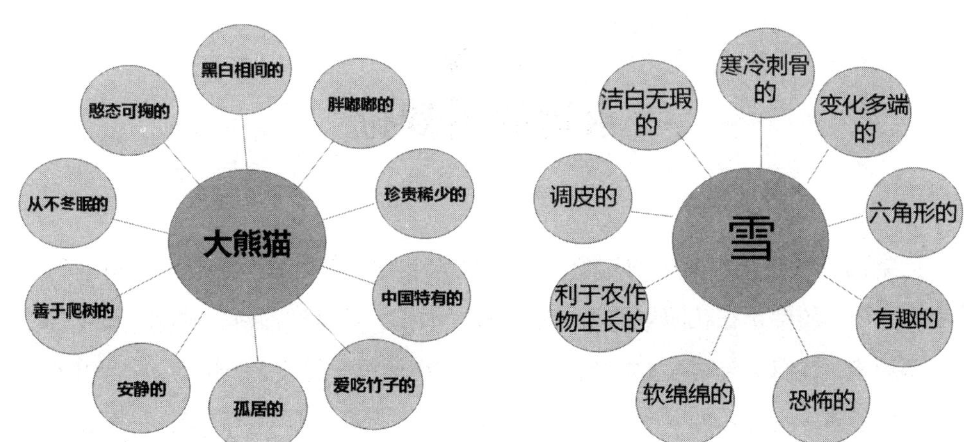

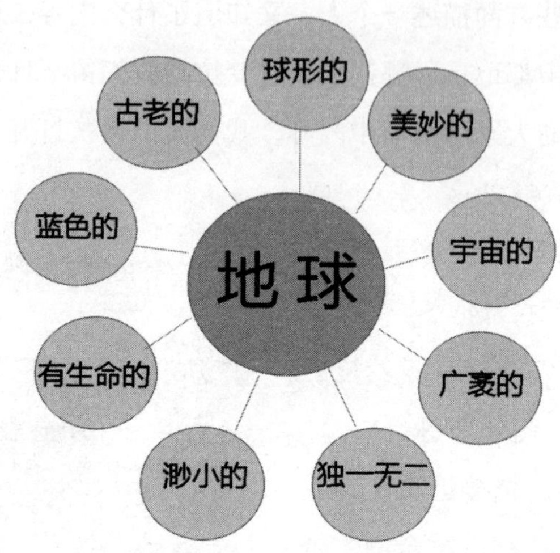

如果说，圆圈图帮助我们激发大脑，展开联想，开拓思维，那么，气泡图则是帮助我们认识事物特征的有效工具。通过绘制描述事物的气泡图，我们对事物的了解就会越来越深刻，为解决有关这一事物的实际问题做了准备。

阅读作业

今天的作业，就是请同学们利用气泡图对书中其他人物做个描述，或者自选一样事物进行描述。

第三课

永远的雷梦拉

同学们，你们看，图中的这个人物雕像是谁吗？你看她，穿着雨衣和雨靴，表情欢快兴奋，仿佛正在花园里的喷泉中泼溅着水花。她是谁？对，她就是雷梦拉。

两周来，我们一起阅读《雷梦拉八岁》，与雷梦拉一起哭，一起笑，一起开心、激动，一起烦恼、生气，雷梦拉就像是我们身边再熟悉不过的一个同学，一个邻居，一

个朋友，从她和她的家人朋友身上，我们看到了自己，看到了身边的家人朋友，读着她的故事，总会带给我们快乐、幽默、温暖与力量。

同学们，你们知道吗？这本书因为真实的故事、细腻的描写、温暖的基调赢得了千万读者与评论家的喜爱，她先后获得“纽伯瑞儿童文学奖”银奖、“美国图书馆协会最佳童书”“波士顿全球号角书奖”银奖、“美国父母选择奖”金奖、国际阅读协会和美国童书协会“儿童评选最爱童书”，被翻译成十几种语言，改编成电影和电视剧。

同学们，你们还知道吗？其实，雷梦拉的故事不仅仅是这一本。《雷梦拉八岁》说的是雷梦拉八岁上三年级时候的故事，那你知道雷梦拉九岁、七岁、六岁时是什么样？那时的她又发生了哪些好玩的故事呢？今天，老师就要为大家介绍《雷梦拉八岁》的姊妹书，也称“雷梦拉系列”书——“永远的雷梦拉”。

这套书一共包括八册，分别是《天生的幻想家》《小淘气交朋友》《勇敢的一年级》《我的百万美元梦》《穿睡衣的消防员》《鸡蛋头的三年级》《神秘的陌生人》《真的长大了》，它记录了雷梦拉从四岁到九岁的成长故事，你们能找出我们读的《雷梦拉八岁》对应的是这个系列中的哪一本吗？仅看书名，你最感兴趣的是哪一本呢？

下面老师简要地为大家介绍一下每本书的主要内容。

《天生的幻想家》，原名叫《雷梦拉与姐姐》，书中主要介绍了四岁的雷梦拉与九岁姐姐碧翠西的故事。四岁的雷梦拉有着超常的想象力，比如她走到哪儿都会牵着那只根本不存在的宠物蜥蜴，她会把商店门口的石膏狗当成真的狗，甚至会真的走到彩虹的尽头去寻找传说中的那桶金子，她还特别调皮，能在图书馆的书上写满自己的名字，把每个苹果都要上一口，还不经妈妈同意就邀请一大帮小朋友到家聚会，四岁的雷梦拉给姐姐带来极大的困扰，这对姐妹该如何相处呢？这本书荣获国际阅读协会“儿童评选最爱童书”，还被拍成了电影。

《小淘气交朋友》，也叫《小淘气雷梦拉》，主要讲五岁的雷梦拉在幼儿园里的有趣故事。在幼儿园里，雷梦拉结交了很多朋友，认识了新老师，学习如何做“分享”，最伟大的一次事迹竟然是辍学在家。这是怎么回事呢？这本书荣获美国佐治亚州“青少年图书奖”、美国夏威夷州“青少年图书奖”、美国俄克拉荷马州“青少年图书奖”。

《勇敢的一年级》，也叫《勇敢的雷梦拉》，六岁的雷梦拉告别幼儿园，要上一年级了，她又遭遇了哪些好玩的事情呢？本想在课上跟大家炫耀一下家里装修的事，可是用词不当遭到大家嘲笑，猫头鹰事件让她和苏珊的关系降到冰点，老师也似乎不喜欢她了，上学路上碰见一条大狗，如果是你会怎样做呢？相信，读完这本书雷梦拉一定会改变大家对她的印象。这本书荣获美国“马克·吐温青少年图书奖”、美国“金射手童书奖”、国际阅读协会“儿童评选最爱童书”。

《我的百万美元梦》，也叫《雷梦拉与爸爸》，这本书和《雷梦拉八岁》一样是获得“纽伯瑞儿童文学奖”银奖。我们知道雷梦拉一家的经济并不宽裕，主要收入就是靠爸爸。可是，一天爸爸失业了，从此，妈妈不得不去找一份全职工作来维持生计，而七岁的雷梦拉也有一个伟大的计划，她要赚到百万美元。雷梦拉的计划能成功吗？她能让全家重新找回昔日的温馨与快乐吗？

《穿睡衣的消防员》，也叫《雷梦拉与妈妈》，这本书是除《雷梦拉八岁》《雷梦拉与爸爸》之外的第三本获得国际大奖的小说，它荣获美国“国家图书奖”金奖。在这本书里，可爱的雷梦拉又遇到什么不开心的事情呢？穿睡衣的消防员又是怎么一回事？与妈妈产生了什么矛盾，让七岁半的雷梦拉第一次想离家出走？你想知道后面妈妈是怎么处理的吗？

《神秘的陌生人》，讲的还是雷梦拉三年级的故事。豪伊居然有个阔叔叔，可后来她居然成为了雷梦拉的叔叔，你知道怎么回事吗？妈妈的举动越来越奇怪，原来，雷梦拉要成为姐姐啦，这些变化都会给雷梦拉的生活带来什么样的惊喜呢？

《真的长大了》，是雷蒙拉系列的最后一本，讲的是雷梦拉九岁啦，升入四年级了，在这个成长最好的年龄，雷梦拉渴望长大，她希望能交上一个知心的朋友，希望能独立解决问题，希望能变得成熟稳重，雷梦拉能如愿以偿吗？同样，这本书也是获得国际阅读协会“儿童评选最爱童书”和美国阿肯色州“青少年图书奖”。

如何阅读系列书

好了，老师一下子介绍了“永远的雷梦拉”系列书，你一定是迫不及待想阅读了吧，别急，你知道，读一本书和读系列书有什么不一样的地方吗？

是的，读系列书自然也是要一本一本地读。按照老师第一讲介绍的那样，读一本书要从封面目录读起，边读边想边对话，读完回想乐分享。只是在这里，老师还要特别提醒大家，因为这套书都是围绕雷梦拉来写的，而且是按照雷梦拉的成长经历写起。所以，蝴蝶老师有些建议：

1. 按照顺序从第一本读起。虽然，本系列中的每一本都是可以单独阅读的，并不影响读者对故事人物和事情发展的理解。只是，按顺序读，会有读人物传记的感觉，你会跟随作者的笔触，深入了解一个人的成长。

2. 读完书后可以做些思考。思考的问题可以是自己读书时产生的，也可以围绕老师提出的问题。例如：

（1）你最喜欢哪本书？哪本书一般般？说说理由。

（2）书中的哪些事情你曾经也经历过？

（3）书中的哪个人让你想起了身边的人？

（4）《雷梦拉八岁》与《鸡蛋头的三年级》，你更喜欢那个书名？如果是你，你可以给书起什么名呢？

（5）书中的哪些观点你有话说，比如：

①图书馆管理员认为只要交了罚款，这本书就归这个人了，你怎么看？

②你觉得雷梦拉对薇拉珍友好是她的责任吗？

③你觉得好朋友应该是怎样的？怎样才能交到一个知心朋友呢？

④你觉得怎样才算是长大了？

⑤妈妈说，年龄位于中间的孩子在他心中有一个特殊地位，那是什么位置？你怎么看呢？

⑥你觉得雷梦拉一家的生活快乐吗？你觉得什么样的家庭才能算是幸福美满的家庭呢？

3. 读后可以做一做相关的活动，例如：

（1）做一个雷梦拉的成长画册。

（2）按照系列书后面的游戏时间，挑选做一做。

（3）朗读书中最喜欢的片段或者演一演。

（4）有条件的话可以找来电影看一看。比比书和电影有什么不一样的地方。

关于作家

以上是老师对阅读系列书的一些建议，最后老师还想跟大家推荐一个阅读方法，那就是要去了解创作这些经典作品的作家。这些作品是谁写出来的？是怎样写出来的？有好玩的故事吗？好了，这节课的最后时间，老师就来和大家聊一聊雷梦拉之母——贝芙莉·克莱瑞。

这座雕像建于 1995 年，是当时美国的书迷们用了五年时间集资建成的，建设的地点是美国波特兰市的一座公园，叫格兰特公园。这座雕像不仅仅是纪念雷梦拉这一经典文学人物形象，更是为了向塑造雷梦拉这一经典形象的美国作家贝芙莉·克莱瑞致敬。

让我们一起来认识这位塑造了可爱女孩的美国著名儿童文学作家贝芙莉·克莱瑞。

贝芙莉·克莱瑞，是美国当代最为著名的儿童文学作家之一，看看她获得的奖项便可知一二：

1975 年，贝芙莉以“为儿童文学做出了多年非凡的贡献”成为美国图书馆协会颁发的“劳拉·英格斯·怀德奖”的第十五位获奖者。

1980 年获得美国天主教图书馆协会颁发的雷吉纳金质奖章。

1984 年她被提名为国际安徒生奖候选人。

1985 年获得美国童书理事会颁发的童书大奖。

2000 年被美国国会图书馆评选为“在世的传奇人物”。

2003 年获得美国国会颁发的美国国家荣誉艺术奖章。

除此之外，她还获得美国超过 35 个州的小读者投票评选出的童书大奖。加州大学伯克利分校将一幢可容纳 220 名学生的校舍以“贝芙莉·克莱瑞”的名字命名。

如此之多的奖项是因为她创作了许多经典的作品，“永远的雷梦拉”系列中的三部作品《雷梦拉与爸爸》《雷梦拉八岁》《雷梦拉与妈妈》分别获得“纽伯瑞儿童文学奖”银奖和美国“国家图书奖”。“永远的雷梦拉”系列销量突破 3000 万册，至今畅销不衰。这个系列还曾被改编为电视剧和电影，深受孩子们的喜爱。哈珀柯林斯出版社将她的生日 4 月 12 日命名为“丢开一切开始阅读日”，在全民推广“持续默读”。

在她的诸多作品中还有一本影响十分大，后面我们也会读到它，就是《亲爱的汉修先生》，这本书获得了 1984 年“纽伯瑞儿童文学奖”金奖，并为她赢得了 1983 年美国“文学最杰出贡献奖”。她的作品被译成十多种语言，全球销量高达 9100 万册。

通俗易懂且具有幽默感，重视人们的日常生活和经历，所有的孩子或者成年人都会在雷梦拉的故事里找到自己的影子。这几乎是所有读者读过她作品的感受。

国际安徒生奖得主凯瑟琳·佩特森这样评价她：贝芙莉·克莱瑞具有一种罕见的本事，她的作品宛如一只温暖的手臂揽过我们的肩膀，将我们每个人的本质原原本本地呈现在我们面前。透过一双儿童的眼睛，她将令人费解的成人世界寥寥几笔即勾画得栩栩如生。

《贝芙莉·克莱瑞手记》乔安娜·凯利这样说：作者克莱瑞是美国最著名的儿童文学作家，她把童年时期中复杂的感情集结到一起，用一种既幽默又抚慰人心的方式将这些感情片段串联起来，这就是她的作品能同时获得孩子和成人赞誉的原因。

有人问贝芙莉·克莱瑞是如何创作出这些故事和人物的？她说，这些故事都源于我的亲身经历和我周围生活中的人和物。又有人问她，是怎样走上写作的道路，她说，是她中学时代学校的一位图书馆管理员激发了她对阅读的热爱，她鼓励自己去寻找各种感兴趣的题材来读。图书馆管理员不仅鼓励她读书，还鼓励她自己写书，并坚信她一定能为孩子们写一本书。就这样，从未接受过专业写作训练的她，凭着对文学的热爱，对孩子的热爱，对生活的热爱，写下了一本本温暖的童书，创作了一个个生动的人物。贝芙莉·克莱瑞的创作经历本身就是一个温暖的故事。

同学们，**从读一本书，到读系列书，到读一个人，其实是深入阅读的一种方法，也是一种读书的乐趣**。欢迎大家走进“永远的雷梦拉”，走进贝芙莉·克莱瑞的文学世界，让我们一起体会那生活中的甜与苦，感受成长的快乐与烦恼。

阅读作业

阅读《永远的雷梦拉》系列书，选择完成书面作业。

1. 我来当评委

书　名	精彩指数	一句话书评
《天生的幻想家》	☆☆☆☆☆	
《小淘气交朋友》	☆☆☆☆☆	
《勇敢的一年级》	☆☆☆☆☆	
《我的百万美金梦》	☆☆☆☆☆	
《穿睡衣的消防员》	☆☆☆☆☆	
《鸡蛋头的三年级》	☆☆☆☆☆	
《神秘的陌生人》	☆☆☆☆☆	
《真的长大了》	☆☆☆☆☆	

2. 雷梦拉的成长画册

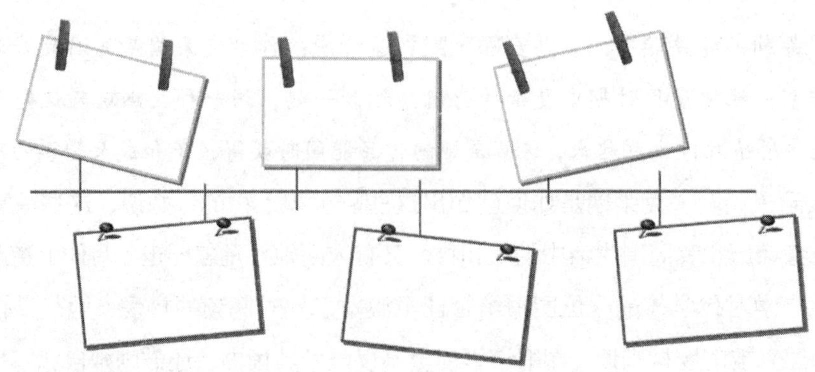

国际大奖小说
给爸爸的漂流瓶
天津出版传媒集团

第三本书
给爸爸的漂流瓶

关于本书

这本书应该是这12本书中最薄的，内容最有趣，语言也是最贴近孩子口吻的，因为，整本书就是主人公小姑娘汉娜写给爸爸的七封信。信中汉娜既向爸爸介绍了自己和妈妈的生活，也表达了对爸爸浓浓的思念之情。因为是孩子的书信，语言浅显自然，虽稚气却灵动，汉娜那超强的好奇心与天马行空般的想象力让人读起来忍俊不禁，真诚温暖的父女之情更是令人感动，易生共鸣。对于低年龄段学生来说，无论是学习阅读还是学习写作，这本书都值得一读再读。作者休伯特·希尔内克1964年生于德国中部古城格拉，他是作家，也是诗人，创作了大量的童书、诗歌和舞台剧剧本，在很多国家都享有盛名，这些作品被译成十几种语言。本书荣获奥地利“青少年文学奖”。

关于主题

主题	目标	拓展书目	读前准备	作业
信里信外	梳理本书信里的故事，领会主人公的情感，初步认识信在情感沟通中的作用，了解信的格式及写法。	《凯琪的包裹》《亲爱的汉修先生》	提前阅读	必做：给____的一封信 选做：阅读推荐书目
我会提问	学习提问，知道从哪些方面提问，怎样才算是一个好问题。	《阿虎开窍了》《课上阅读》	再读第四章	阅读单：我会提问
长了翅膀的话	学习积累并创造新鲜、有创意的话。	《田鼠阿佛》《课上阅读》	无	阅读单：长了翅膀的话

教学现场

第一课
信里信外

从本书特点中揭示主题

同学们，从这一周起我们要分享的是获得“奥地利青少年文学奖”的小说《给爸爸的漂流瓶》。这本书不厚，情节也不复杂，而且说的都是我们同龄人的故事，大家读起来一定没有什么大的困难。不过，这本书越读越觉得有趣，无论是文字、图画，还是书中主人公的观点，都有许多可以分享的地方。比如与前两本书相比，你有没有发现这本书最大的不同在哪里？对，这本书是用书信的方式写出来的，是主人公汉娜写给爸爸的七封信。七封信就是一本书，这是不是与《爱上读书的妖怪》《雷梦拉八岁》很不一样？今天我们就来聊一聊信，聊一聊信里信外的故事。

从信里读到的故事

首先，我们还是先来聊一聊这本书里的七封信。读完这本书，我们知道汉娜的爸爸是位海洋学家，长年在印度洋上工作。她非常想念爸爸，于是写下一封封长长的信，把它们装在漂流瓶里，并拜托渔民扬森先生在出海捕鱼时将漂流瓶投向爸爸出海的方向。那在信里，汉娜都主要写了什么呢？

依然借助目录和插图说一说，汉娜在信中都跟爸爸说了哪些事？

介绍宠物：长颈鹿卡罗琳、懒猫查理；

介绍妈妈医治特别的病人：狂笑症患者、慢性懒惰病患者；

介绍自己学校里的事情：如长了翅膀的话、请同学“飞鸟”奥利弗到家治病、开撒谎课；

介绍自己撒了个小谎骗过了警察，保住了卡罗琳；

还介绍了自己未来的职业：例如发明家、词汇发明家、时间旅行者；

还谈一些自己对某些事情的看法：例如撒谎是好是坏、怎么看待起绰号、看电视的利弊、植物也有生命、写信的乐趣、脑袋里装满东西是好是坏、物品是否会思考、漂流瓶的事；

还有对爸爸生活的关心、工作的好奇以及自己、妈妈对爸爸的思念。

如果可以，我们将七封信里的内容一一罗列出来，发现有很多很多，但是仔细一想，汉娜在信里讲的事情无非就三个方面：一个是她生活中的点点滴滴有趣的事，一个谈了她对一些事物独到的看法与理解，最后一个就是表达她和妈妈对爸爸浓浓的思念。

从故事读出的想念

从内容上再往深里想一想：透过这些内容，你都读出来什么？

比如，读着信，你读出了一种怎样的情绪？你觉得汉娜写下这些内容时有没有选择？每封信都很长，你觉得有必要吗？那么你都读出了一个怎样的汉娜？如果作者不用写信的方式，就像《爱上读书的妖怪》《雷梦拉八岁》的作者一样直接讲述主人公的故事，又会怎样呢？

汉娜在信中其实有说道：“*我只是想让你知道我们过得很好，不用担心，一切尽在掌握中。我要写些有意思的事情让你开心。*”所以，透过一封封直白、通俗、真切的信件，我们读出了汉娜对爸爸的思念，也读出了一个可爱的、懂事的、极富想象力的、喜爱写信的、有自己独特见解的、善于观察的、爱学习的小姑娘形象。

最主要的是，在读这一封封信的时候，与读《爱上读书的妖怪》《雷梦拉八岁》最不同的感受是什么？如果在读《爱上读书的妖怪》《雷梦拉八岁》时，你是听到作者李相培和贝芙莉的声音，是他们在跟你讲故事，那么，**你在读《给爸爸的漂流瓶》时，你听到的是汉娜的声音，她一直在跟你说话，讲述她对爸爸的思念，这就是用书信来讲故事的表达方法带给我们的一种新的阅读体验与乐趣**。

书信的作用

其实，**书信是人们日常生活中交流思想、表达意见、传递信息、互通情况的工具之一**。早在先秦时期，史籍中就有了书信的著录，至今已有两千多年的历史，可谓历史悠久。

在这本书里，汉娜就是用书信向爸爸汇报自己和妈妈的生活状况，表达对爸爸的思念。现在，让我们的视野从本书跳出来，放眼浩瀚的童书世界，其实有不少童书都是用书信来叙述故事的，在这里，给大家介绍两本书。一本是图画书——《凯琪的包裹》，一本是国际大奖小说——《亲爱的汉修先生》。

图画书《凯琪的包裹》是美国作者坎达丝·弗莱明的作品，书中讲述了二战后美国小孩罗西寄包裹给荷兰小孩凯琪而引发的一连串温馨的故事。本故事是作者根据二战后母亲为荷兰寄送包裹帮助凯琪一家人渡过难关的真实事件改写而成。图画作者是美国的斯泰西·德雷森·麦奎因，她运用水粉技法将两处不同地方发生的感人场景巧妙地融合在一起。本书语言平实，画面质朴，情感真挚，寓意深刻，无论是谁都会在翻阅中感受到那种爱的传递——凯琪与罗西之间所传送的包裹传递的不仅仅是满足生理需要的物质，更是珍贵的友谊、跨越国界的关爱。书中最打动人的是当荷兰人民度过了那个难熬的冬天后，他们把郁金香球根寄给了美国曾帮助过他们的人。两年后，美国梅菲尔德市的大街小巷开满了五彩缤纷的郁金香。这个真实的故事就像这美丽的郁金香，带给读者无比的温暖，而这温暖能让每位读者感到只要心中有爱，我们就有希望、有力量度过生命中任何艰难困苦的时刻。

整本书在写法上最有特点的是插入了凯琪与罗西前后八封信。信件的运用使得故事更加具有真实感，拉近了读者与书中人物的距离，使读者更加了解书中人物的心理变化过程并填补故事叙述中的空白。例如，美国的朋友是怎样捐赠物品的，都有谁呢？当时是怎样的情景呢？图与信相得益彰。

像这样在书中穿插书信的图画书还有《小恩的秘密花园》《我要养大蜥蜴》。

《亲爱的汉修先生》是《雷梦拉八岁》的作者贝芙莉的一本最为著名的小说，这本书荣获“纽伯瑞儿童文学奖”金奖。书中讲的是一个叫雷伊的小朋友，在他小学二年级时读了一本课外读物，他很喜欢那本书的作者汉修先生，便写信同他联系。到了六年级，为了老师布置的作业，他跟汉修先生联系得更加密切了。在信中，雷伊说出了他父母离异的实情、自己转学后的不适应以及他内心的孤独。通过和汉修先生的书信往来，雷伊不但学会了应该如何面对生活，理解了父母无法共处的原因，体会到了父母对他的关爱，而且还练就了一手好文笔，一篇描写他和爸爸坐卡车出游的文章使他获得了小作家征文的荣誉入围奖，同时也更加坚定了他要成为一名作家的决心。

这本书和《给爸爸的漂流瓶》一样，通篇都是雷伊写给汉修先生的信，不过，有的信是真的寄给了汉修先生，有的是不需要寄走的，是作为日记给自己看的。当你读到一封封雷伊写给汉修先生的信时，你会和读《给爸爸的漂流瓶》一样，是觉得亲耳听到雷伊在诉说故事，一种非常强的真实感让你体会到这种写书的独特乐趣。

如何写好一封信

同学们在生活中，一定也会像汉娜与雷伊一样，有苦恼，有想念，需要倾诉，需要求助，那书信就会是种很好的沟通方式。那怎样写好一封信呢？我们先来了解书信的一般格式。主要包括五个部分：称呼、正文、结尾、署名和日期。

1. 称呼

也称“起首语”，是对收信人的称呼。称呼要在信纸第一行顶格写起，后加“：”，冒号后不再写字。称呼和署名要对应，明确自己和收信人的关系。例如，汉娜每封信的称呼都是："亲爱的爸爸。"凯琦的称呼是："亲爱的罗西。"雷伊的每封信的称呼是："亲爱的汉修先生。"这样我们可以知道在称谓前可以加上一些表示亲近的词，如"亲爱的""敬爱的""尊敬的"。

如果信是同时写给两个人的，两个称呼应上下并排在一起，也可一前一后，尊长者在前。

2. 正文

正文通常以问候语开头。问候是一种文明礼貌行为，也是对收信人的一种礼节，体现写信人对收信人的关心。问候语最常见的是"您好！""近好！"依时令节气不同，也常有所变化，如"新年好！""春节愉快！"问候语写在称呼下一行，前面空两格，常自成一段。

接下来便是正文的主要部分——主体文，即写信人要说的话。这一部分，动笔之前，就应该成竹在胸，明白写信的主旨，做到有条有理、层次分明。若是信中同时要谈几件事，更要注意主次分明，有头有尾，详略得当，最好是一件事一段落，不要混为一谈。

我们可以看第一章，看看汉娜是怎样写的。

她先说了用漂流瓶写信的原因，接着写了卡罗琳，然后写了妈妈叹气是因为想念爸爸，接着写懒猫查理，自然写了自己要当发明家的想法，再写了爸爸工作，接着又写了编小故事告诉好奇者长颈鹿的来历，然后又写到老水手扬森，最后表达了对爸爸的思念。

我们读汉娜的信，会发现，汉娜拿起笔写字，就像是对着爸爸在说话，想到什么就写什么，写到这件事又联想到另外一件事，于是就接着写那件事，看似随意没有章法，可正是这样，才更像是一个女儿在和爸爸聊天，才更像是八九岁的孩子说出来的话。正因如此，我们读起来丝毫没有违和感。

对于写信这件事，汉娜有着自己的体会。她觉得写信是件很有意思的事情，最重要的是，写出来的想法与和说出来的想法完全不一样。"写信时，思维就想缓缓流淌的小河；说话时，它偶尔会像瀑布，偶尔又会像涓涓细流。"

老师觉得，写给亲人的信、朋友的信，最重要的就是真情实感，只要把话说清楚了，信的功能就达到了。

3. 结尾

正文写完后，都要写上表示敬意、祝愿或勉励的话，作为书信的结尾。

结尾的习惯写法有两种：

（1）在正文写完之后，紧接着写“此致”，转一行顶格或空两格写“敬礼”。

（2）不写“此致”，只是另起一行空两格写“敬礼”“安好”“健康”“平安”等词，一定要另起一行空两格，不得尾缀在正文之后。也可以在正文结尾下另起一行写“祝你”“敬祝”，再空两格写上“安好”“健康”等。

不过，老师觉得汉娜的结尾更有情趣。我们一起找一找。

4. 署名和日期

在书信最后一行，署上写信人的姓名和时间。署名应写在正文结尾后的右方空半行的地方。如果是写给的亲属、朋友，可加上自己的称呼，如儿、弟、兄、侄等，后边写名字，不必写姓。上述自称，都要和信首的称谓相互吻合。时间则另起一行书写。

我们看一看七封信中汉娜的署名。

阅读作业

今天，我们了解了书信这样一种表达情感、写故事的方法，那么你可有什么心里话需要对什么人说吗？回去我们也可以尝试给自己的亲人、同学、老师写封信，也可以尝试写封信放在漂流瓶里寄给远方的朋友，或者也可以挑战一下，以爸爸的口吻给汉娜回信。

作业：

1. 写给______的信。

2. 选择阅读：图画书《凯琪的包裹》、小说《亲爱的汉修先生》

第二课
学会提问

揭示主题

同学们，今天要和大家聊一聊“提问”。因为每次读完一本书，听完一次课，大家都有许许多多的问题。关于提问，老师想和大家说三句话。

大胆提问

第一句话：大胆提问。

提问，是好奇的表现，是思考的表现，是会学习的表现。我们看书中的汉娜，就是一个这样爱提问爱思考的孩子。在给爸爸的信中，她就问了许多问题，比如：

海洋学家到底是干什么的？这个工作很难吗？海里是不是有很多鲨鱼？

在“飞鸟”奥利弗一章中，汉娜更是提了很多问题：

七朵云加三只海鸥等于几？为什么飞鱼不会像燕子一样在秋天时往南飞？为什么黄色的汽车不是蓝色的？梦境导游是干什么的？什么地方夏天会结冰？我们为什么不住在宫殿里？大象可以在单行路上骑自行车吗？

其实，每一个孩子都和汉娜一样是个“十万个为什么”，因为我们对于世界有那么多好奇，有那么多不明白的，而正是有了这些疑问，才会有进一步的学习与探索的动力。大家都知道爱因斯坦和爱迪生这两个著名的人物吧，一个是科学家，一个是发明家。他俩从小都是个爱提问的小家伙。

爱因斯坦小时候常常爱提出一些怪问题。如指南针为什么总是指向南方？什么是时间？什么是空间？爱迪生从小就特别爱问“为什么”，喜欢对一个问题追根究底问个明白。有一次算术课上，老师教同学们二加二等于四，爱迪生却发问：“二加二为什么等于四？”别人都以为他们是个傻孩子，殊不知这些问题正是会观察、爱思考的表现，他们最后都成为了了不起的人，为人类进步做出了自己的贡献。

古人有云，学贵有疑，小疑则小进，大疑则大进。提问题往往是思考过程的起点，是会学习的表现。对于阅读，学会提问还能帮助我们了解自己是否读懂了内容，还有哪些不懂的。所以，今天老师想和大家说的第一句话就是：大胆提问。

学习提问

第二句话：学习提问。

咦，不懂自然就问，还要学习怎么提问吗？是的，有的小朋友真有提问困难症，一肚子疑惑，却不知道怎么问起？所以下面，老师就要和大家聊一聊从哪些方面开始提问。

首先我们知道，**从对象看，提问可以是问自己**。还记得在《爱上读书的妖怪》第一课时，老师就曾告诉大家在读书时要学会边读边想边对话，这里的对话主要指的就是提问，向自己提问，问问自己这里可读懂了，哪里还有不明白的，边问边尝试回答，这是帮助自己读懂内容的很好办法。**也可以是问别人**。比如，问作者、问老师、问爸爸妈妈或者同学。

从问题内容看，一是自己不明白的地方，也许是某个词语句子，也许是某一个情节，只要是自己没弄明白的都可以问；**二是想和别人深入探讨的**，比如书中引发了你一些思考，或者一些你关心的问题，一些模糊的或者特别感兴趣的地方都可以提出来和大家分享交流。

从问题的内容范围上看，我们可以大致分为书里的问题和书外的问题。书里的问题，就是问题来自于书中的内容，比如角色、情节、语言等。书外的问题，就是与书本身内容关系不大，是由这本书想到的其他的问题。比如作者、故事创作的背景、和主题有关的一些其他话题。

低年级的同学大多关注的是书里的问题，**那如何就书里的内容提问呢**？今天老师带大家认识**六个小精灵**。我们一起来认识它：

“何家”六精灵，故事里面藏。老大叫何时，老二叫何地，老三是何人，老四是何事。要问老五和老六，何因何果排队来。

具体来说，就是故事发生在什么时间？发生在什么地方？主角是谁？发生了什么事情？为什么会发生？结果怎样？这六个小精灵经常躲在故事里，有时他们会一起出现，有时也会缺少一两个哟！在阅读一个故事时，我们就可以找一找六精灵，然后问一问六精灵。

下面我们翻到本书第四章节中讲奥利弗的那部分内容，看看你能利用“何家”六精灵提出什么问题？又如何回答呢？

我们看一个同学的问题：

奥利弗是谁？（何人？）——汉娜的同学

故事发生在什么时候？（何时？）——一天放学以后

故事发生在什么地方呢？（何地？）——汉娜的家里

这个故事讲了件什么事？（何事？）——汉娜请妈妈给奥利弗治疗他的招风耳

奥利弗是因为什么事情到了汉娜的家？（何因？）——因为他长了一对很大的招风耳，受到同学们嘲笑

后来，奥利弗的病治好了吗？（何果？）——招风耳没治好，但是他不再自卑了

有了“何家”六精灵的帮助，你是否掌握了书里的问题提问的基本方法呢？读书的时候，可以经常这样问自己，如果自己能回答，说明你读懂了故事，如果不能回答，那就请教别人吧。

那书外的问题可以从哪些方面来提呢？

比如，**关于作者的问题**：

1. 这本书的作者是谁？他还写过其他什么作品吗？
2. 作者是怎样创作出这个故事的？
3. 读完这本书，你认为作者是一个什么样的人？

比如，**由书中角色和情节联想到和自己生活或其他的问题**：

1. 在我们身边有书中提到的角色吗？
2. 书中的故事让我们想起了生活中的哪个事例？
3. 书中的故事是真实的吗？

再比如，**关于书的问题**：

1. 有没有哪本书的故事或者人物或者是其他方面和这本书很相似呢？
2. 如果是这个故事可以改写，你觉得可以怎样改？

除了以上几个方面，其他一切的你想交流的问题都可以提出来。

同学们，你们看，阅读时，除了提出自己不懂的地方，也可以有意识的从以上这些方面来提问，提问的角度越多越好，那样能帮助我们更好的理解书中的内容。

这就是老师的第二句话：学习提问。

提好问题

第三句话：提好问题。

啊，问题还有好与坏？是的，问题有大有小，能容易的也有复杂的，自然也有好问题与不太好的问题。好问题能促进我们深入思考，那什么是好问题呢？

大家还记得第四章中，汉娜给爸爸提出了很多问题，对于这些问题，汉娜自己说：有的问题简单可以回答，有的简直让人丈二和尚摸不着头脑。所以，问题可以分为好多类，我们先来了解一下不同种类不同层次的问题。

第一种，答案藏在书中的问题。

比如，在《爱上读书的妖怪》一课中，有的同学就问：柜子精是由什么变成的？他有什么本领？什么是持续默读？漂流瓶是做什么用的？

其实这些问题的答案就在书中，书中是有明明白白的描述的，只要你重读、认真阅读就可以找到答案。

第二种，需要想一想、查一查才能回答的问题。

比如读完《爱上读书的妖怪》，有同学看到书中世宗大王戴着眼镜读书的插图，就问，世宗大王时代就有眼镜了吗？这个问题可能超出我们的知识范围，但是借助网络或者图书或者咨询他人也是可以得到答案的。

读完《雷梦拉八岁》，有同学问：雷梦拉明明不喜欢放学后去豪伊家，可为什么还要去呢？这个问题就需要你联系雷梦拉家庭的经济情况和她妈妈的担忧来想一想，就会明白雷梦拉如果不去豪伊家，妈妈就要在家里看护她，那么她就不能去上班；不能上班，就不能挣钱贴补家用。

再比如，读完本书，有同学问妈妈究竟有没有治好奥利弗的病呢？这个你就要联系前后文，想一想。

所以这些问题的答案并不能直接在书中找到，但是你可以通过前后文的联系，结合自己的生活经验、借助一些工具查一查、问一问、想一想就能做出回答。

第三种，答案没有对错、不是固定的、需要探讨的问题。

比如：汉娜问爸爸，做海洋学家这个工作很难吗？邻居投诉长颈鹿啃光了他家的树，汉娜问爸爸对这个事情怎么看？比如，你觉得陌生爷爷为什么要给雷梦拉一家买单？你想上撒谎课吗？你还希望学校开设哪些课呢？你想发明什么东西？

像这样会用“我觉得，我认为，如果是我，对我而言”等回答的问题，都与个人喜好有关，没有对错。

再比如，汉娜问到：为什么飞鱼不会像燕子一样在秋天时往南飞？动物也会思考吗？

有同学问：善意的谎言与真正的谎言有什么区别呢？

有同学问过：妖怪通过读书，会越来越有文化，他们会对人类造成威胁吗？

像这样的问题，需要我们经过论证、从不同角度进行深入探讨才能回答，它没有固定答案，没有唯一答案。

如果比较这三类问题，第一类是同学们提的最多的，从回答难易程度上说较容易，属于浅层次的问题。第二类问题就对你的阅读理解能力提出了挑战，难度比第一种大。第三类最不容易提出，难度也最大，但这些问题却能激发大家思考，甚至会有思想的交锋，观点的碰撞，所以它更有价值。第二类和第三类属于深层次的问题。

三个不同种类、不同层次的问题对于我们的阅读都有帮助，比如：

1. 注意到文章中的重要讯息。
2. 确认自己是否已经了解文章。
3. 培养提好问题的技巧。
4. 培养批判性思维。

所以，今后我们要根据需要提出不同层次的问题，要多提有价值的问题。

提问当堂练

下面我们可以现场阅读一个故事，试着提出不同层次的问题。

阅读《阿虎开窍了》——

阿虎是只什么事都做不好的小老虎。

他不会读书，不会写字，不会画画，而且他吃起东西来还邋里邋遢呢！甚至不曾说过一句话。

“他到底怎么了？”阿虎爸爸说。

阿虎妈妈说：“没关系，阿虎只是慢一点开窍。”

“慢一点开窍总比不开窍好。”阿虎爸爸说。

白天，爸爸盯着阿虎看，看他是不是开窍了。

晚上，爸爸也盯着阿虎看，看他是不是开窍了。

“阿虎肯定能开窍吗？”爸爸问。

“耐心点儿，”妈妈说，

“你总盯着他看，他就不会开窍了。”

于是，爸爸看电视了，不再盯着阿虎看。

下雪了，爸爸没有盯着阿虎看，阿虎还是没有开窍。

树枝发芽了，爸爸没有盯着阿虎看，阿虎还是没有开窍。

有一天，时候到了，阿虎开窍啦！

他会读书了！

他会写字了！

他会画画了！

他吃东西干干净净！

他还会说话了，不只说了一个字，而是整整一句话，

他说——“我都会了！”

有位同学提出了这些问题，大家可以看看，它们分别属于哪个层次？

1. 阿虎不开窍，最着急的是谁？
2. 阿虎开窍后，会写的第一个字是什么？
3. 阿虎开窍后，说的一句话是哪句话？
4. “邋里邋遢”在书中是什么意思？
5. “开窍”是什么意思？
6. 阿虎迟迟不开窍的原因是什么？
7. 这个故事告诉我们什么道理呢？
8. 如果你是阿虎的爸爸，阿虎开窍后，你最可能说的话是什么？
9. 如果阿虎一直不开窍，阿虎的妈妈可能会怎么样？
10. “晚开窍总比不开窍好”，你怎么看这句话呢？

1~3 是第一类，4~6 是第二类，7~10 是第三类。你可以选择其中一些问题做思

考，做回答。

这是老师的第三句话，学习提好问题。

关于提问，其实还有很多学问，今天的课仅仅是个开启，希望同学们能在平时的阅读和学习中大胆提问、会提问、会提好问题。

阅读作业

课结束后，建议大家重新再读读这本不厚的书，然后试着再提提问题，看看自己能提出多少有价值的问题。

第三课 长了翅膀的话

揭示主题

同学们，这一周你们有没有再读《给爸爸的漂流瓶》这本书呢？大家是否被这个有着满脑子新鲜事、整天想着发明的汉娜所吸引呢？这节课，老师要与大家交流的主题正是来自这本书中的一句话——长了翅膀的话。

延伸阅读

在交流这个话题之前，老师想和大家阅读一本我非常喜欢的一本图画书——《田鼠阿佛》。

有一片草地，以前还有奶牛来吃草、马儿来溜达。一直沿着草地的边上，立着一堵老旧的石墙。

在石墙里面，就在离牲口棚和谷仓不远的地方，住着爱说爱闹的一家子小田鼠。

可如今农夫们搬走了，牲口棚废弃了，谷仓也空了。眼看着冬天已经不远了，小田鼠们开始采集玉米、坚果、小麦和禾秆。从早到晚，他们全都在忙活——只有一个例外，就是阿佛。

“阿佛，你为什么不干活儿？”他们问。

“我在干活儿呀。”阿佛说，

“我在采集阳光，因为冬天的日子又冷又黑。”

他们看到阿佛有时就坐在那儿，盯着草地看。

他们说：“那现在呢，阿佛？”

“我在采集颜色，”阿佛简单回答道，“因为冬天是灰色的。”

还有一次，阿佛好像要睡着了。“你在做梦吧，阿佛？”他们有点责备地问他。

可是阿佛说：“哦，不是的。我正在采集词语，因为冬天的日子又多又长，我们会把话说完的。”

冬天来了。当第一场雪飘落时，五只小田鼠躲进了石墙里的藏身处。

一开始，有很多东西可以吃，小田鼠们在一起讲着傻狐狸和蠢猫咪的故事。他们是快乐的一家子。

可是他们一点一点地啃光了几乎所有的坚果和浆果，禾秆没了，玉米也成为回忆。石墙里很冷，没有人想要聊天。

这时他们想起了阿佛说起过的阳光、颜色和词语。

“怎么样，阿佛，你的那些东西呢？”他们问。

“闭上眼睛”，阿佛边说着边爬上一块大石头，“现在，我带给你们阳光。你们感觉到了吗？它的金色光芒……”就在阿佛说到太阳的时候，那四只小田鼠开始感觉暖和些了。那是阿佛的声音吗？它有魔力吗？

“阿佛，那颜色呢？”他们充满渴望地问道。“再闭上眼睛”，阿佛说。于是他跟他们说起蓝色的长春花，长在黄色麦田里的红色的罂粟花，还有草莓丛中的绿叶子。阿佛说着，他们就清清楚楚地看见了那些颜色，就好像画在他们的脑子里一样。

“还有词语呢，阿佛？”阿佛清了清嗓子，等了一会儿，然后，就像站在舞台上那样，他说：

“谁在天上撒雪花？谁融化地上的冰块？
谁会把天气变好？谁又会把天气变坏？
谁让四叶幸运草在六月里生长？
谁熄灭了阳光？谁又把月儿点亮？
是四只小田鼠，他们都住在天上。
是四只小田鼠……就和你我一样。
一只是小春鼠，打开雨露的花洒。
跟着来的夏鼠喜欢在鲜花上涂画。
小秋鼠跟来时带着小麦和胡桃。
冬鼠最后到……冷得直跺小脚。
想想多幸运，一年四季刚刚好？
一个也不多……一个也不少！”

当阿佛说完时，他们一起鼓掌喝彩。“好啊，阿佛”，他们说，“你是个诗人，真想不到！”

阿佛红着脸，鞠了个躬，害羞着说：“是的，我知道。”

书中的阿佛是个观察仔细、想象丰富的诗人，生活中除了衣食住行，还需要诗意，她积累的那些词语句子有色彩，有生命，在寒冷无聊的冬日带给人温暖，带给人希望，带给人力量，我想，田鼠阿佛的话就是本书说的“长了翅膀的话。”

寻找书中长了翅膀的话

我们找找，信中都有哪些长了翅膀的话？

愿人类高贵。（歌德）

虽在眼前犹如天边的想念。（汉娜）

长了翅膀的话，也许不长，也许没有生僻高冷的词汇，但是简单朴实的话语背后藏着很多意思。有的蕴含深刻道理，有的包含乐趣，它是那么有味道，让人每读一遍都有每一遍的体会。

例如，德国著名的思想家、作家、科学家歌德的这句话简简单单5个字，却表达了歌德内心的愿望——是对世人的期许。汉娜的这句话富有诗意，却又情真意切——明明在眼前的思念可是想念的人却在远方。远远近近，真真切切，这情意击中多少有类似体验的人啊。这些话语当被人第一次看到，就像长了翅膀一样，从纸面上飞走，飞到人们的心里。

你们再读读，看看你还能找到哪些长了翅膀的话？

写信时，思维就像缓缓流淌的小河；说话时，它偶尔会像瀑布，偶尔会像是涓涓细流。（汉娜）

人的想法就像谜一样难懂。（汉娜）

时间就像是蜗牛一样慢慢地爬着。（汉娜）

如何写出长了翅膀的话

同学们，无论是我们平常说话，或者是写作，如果有了这些长了翅膀的话，就会变得有光彩，让人愉悦，让人印象深刻。那怎样才能说出或写出这些长了翅膀的话呢？

老师的经验：观察、联想、锤炼。

所谓观察，就是要打开你的眼睛、耳朵、嘴巴、伸开你的手与脚，去观察大自然的变化，去观察生活中的细节。地上的蚂蚁、天上的云朵、秋天的树叶、行走的人群、路边的摊点、小区的狗与猫，等等，你有注意到他们吗？有发现他们的变化了吗？我们常说，生活不是缺少美，而是缺少美的发现。没有观察，就没有话语的材料。汉娜如果没有对长颈鹿、懒猫、对狂笑症、懒惰症的仔细观察，她是抓不住他们的特点的。

所谓联想，就是由这个事物想到另外一个事物。或者是因为这两个事物之间有着相似之处，比如看到弯弯的月亮你也许会想到镰刀，想到小船；或者由这个事物激发了你其他的思绪，比如看到一张明信片让你想起了写明信片的人等。汉娜的许多长了翅膀的话都正是用了联想的方法，写出来的话才那么形象。比如：

写信时，思维就像缓缓流淌的小河；说话时，它偶尔会像瀑布，偶尔会像是涓涓细流。

人的想法就像谜一样难懂。

时间就像是蜗牛一样慢慢地爬着。

我们可以做个练习，看谁的想象力丰富？当你看到这个词，你会想到什么？

老师（慈祥的妈妈，温暖的阳光，安全的港湾）

友情（小船、高山流水）

星星（钻石、萤火虫、心愿）

想念（小河、棒棒糖）

白云（棉花糖）

电线杆（五线谱）

除了观察与联想，要想写出长了翅膀的话，更重要的秘诀就是——锤炼。的确，有些长了翅膀的话像灵感一样，不期而遇，但是绝大多数长了翅膀的话都不是脱口而出的、即兴发挥的，而是要反复修改、千锤百炼的。

我们学过一首诗：《题李凝幽居》，讲的是唐代著名诗人贾岛吟诗炼句的故事。

闲居少邻并，草径入荒园。
鸟宿池边树，僧敲月下门。
过桥分野色，移石动云根。
暂去还来此，幽期不负言。

诗中讲贾岛初次到京城长安参加科举考试，一天骑在驴背上吟得上述第二联诗句，“深夜万籁寂静，鸟儿栖息在池塘边的树枝上。僧人晚归，在月光下敲响寺院的门。”开始他想要用“推”字，后来又想要用“敲”字，用心琢磨词句，一直未能确定用哪个字更精美传神，于是在驴背上吟咏诵读，还不停地伸手比划“推”“敲”的姿势。这时，吏部侍郎兼京兆尹韩愈正路过此地，贾岛不知不觉冲撞到仪卫队的第三部分。随从人员将贾岛推拥着带到京兆尹韩愈面前，贾岛详细解释说出自己吟得的诗句。韩愈停马伫立很久，对贾岛说道：“还是用‘敲’字更好啊。”

你们看，大诗人对待一个词都尚且如此，更何况我们呢？那如何锤炼出长了翅膀的话呢？老师再给出几个具体的建议。

一要巧用修饰的语言。我们看两个句子。

秋天刚到，一些银杏叶就落下来。

秋天刚到，一些（性急的）银杏叶就落下来。

第一句让人感觉很直白，而第二句只是加上了“性急的”修饰了一下，就把黄叶拟人化了，整个句子就让人充满了情趣。

二要学会变笼统为具体。具体是一种美，也是鉴别一个人运用语言水平高低的标准之一。

比如写一个女人“胖”，说“这个女人长得很胖”就很平平，可如果写成“这个女人胖得就像刚刚发开的面团”就具体多了。俄国小说家契诃夫是这样描写胖的：

她的脸胖得发亮，皮肤已经不够用了。睁眼的时候必须把嘴闭上，张嘴的时候必须把眼闭上。

汉娜在写她的猫查理“懒”时，她是这样具体来写的：

你不知道她有多懒，整天趴在地上，不到吃饭时不起来。我给它挠痒痒时，舒服得它一动不动，连呼噜都懒得打一声。

具体，就是要将事物写的可闻、可见、可摸、可感，而且要尽量给人以新鲜的感觉。

三要善于运用幽默。说话、写话如果幽默，那就会吸引人。比如这本书中，汉娜就有许多幽默的话：

难道你没听人说过“我真的无语了？”

我的天！还写信！他们连数到三都有困难！真受不了！

我常常担心，它会不会有一天懒到连自己的脸都不舔了呢？到那时我还得发明一台自动洗猫机不成？

生活中，我们也会常听到或看到一些幽默的话，如：

我这辈子只有两件事不会：这也不会，那也不会。

“特别能吃苦”这5个字，我想了想，我做到了前4个……

无羽（与）伦比（某羽绒衫的广告词）

无屑（懈）可击（某洗发水的广告词）

诚然，幽默的语言也不是想写就能写出来的。在平常读书时或者与别人交流时要注意积累，同时自己在写作时要有意识地运用。用得多了，就可以摸索出一些正话反说、褒词贬用、谐音双关等方法了。

阅读作业

好了，今天和大家交流了关于长了翅膀的话这个话题，大家知道了今后在阅读文章或者小说时，可以注意欣赏和积累一些长了翅膀的话，也要学习在日常的说话和写作中主动运用一些长了翅膀的话的方法。今天的作业就是，大家找一找书中的长了翅膀的话，然后也尝试着写一写自己的长了翅膀的话，我们一起来分享。

国际大奖小说
VERITE,VERITE CHERIE
追踪真相
法国女巫儿童文学奖
法国图书馆协会最佳儿童文学读物
法国教育部推荐书目
新蕾出版社

第四本书
追踪真相

关于本书

主人公卡米耶是一只极有天赋的小狼，深受大家喜爱。可是在完成一次作文课《我的祖父》过程中，她竟然发现了家族里的一个天大秘密——祖父竟然是杀人犯！为了揭开秘密，卡米耶开始了一路追踪。这本获得法国“女巫儿童文学奖”、法国图书馆协会“最佳儿童文学读物”的图书由法国儿童文学作家瓦莱里·泽娜蒂创作，她的小说构思新颖，情节跌宕起伏，主题发人深省。她的创作过程也十分有意思，竟然是为了给女儿讲个关于“坏人”的故事而专门创编的。为了吸引女儿，瓦莱里·泽娜蒂让大家都熟悉的“小红帽”和“三只小猪”走进了故事。故事中处处充满悬念，读着读着，你会化成卡米耶，一起跟随她追踪真相，读着读着，你会既感到紧张和刺激，又会感到平静与感动，为什么会这样？赶紧阅读这样一本有趣有挑战却充满温暖的书吧，对于在成长中有同样困惑的孩子来说，这一定是堂不可缺少的课。

关于主题

主题	目标	拓展书目	读前准备	作业
我有个秘密	细读内容，体会卡米耶在追踪真相过程的心理变化	无	提前阅读	选择课中一两个问题做回答
故事中的悬念	找出故事中的多处悬念，学习欣赏这种表达的技巧，体会这种阅读的乐趣	《农场疑案》	无	阅读《农场疑案》
不一样的狼	阅读并了解不同童书中狼的不同形象，学习用不同的视角不同的立场去阅读	《一只有教养的狼》《一个好狼的故事》《三只小猪的真实故事》《大灰狼罗克》《猪国里的狼》等	无	阅读推荐书目实践阅读单——狼的诊断书

教学现场

第一课
我有个秘密

揭示主题

同学们，从今天开始我们将来到国际大奖小说之旅的第四站——《追踪真相》。这本书是法国的瓦莱里·泽娜蒂写的，奥黛·普斯耶画的。关于本书的创作过程，在书的后面瓦莱里·泽娜蒂有介绍说，这个故事是一边给女儿讲故事一边创作出来的，是讲一个关于“狼”的故事，关于“坏人”的故事。这本书一出来，就得到了众多读者的喜欢，在书的封底，我们看到有两段书评。法国国家文化和图书馆协会是这样评论本书的：“经典童话的全新演绎，情节跌宕起伏，惊喜连连，文笔幽默风趣，堪称完美的儿童读物！”《博客文化》则评论：“一个神秘的真相，一个家族背后的秘密，还有久违的小红帽和三只小猪的经典故事。好在，最终的真相并不让人失望。”

怎么样？你的读书感受和他们的评论有相似之处吗？这本书获得过法国“女巫儿童文学奖”、法国图书馆协会“最佳儿童文学读物”。所以，尽管这本书很薄，2万多字，看似很简单，其实内容和文字都不简单，耐人寻味。同学们读完后一定有许多不懂的问题，也一定有许多想分享的话题。

今天第一节课，老师与你们交流的是“我有个秘密”。

童诗里的秘密

说起“秘密”，我想到了一首儿童诗，日本著名儿童诗人金子美玲的《花儿的眼泪》。

花儿的眼泪

金子美玲（日本）

谁都不要告诉好吗?
清晨庭院角落里,
花儿悄悄掉眼泪的事。

万一这事说出去了,
传到蜜蜂耳朵里,
它会像做了亏心事一样,
飞回去还蜂蜜的。

我还想起一位五年级万奕含小朋友写的一首童诗——《秘密》。

秘 密

五年级　万奕含

妈妈说我捡来的,
我笑了笑。
我不想说出一个秘密
　　——怕妈妈伤心。
我知道,
爸爸姓万,
哥哥姓万,
我也姓万,
只有妈妈姓姜。
谁是捡来的,
不说你也明白。
嘘!
我会把这个秘密永远藏在心中。

秘密，就是不能对外说的内容。在金子美铃的诗里，秘密是花儿流眼泪；在万奕含的诗里，秘密是我和妈妈究竟谁是捡来。对于如何对待秘密，金子美铃和万奕含都不约而同地采取了保密的态度。因为，如果泄密了，会让蜜蜂难为情，会让妈妈伤心。

卡米耶的秘密

金子美玲和万奕含笔下的秘密是那么纯真，保密是那么美好，触动了每一个读者柔软的心。可是有很多时候，秘密也并不全是这样美好，真相也许很残酷，保密也不是那么容易。比如这本书《追踪真相》，也可以称作是“揭开秘密”，是讲智慧超群、近乎完美的小狼卡米耶发现了一个惊人的秘密，然后为了揭开秘密展开了一段调查的故事。

那么，卡米耶发现了什么秘密？她又是如何对待这个秘密呢？我们再次回顾整个故事，与她一起经历一次发现秘密、探寻秘密、揭开秘密的心路历程。

阶段	事件	卡米耶表现	心理状态
导火索	老师布置作文《我的祖父》	卡米耶耳朵抿在后面，感觉有点儿没力气，感觉喉咙被什么东西卡住了，就像一个充满干稻草的球，而且这个球每分钟都在膨胀，好像快要爆炸了。（P17~18）	挫败 低落
发现疑点	爸爸妈妈有隐瞒	太棒了！卡米耶最喜欢探寻秘密了，尤其喜欢研究那些看上去无法理解的问题。（P32）	兴奋 好奇
探寻秘密	在小角落寻找线索	她崩溃了，瘫在那里。她从内心深处感觉到这一刻既恐怖又美好。（P36）	崩溃 难过
追踪真相	前往美丽森林，去找小红帽	卡米耶钻进林中，耳朵竖得直直的，鼻子不停地颤抖，对每一次呼吸或是脚步声都保持警觉。（P43） 她感到烦乱不安。（P51） 卡米耶认真地聆听着，好像整个身体都变化成成千上万只小耳朵，生怕漏掉什么信息。（P53） 卡米耶在床上翻来覆去想找个舒服的睡姿，可是怎么也不行。（P59）	害怕但坚决 烦躁 忐忑
真相大白	见到外公，交流甚欢	卡米耶难为情地靠近他。（P62） 卡米耶太感动了，眼睛里的泪珠直打转，甚至每一根毛发都能感受到她内心的喜悦。（P63） 卡米耶感觉好多了，就好像阴雨天突然间转晴。（P65）	喜悦 平和
保守秘密	完成《我心中的外公》	卡米耶得了 20 分（P66）	自信

读着这个故事，我们似乎与卡米耶一同经历了一场跌宕起伏的心路历程。从一开始凡事都是自信、骄傲到即将完成不了作业的挫败、灰心，然后发现爸爸妈妈有事隐瞒的兴奋好奇，再到发现惊天秘密的崩溃、难过，接着要揭开谜底的坚决，听到小红帽娓娓道来的故事时的忐忑，再到真正见到外公与他交流谈心时的喜悦、平和的心态，到最后她决心保密，并用了《我心中的外公》再次拿到满分 20 分，又回到了那个自信优秀的卡米耶了。这两天不到的经历带给卡米耶的冲击可能超过以往的所有岁月给她的感受，她体验了从未有过的如此起伏的情感变化。

你能体会到卡米耶那复杂的情绪，那微妙的心理变化吗?

尤其是她对待外公的情感变化从恐惧到平和，跨越很大，是什么让她有如此的转变呢?

先看猫头鹰与卡米耶的对话，看看猫头鹰的话给了卡米耶什么影响?

“你去哪儿？”

“森林的深处。”

“你知道怎么去吗？”

“知道。我想我闭着眼睛也能找到。”

“你知道那里会有什么等着你吗？”

“是的……我觉得……”

“你不害怕吗？”

“有点儿……”

“那你害怕什么呢？”

“我害怕听到我外祖父的恐怖故事……但同时，我还希望有人能告诉我关于他的一些事……我想知道他是做什么的，还有……”

“如果你能意识到自己心里的恐惧，就像你刚才做的那样，你就会懂得如何控制它。”

朗读猫头鹰与卡米耶的主要对话，我们发现卡米耶很清楚自己要去哪儿，怎么去那儿，也清楚自己即将面对的结果，所以猫头鹰鼓励她，继续前行，去寻找事情的真相。

小红帽对待外公的态度是否也有对卡米耶有影响呢？我们重读第四章中关于卡米耶与小红帽的内容，第 53~55 页，我们来读读：

“奥古斯特？怎么说呢？他有一双大大的耳朵……一张巨大无比的嘴……牙齿也很大……”

“他看上去很聪明……当然也很可怕。他特别高大……”

“你的外公破坏了这个协定，我不确定到底是为什么，反正他的所作所为的确太糟糕了……”

“他现在住得离这儿不远，也就十几公里吧，就再拉马洛湖湖边。我知道他很早就上床睡觉……”

你觉得康斯坦斯对外公是怎样的态度呢？似乎她已经原谅了外公，而且还和外公挺熟，像是朋友。

小红帽对外公的态度有没有影响到卡米耶呢？

她见到了外公，外公又给她怎样的感觉呢？我们来看这里，第 62~64 页：

一只年老的大灰狼的侧影出现在草棚的门口。他虽然长得瘦，精力却很充沛。

“你是不是好奇我怎么会知道你的名字？我有个老朋友在你们学校教书，就是你的狩猎老师勒鲁先生。他每周都会来这里看我，告诉我你长多大了，还告诉我你是一只极具天赋的小狼。”

还和她一起散步、小跑、抓老鼠，他们说了很多心里话。

外公还把勒鲁的秘密告诉卡米耶，这是多大的信任呢。所以，她原先那恐惧、激动、烦躁甚至有些羞辱的感受都渐渐没了，只有那“恰到好处”的感受。此时的外公对于卡米耶而言就是一个亲切的外公，与别人家的外公一样。所以，“恰到好处”让卡米耶感觉十分的好。

对于卡米耶在揭开秘密的过程中，老师的思考是：报纸中的那个冷血的杀人犯外公、“小红帽”眼里的如朋友般的外公以及她亲身感受到的亲切温暖的外公，还有猫头鹰的提醒与鼓励，让卡米耶学会了如何看待问题、接纳别人，以及如何对待自己，我想，在发现、探寻、揭开、保守秘密的过程中，卡米耶获得了成长。

那你们又是怎样想的呢?

其他人的秘密

除了卡米耶发现了惊天的秘密，其实书中的爸爸妈妈、勒鲁先生、外公也有秘密，你们能发现吗?

爸爸妈妈的秘密：不要让卡米耶知道外公的真实身份；

勒鲁先生的秘密：自己曾破坏过三只小猪的房屋，被关过监狱；

外公的秘密：为什么要破坏约定，去吃小红帽及外婆。

每个人都有秘密，但每个人对待秘密的又是怎样的?

我们先来看爸爸妈妈的态度。

书中第 22~25 页，卡米耶和妈妈的一番对话，我们一起读一读。从妈妈支支吾吾的话语中以及动作神情中我们能看出来妈妈极力在搪塞敷衍。

此外，在第三章里，从爸爸妈妈从不让卡米耶前往的小角落和对报纸的态度也能看出爸爸妈妈相互掩盖秘密的态度。

而勒鲁先生呢，书中对他的直接描写不是很多，在第一章第 6 页中是这样描写的: 骨瘦如柴、毛色灰亮、不苟言笑、来历不明，寥寥数语还是刻画了一个有些神秘、令人惧怕的角色形象。

外公呢，在第三章第 36 页，报纸的一段话里告诉我们当年外公什么要破坏人类与狼的约定，要吃小红帽的外婆，当年家人不知，即使是现在小红帽也可能不知。

通过再次阅读，我们不难发现，爸爸妈妈、勒鲁先生、外公对待自己的秘密都是采取了隐瞒、避而不谈的态度。他们为什么会这样做呢? 你是怎么想的呢?

如何对待秘密

同学们，读完这本书，了解了卡米耶的揭秘故事，你认同卡米耶对待秘密的态度吗？

爸爸妈妈向卡米耶隐瞒了外公的身份，你怎么看呢？

你觉得外公会怎样告诉卡米耶他当年的秘密呢？你有秘密吗？

那你是怎样面对这些秘密的？

你觉得好朋友与家人之间应该有秘密吗？

如果你知道了别人的秘密，你又会怎么做呢？

噢，关于秘密，我们有好多话要交流，欢迎大家和爸爸妈妈交流，也欢迎把你的想法告诉老师哟。

第二课
故事中的悬念

无字书，猜猜看

先来读一本无字书——《猜猜看——他都做了些什么》（见课件）。

这本书里没有文字，只有画面，喜欢做侦探的同学们，你们能找到蛛丝马迹，大胆推测，知道他都做了哪些事了吗？如果有些困难，不妨看一看蝴蝶页，上面的图案或许能揭开谜底。

好的故事之所以引人入胜，正是因为书中处处充满悬念。作者像是要考验你的智慧，事情总是不全部交代清楚，说一点藏一点，“结结扣子、卖卖关子”，情节悬而未决，结局难以预料。只有善于观察和细致思考的人，才能读得懂，才能体会到捉迷藏般的快乐。

读时的悬念

《追踪真相》正是这样一本书，处处有悬念，让你读的时候总是产生无数个疑问，总是吸引你赶快往下翻往下读，看看事情究竟会怎样往下发展。

比如，在读到第 17 页，小狼们在课间讨论自己的祖父时，卡米耶一言不发，双耳抿在后面，好像很害怕的样子，而且还感觉有点儿没力气。书里还说“而这一次，她输了，她生命中第一次输了。”“感觉喉咙被什么东西卡住了，就像一个充满干稻草的球，而且这个球每分钟都在膨胀，好像快要爆炸了。”老师就很奇怪，不就是写一篇最普通不过的作文，对于优等生卡米耶来说根本就是小菜一碟吗，有什么大不了的事呢？但是，书中不会无缘无故这样写，卡米耶一定不会无缘无故这样的害怕，一定有什么重要且令人恐惧的事要发生。

再接着写到校长的妻子神秘兮兮地说“优秀，优秀……你们忘了她是谁的后代啦！”更是吊足了我的胃口。

在读妈妈与卡米耶的对话时，妈妈支支吾吾的话，紧张的神情与不同寻常的动作都带给我一种不祥的预感——这里有什么秘密！

在卡米耶来到爸妈从不准他进入的小角落开始寻找答案时，我的心随着她的一举一动在上下起伏，紧张、又刺激，究竟卡米耶会找到什么线索呢？当读到这一句“爸爸妈妈总是跟她强调，以后有的是时间去看那些总是充满悲伤故事的报纸”时，我更加好奇了，“充满悲伤的故事”会和他们隐瞒的事情有关吗？和外公有关吗？果然，秘密就在这些报纸上。

更大的悬念在报纸的内容上：

《狼族晨报》独家新闻：一位名叫“小红帽”的年轻幸存者见证了一切。

狼群族长宣布：他破坏了约定，要对他是以最严酷的惩罚。

他的朋友们不理解他为什么这么做。他的家人与他断绝关系。

小红帽是谁？是我们熟知的格林童话《小红帽》里的人物吗？一看下面注释，嗨，果真是。

破坏了约定，什么约定？最严酷的惩罚会是什么呢？他的朋友不理解他为什么这么做，那是不是说他应该不是会做这样事的狼，那究竟是什么原因呢？

短短的三行，有那么多空白点，给人留下那么多的悬念，后面会有交代吗？赶紧往下读。

当读到“卡米耶不停地奔跑，来到一片从未踏足过的森林边上，但她却知道要找的就是这里”时，我的疑问又来了，这是要跑哪里呀？卡米耶为什么会知道自己要到哪里去呀？前面没有告诉我们呀！接着读——哦，从卡米耶的回忆里我们知道了，原来《狼族晨报》里还有关于外公犯事的详细叙述：

奥古斯特·布拉克，又名“邪恶的大灰狼”，昨天又袭击了……他吃掉了一位居住一位居住在“美丽森林”深处的老婆婆，她不仅体弱多病而且毫无防卫能力……她的外孙女康斯坦斯，人们称她为“小红帽”，也没有逃过此劫……幸好有一位猎人到来，才没有使情况恶化……奥古斯特·布拉克被安全部门人员逮捕并关押在克罗克·克兰斯监狱判处终身监禁。这是方圆五百公里最安全的监狱……从此，“美丽森林”的居民又能够安安稳稳的生活了……

至此，刚才的悬念落地了。

读后的悬念

像这样的悬念书中还有很多，你们在读的时候，是否也和老师一样，总是充满了疑问，然后读着读着，答案揭晓了，恍然大悟时又会心一笑：作者原来在这儿等着呢！当然，还有很多悬念，作者并没有全部揭晓，还需要我们自己去思考，去追踪。比如，有位同学读后就有这些疑问：

当卡米耶问康斯坦斯她的外公是只很坏的狼时，康斯坦斯为什么没有直接回答呢？

康斯坦斯为什么不恨外公，反而好像还和他关系不错呢？

勒鲁先生明明知道卡米耶没见过外公，也知道外公的真实身份，为何还要布置这个作文题呢？

卡米耶既然见过了外公，为什么还是写了《我心目中的外公》而不是《我的外公》呢？

外公当年到底是什么原因要破坏约定？他究竟是好狼还是坏狼？

卡米耶究竟会怎样看待外公过去的事呢？是憎恨还是接受？

勒鲁先生吹倒三个小猪房屋又是怎样的的故事呢？

“烦恼森林”“恶魔森林”“美丽森林”这三个名字有没有什么特别的含义呢？

这些悬念就像一个个神奇的钩子，勾着我们想再读一遍，想跟卡米耶一样追踪真相。

插图中的悬念

有位同学在重读这本书时，还发现书中的插图也充满悬念，它也在预示着后面要发生的事情。不信？我们现在打开看看：

封面：卡米耶的影子就十分奇怪，那么大，又像又不像，还有点恐怖，这预示着真相距离卡米耶是那么近。

第 79 页，爸爸妈妈以为卡米耶睡着了，可是插图却告诉我们她醒着呢，她已坐起来，即将要做些什么。

翻过来，果然，插图告诉我们，报纸，将是重要的线索，秘密即将揭开。

延伸阅读

故事中的悬念，让我们读起来总想一口气读完，读读猜猜，仿佛自己就是个小侦探，这是读书的乐趣。老师再给大家推荐几本像这样的书。

《农场疑案》。本书的主人公是农场主人最爱的狗，名叫雷克斯。整件事的发生还得从农场主的表弟卡尔斯来到农场说起。卡尔斯蛊惑农场主给牛喂一种化学产品——膨胀剂，可以促进牛的快速生长。同样，雷克斯也希望主人尽快使用这个化学产品喂牛，以期待自己的伙食能得到改善。农场主不敢贸然使用化学产品，决定先用母鸡若赛特做试验。没想到，从那天开始农场里便接二连三地发生死鸡、死猫的血腥事件，把整个农场闹得沸沸扬扬。主人的家人也总是怀疑是雷克斯做的。那么，究竟是谁残忍地杀死了那 50 只小鸡？又是谁砍下了公鸡的脑袋？紧接着又在几秒钟内杀死了猎犬波斯卡尔？甚至主人的猫也险些丧命。

这本书获得过法国“青少年侦探小说奖”，里面处处充满了悬念。让我们跟随着雷克斯一起来侦破此案，揭开案件背后的真相吧！

第三课
不一样的狼

同学们眼中的狼

同学们，一说起狼，你会想到什么？能用气泡图表示吗？

狼：哺乳动物、食肉的、群居的、凶残的、野性的、可怕的、大坏蛋、冷酷的、动物天敌……

如果只能用一个词来形容狼，你会想到那个词？凶残？坏蛋？冷酷？是的，多数人都对狼有这样的认识，而且根深蒂固。很多故事里狼都是以这样一种坏蛋的形象出现在读者面前。据说，狼是儿童故事中出现最多的一种动物。可是，狼，真的就只是这一种形象吗？不同的童书中的狼都是什么样的呢？今天这节课我们就一起聊一聊童书中不一样的狼。

传统故事中的坏狼

首先要和大家分享的是大家比较熟悉的传统故事。《狼和小羊》《小红帽》和《三只小猪》《东郭先生和狼》。

《狼和小羊》选自《伊索寓言》，也是来自我们语文书中的一篇课文，相信大家都很熟悉。狼为了吃小羊，编了三个荒诞无理的理由，一会儿说小羊把他喝的水弄脏了，一会儿说小羊在背后说他的坏话，一会儿又说不是小羊就是小羊的妈妈说他的坏话，总之为了达成自己的目的还要冠冕堂皇为自己编个看似正当的理由，真是一个虚伪狡诈的骗子。

《小红帽》和《三只小猪》的故事，都选自《格林童话》。在这两个故事中，狼一样扮演着坏蛋的角色。在《小红帽》故事中，狼看见小红帽心生歹意，先跑到外婆家，吃掉了外婆，然后还假装成外婆吃掉了小红帽。而《三只小猪》中，狼为了吃掉小猪，先后吹垮了猪大和猪二的草房子和木房子，真是一个凶残冷酷的恶棍。

《东郭先生和狼》，选自我国明代马中锡的《东田文集》，也是一个经典的关于狼的故事，讲的是东郭先生好心救了一只被猎杀的狼，结果狼得救了，却要吃掉东郭先生，还振振有词：救人救到底。真是一个忘恩负义的家伙。

就像大熊猫是可爱喜感的，老虎的凶猛愚蠢的，狗熊是力气大而笨笨的，狐狸是虚伪狡猾的，大公鸡是美丽骄傲的，青蛙是夸夸其谈的，猫头鹰是充满智慧的，大象是忠厚勤劳的，猴子是伶俐滑稽的，兔子是懦弱而善良的……而大灰狼，无疑是凶残冷酷的！在传统的故事中，我们发现狼几乎都是扮演着这样坏蛋的角色。

除了刚刚介绍的这几个耳熟能详的故事之外，还有很多，这样的故事，比如《狼和七只小羊》《狼来了》等。为什么会是这样的呢？可能所有的故事里都应该有个坏人的角色，加之自然界狼给人的感觉就是可怕凶残的，所以狼不幸就成为这样一种坏人代言人。所以，当我们小时候调皮不听话的时候，家人也总会抬出“大灰狼”“狼外婆”来吓唬我们。

现代童书中的好狼

可是，就真的没有一本童书里有好狼，有不一样的狼了吗？我们来读读这些故事。《一个有教养的狼》《一个好狼的故事》《我是最厉害的大野狼》《我是最帅气的大野狼》《最聪明的大野狼》《笨狼的故事》。仅从这些书名，我们就已经读出了和前面故事中不一样的狼。我们来读一读其中一本。

朗读《一个有教养的狼》——

走了许多天的路以后，大野狼流浪到一个小城镇。他又累又饿，脚也痛得不得了。现在，他只剩下一点点钱了，不过，那是留着紧急时用的。

啊，他想起来了。这个小城镇外面有一座农场，他想："或许我可以到那里找点吃的……"

从农场的围栏上望过去，他看见小猪、小鸡和小母牛正在阳光下看书。

大野狼从来没有见过动物看书。

"可能是我眼花了吧！"不过，他已经饿得没有时间多想。

大野狼站了起来，挺挺身子，他深深地吸了一口气……

然后大吼大叫的扑向动物："嗷——嗷——嗷……呜——呜——呜！"

小鸡和小兔赶紧逃命，但是小鸭、小猪和小母牛却一动不动。

"什么声音这么吵？"小母牛抱怨着说，"害我不能好好看书。"

"别理它就好了。"小鸭说。

大野狼可不喜欢这样被忽视。

"喂，你们怎么啦？"大野狼问，"难道你们看不出来，我是只可怕的大野狼吗？"

"当然知道喽！"小猪回答说，"可是，你可不可以去别的地方当可怕的大野狼呢！我们正在读书呢。这座农场是为了有教养的动物而盖的。你马上乖乖地离开吧！"小猪说着说着，还推了大野狼一把。

大野狼从来没有碰遇这种事。

"有教养的动物……有教养的动物！"大野狼反复地嘟囔着，"倒是挺新鲜的。好，我也要去学习怎样读书。"也是他开始去上学。

孩子们看到教室里有一只大野狼，都觉得很奇怪。不过，他好像没有要吃人的意思，所以他们很快就习惯了。大野狼上课很认真，经过一番努力后，他学会了读书和写字。没多久，他就成为班上最优秀的学生了。

直到对自己的成绩感到满意后，大野狼回到农场，跳过围栏。"我要让他们好好地瞧瞧！"他想。

他打开书，开始大声念：“跑呀，大野狼！跑呀！”

“你要学的东西还很多着呢！”小鸭都懒得抬头看一眼。小猪、小鸭和小母牛继续看他们的书，对大野狼一点儿兴趣也没有。

大野狼转过身跳过围栏，往前跑……

他直接跑到图书馆。他花了很长的时间努力学习，连布满灰尘的旧书都读了一大堆。他一遍又一遍地练习，直到他可以流畅地念书，不需要停顿。

“现在呀，对他们来说，我一定是最棒的了。”他自言自语地说。

大野狼走到农场的大门，然后敲敲门。“这应该回让他们对我印象深刻吧！”他想。

大野狼打开《三只小猪的故事》，开始念：“从前有三只小猪，有一天他们的妈妈们把他们叫过来告诉他们……”

“吵死了。”小鸭打断他。

“你进步喽！”小猪建议说，“可是，你还是要有自己的风格才好！”

大野狼夹着尾巴，一溜烟地逃走了。

不过，大野狼是不会放弃的。他数了一数剩下的一点点钱，然后走进书店，买了一本很棒的故事书，这是属于他的第一本书。他从早到晚，认真地读每一个字、每一句话。他读得这么好，相信那些农场动物一定都会赞不绝口的。

“叮——咚。”大野狼拉一拉农场大门的铃铛。

他舒舒服服地躺在草地上，然后拿出他的新书，开始念了起来。

他的声音充满自信和感情，小猪、小母牛和小鸭一直静静地听着，没有说一句话。

每一次，他念完一个故事，小猪、小母牛和小鸭都会要求他，请他再念一个故事给他们听。

所以大野狼继续念下去，一个故事接着一个故事。一会儿，他是从神灯里钻出来的精灵；一会儿，他扮演起小红帽；接下来，他又变成无恶不作的海盗。

“好有趣喔！”小鸭说。

“他真是个说故事高手呢！”小猪说。

“今天跟我们一起野餐，好吗？”小母牛邀请他。

小猪、小母牛、小鸭和大野狼一起野餐。整个下午，他们就躺在草地上，一直说故事。

“我们应该去为大家说故事。”小母牛突然说。

“我们可以到全世界去说。”小鸭也加入意见。

“我们明天早上就出发。”小猪说。

大野狼在草地上伸伸懒腰。

他很高兴有这么棒的好朋友。

读完这本书，同学们觉得这是一只怎样的狼呢？

那些不好不坏的狼

有的故事里的狼，我们很容易给他下个定义——比如刚才读过的这些故事——有教养的、笨笨的、善良的、凶残的、阴险的、冷酷的，如果用“好与坏”来划分，我们可以迅速判断这是一只“好狼”还是一只“坏狼”。可有些故事读完，就不是那么容易下结论，比如《追踪真相》书中，到底外公是个怎样的狼呢？是冷酷的人见人恨的杀人凶手，还是平和慈善的外公？勒鲁先生究竟是个欺负弱小的大坏狼还是内敛负责的老师呢？这就恐怕要我们学习用不一样的视角、不一样的立场去思考，去感受。

为了比较容易说清楚这个问题，我们来读一本具有颠覆性的书——《三只小猪的真实故事》。

朗读《三只小猪的真实故事》——

每个人都知道三只小猪的故事，至少他们认为自己知道。但是，我要告诉你一个小秘密，没有人知道这个故事的真相，因为没有人听过我的说法。

我是一只狼，叫压力山大。你也可以叫我阿力。我不知道“坏蛋大野狼”的故事是怎么开始的。但是，那都是错的！

也许是因为和我们吃的东西有关吧！狼喜欢吃小兔子、小羊和小猪这一类可爱的动物。可这不是我的错呀！我们天生就是这样的啊！起司汉堡也很可爱，你喜欢吃汉堡，那么，大家也可以说你是大坏蛋喽？

听我说，这个“坏蛋大野狼”的故事是一个喷嚏和一杯糖引起的——

这是一个真实的故事。

很久很久以前，当我为亲爱的老奶奶做生日蛋糕的时候，我得了重感冒，不停地打喷嚏。不巧的是，我的糖用完了。

于是，我出门去向邻居借一杯糖。这个邻居是一只猪，而且不是很聪明的猪。他用稻草盖了一幢房子，你相信吗？我的意思是，哪一个脑筋正常的家伙，会用稻草盖房子呢？

我才敲了一下门，那扇稻草做的门马上就掉了下来，散了一地。我可不想这样走进去，所以，我在门口喊着：“小猪，小猪，你在家吗？”没有任何回答。

我正想走回家，为奶奶做一个不加糖的生日蛋糕。

这时候，我的鼻子开始发痒。我觉得有个喷嚏要冲出来了。我张大鼻孔和嘴巴，哼啊哼的。

噢！我打了一个好大的喷嚏！

你知道发生了什么事吗？那一幢草房子居然全倒了。草堆的正中央，躺着一只小猪——他死了！原来他一直待在房子里嘛！

对于狼来说，如果放弃草堆里这块上好的猪肉，那是件很丢脸的事。所以，我把它吃掉了，就当作那是一个好大的起司汉堡吧。

我觉得舒服多了，但是，我还是缺少一杯糖，所以我走到另一个邻居的家。

这个邻居是第一只小猪的弟弟。他比较聪明一点，但是也没有聪明多少，因为，他用树枝盖房子。

我按了一下门铃，没有回答。

我喊着：“猪先生，猪先生，你在家吗？”

他大吼：“走开啦！你这只狼，不能进来，我正在刮胡子！”

当我觉得一个喷嚏又要冲出来了，我紧紧地抓着门把。噢，我的鼻子好痒，哼啊哼的，我试着要把嘴巴捂起来，但是，我又打了一个好大的喷嚏。

你一定不相信，这家伙的房子，跟他哥哥的一样，全倒了。当灰尘都散开以后，我看到这只猪——也死了。噢！我的天呐！

如果食物丢弃在外面，他很快就会腐烂，所以，我唯一能做的，就是再吃一顿晚餐，就当作是第二个起司汉堡吧！

我吃得很饱，感冒也好多了。但是，我还是没有糖可以为奶奶做生日蛋糕。所以，我走到另一个邻居的家。

这个小家伙是那两只小猪的弟弟。他一定是家族里最聪明的一只猪了，他用砖头盖房子。

我敲一敲门，没有回答。我喊着："猪先生，猪先生，你在家吗？"可你知道那只粗鲁的小猪怎么回答吗？

"走开！你这只狼，不要再来烦我啦！"

他真的太没有礼貌了！

也许他有一大袋的糖，却不肯给我一小杯让我为奶奶做生日蛋糕。哼！真是一头猪！我正想要离开，打算回去做一张生日卡片，不做生日蛋糕了。

这时候，我的感冒又发作了。我的鼻子好痒，我又打了一个大喷嚏——哈～啾～

猪小弟大叫："喂！你那个又老又丑的奶奶不是只吃肉吗？吃什么蛋糕？你不要骗我啦！我绝对不开门！"

我一直是很冷静的，但是，他这样侮辱我的奶奶，我开始发狂了。

当警察围过来的时候，我正要打破猪小弟的大门。在整个过程中，我的鼻子一直痒痒的，鼻孔和嘴巴张得大大的，并且不停地打喷嚏。

接下来的故事就像他们说的那样了。

当记者们知道我把两只小猪当作晚餐吃掉了，他们都认为，一个生病的家伙要去借一杯糖，这种事听起来一点也不刺激。所以，他们就把故事夸大了、扭曲了，说："一只大野狼狠狠地吹、吹、吹，吹倒了小猪的房子……"从此以后，他们就认定了——我是"坏蛋大野狼"。

对了，也许你可以借我一杯糖！

读完后，你觉得真相到底是什么呢？狼究竟是凶残冷酷的大坏蛋，还是孝顺老人、被人误会的无辜者呢？在猪的世界里和在狼的世界，不同的立场，就有不同的视角，不同的判断。

读完这些既有趣又有些颠覆我们之前一些认识的童书是否很有趣呢？原来，在不同的童书里，狼是不一样的。即使是在一个故事中的狼，站在不同的立场，也会有不同的样子。

关于狼的童书有很多，例如：

图画书：《大灰狼才应该小心》《三只小狼和一只大坏猪》《饥饿的小狼》

桥梁书：《猪国里的狼》

文字书：《大灰狼罗克》《大肚狼》《小狼请客》《狼王洛波》《狼谷的传说》

知识科普书中的狼

以上的书刻画的是角色，属于想象，属于艺术创作，通过这些角色，我们读出的不仅仅是“狼”的特性，它反映的其实是人性。我们可以称这些书为文学类的童书。其实,关于狼,还有一种是介绍自然界中真实狼的情况的书,这些书里图文并茂,比较客观全面地介绍了关于狼的生活习性、样态、演变等知识，这些书统属于知识科普类。例如《动物百科全书》《世界动物百科全书》里有介绍狼的部分。也有专门介绍狼的书，例如《狼》（封面见课件），喜爱的同学也可以找来读一读。

读完后，你也可以想一想，知识科普类图书中的狼与文学作品中的狼有没有什么关系呢？欢迎大家将你们的发现告诉老师。

阅读作业

选择一本关于狼的书读一读，看看你都读出了一个怎样的狼？然后做一个大夫，写个诊断书。

《　　　　》书中狼的诊断书	
诊断对象： 诊断日期：	诊断者：（　　　）大夫
此狼的年纪	
此狼的性别	
此狼的主要外貌特征	
此狼的最大优点	
此狼的最大缺点	
此狼在书中所做最棒的事	
此狼在书中所做最糟的事	
此狼需要以什么方式来改善缺点	
此狼的画像	
本大夫对此狼的综合结论	

如果有兴趣，你还可以自己创编一个关于狼的故事。想一想，你想刻画一个怎样的狼呢？

波普先生的企鹅
[美] 理查德·阿特沃特 弗洛伦斯·阿特沃特 / 著
可怜的波普先生啊！
新蕾出版社

第五本书
波普先生的企鹅

关于本书

说起小动物，恐怕没有比孩子更喜欢小动物的人了。如果能养一只作为自己的宠物，那恐怕是很多孩子的愿望了。如果这只宠物是一只来自南极的企鹅呢，那应该是天下最让人惊喜的事儿了吧！《波普先生的企鹅》就是这样一本让人超爱的小说。油漆匠波普先生梦想着到极地去探险，但他却从未离开过家乡。有一天，他竟然收到一只从南极寄来的企鹅——库克上校，很快，波普家的企鹅增加到了十二只，它们给波普一家带来无限快乐的同时，也让他们陷入了空前的经济危机。后来他们发现，这群小企鹅简直就是天生的表演家！为了解决家庭经济危机，在一家人的默契配合下，“波普演艺企鹅”红遍了美国东西海岸。然而冬去春来，变暖的天气实在令企鹅们无所适从，就在危急关头，波普先生做出了让人意料不到的决定。是什么决定？企鹅最后的命运如何？波普先生一直以来的极地探险梦想实现了吗？赶紧读一读这本获得纽伯瑞儿童文学银奖的诙谐、有趣、令人愉悦的书吧！

关于主题

主题	目标	拓展书目	读前准备	作业
我要养宠物	了解宠物与人的关系，学习双气泡图	无	提前阅读	学习运用双气泡图
学写小动物	从阅读中学习描写动物的方法	无	提前观察一种小动物	小练笔
聊聊梦想	结合本书谈梦想，了解筑梦——追梦——圆梦的历程	《大脚丫跳芭蕾》	无	必做：《我的愿望宣言》 选做：观看改编的电影

现场教学

第一课
我要养宠物

小说中的宠物

同学们，读完这本书，相信大家一定被书中那些可爱的企鹅深深地吸引了吧？你看，那前头穿着雪白平滑的背心，拖着长长的黑色燕尾服，乌溜溜的脑袋上一双机灵无比的眼睛，走起路来一摇一摆，昂首阔步，活脱脱像个小绅士。这个叫库克的企鹅还有他的太太葛雷塔，以及他们的十个可爱的宝宝，给波普先生一家带来无限的欢乐。

大家还记得《爸爸的漂流瓶》中汉娜家的宠物长颈鹿和小猫吗？《雷梦拉八岁》中雷梦拉家的“大腕”吗？《我讨厌书》中的麦克斯——米娜的小猫吗？《我要大蜥蜴》中的蜥蜴吗？对啦，他们都和库克上将一样都是书中主人公家中的宠物。

生活中的宠物

生活中宠物更是随处可见。我们一起来看一组生活中的宠物。

正如大家在书中和生活中所感受到的，这些宠物如同好朋友一般，和他们的主人一起经历生活中的点点滴滴，快乐、忧伤，冒险、闯祸，宠物成为很多人消解孤独、倾诉烦恼与秘密、一起成长的好伙伴，成为一起生活的亲密家人。

可能现在的很多小朋友都是独生子女，或许，喜欢小动物是孩子的天性，有越来越多的小朋友都渴望拥有一个自己的宠物。如果可以，那养什么宠物呢？今天，我们就来聊一聊宠物。

我想养的宠物

首先，我们用圆圈图记下我们熟悉的宠物，它可以是你在某本书里看到的宠物，可以是现实生活中你看到的宠物，也可以是你心中想要的宠物。

圆圈图

宠物
小狗 兔子 小猫 鸽子 仓鼠 鹦鹉 小猪 蟋蟀 乌龟 长颈鹿 猴子 鱼

那到底选什么宠物最为合适呢?

我女儿呢，一直就喜欢小狗。的确，小狗是我们生活中最常见的宠物了。你看，在公园里，小区里，马路边，操场边……我们会发现一些大人和小孩牵着小狗，带着小狗跑步、散步、溜达、逛街……小狗和主人相处得很融洽，关系很亲密。为了想养小狗，我女儿对小狗做了充分的了解。这个气泡图可以看出她对小狗特征的了解。

气泡图

小狗
喜吃肉类及脂肪 味觉较差 爱啃骨头 吉娃娃 牧羊犬 贵宾犬 视力较弱 听觉灵敏 拉布拉多 四肢矫健 嗅觉超强 忠诚 爪子锋利 爱吐舌头 聪明 毛色光亮 警惕性高 憨厚可爱 怕火 活泼 通人性 适应能力强 反应灵敏 ……

气泡图

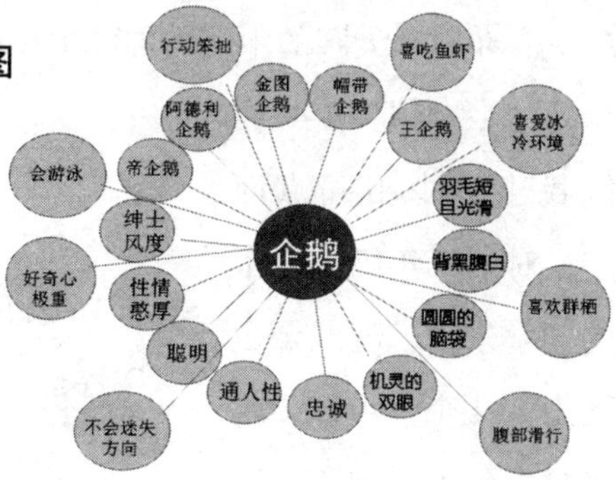

企鹅
行动笨拙 喜吃鱼虾 金图企鹅 帽带企鹅 阿德利企鹅 王企鹅 喜爱冰冷环境 会游泳 帝企鹅 羽毛短且光滑 绅士风度 背黑腹白 好奇心极重 性情憨厚 喜欢群栖 圆圆的脑袋 聪明 通人性 机灵的双眼 忠诚 不会迷失方向 腹部滑行

小狗：种类有拉布拉多、吉娃娃、牧羊犬、贵宾犬；外貌特点是四肢矫健、爪子锋利、毛色光亮；习性特点有爱啃骨头、喜吃肉类及脂肪、味觉较差、视力较弱、嗅觉超强、听觉灵敏、爱吐舌头、怕火、反应灵敏、警惕性高、适应能力强等；品性特点则是忠诚、聪明、憨厚可爱、活泼、通人性。

可是看了《波普先生的企鹅》这本书，女儿又对企鹅产生了浓厚兴趣。她也想养一只企鹅。于是，我对她说，你对企鹅有对像小狗了解那样多吗？于是，她又做了企鹅的气泡图。

企鹅：种类有帝企鹅、阿德利企鹅、金图企鹅、帽带企鹅、王企鹅；外貌特点是羽毛短且光滑、背黑腹白、圆圆的脑袋、机灵的双眼；习性特点是会游泳、行动笨拙、腹部滑行、喜吃鱼虾、喜爱冰冷环境、好奇心极重、不会迷失方向、喜欢群栖；品性特点则是绅士风度、性情憨厚、聪明、通人性、忠诚。

双气泡图助选择

绘制了小狗和企鹅的气泡图后，女儿对它们有了深入的了解，可是到底该选哪个呢？问题还是没有解决呀？于是我给她介绍了一个新的思维图示来帮助分析和解决这个问题，这个工具就是“双气泡图”。

双气泡图可以看作由两个气泡图结合而成。它有两个中心词，分别是需要比较的两个事物。在两个中心词之间的气泡中，书写这两种事物的相同点，在两个中心词两侧的气泡中，书写这两种事物的不同点。具体步骤：

1. 首先在纸的正中间画两个大圆。

2. 在两个大圆的中心分别写上中心词，也就是分别需要比较的两个事物。（两个大圆里分别写上：小狗、企鹅）

3. 在两个大圆的中间均匀画上小圆，在小圆内书写这两种事物的相同点。画多少小圆，则是根据你能找出多少相同点而定，对于三年级及以上的同学来说，一般至少画上 3~4 个，当然，越多越好。（小狗和企鹅的相同点：漂亮、可爱、聪明、忠诚、通人性）

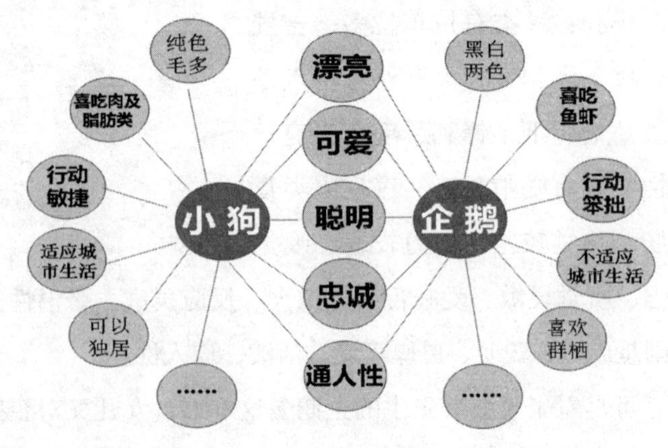

4. 在两个大圆的两侧均匀画上小圆，在小

圆内书写这两种事物的不同点。画多少小圆，则是根据你找出多少不同点而定，对于三年级及以上的同学来说，一般来说画上3~4组，当然，越多越好。特别强调的是：两事物不同点尽量对应书写，对应要点应为同一角度的特有属性。

比如，小狗和企鹅的不同点：小狗纯色毛偏多，那企鹅相对应属性就是毛色黑白相间；小狗喜吃肉类及脂肪类，那企鹅相对应属性就是喜吃鱼虾；小狗跑得快，行动敏捷，那企鹅相对应属性就是行动笨拙；小狗适应城市生活，那企鹅相对应属性就是不适应城市生活；小狗可以独居，因为人工驯养，已不用考虑群居中遵循体制的问题，那企鹅相对应属性就是喜欢群栖。

5. 小圆里的词语不一定是形容词，对比要点涵盖两事物的各个方面。

通过绘制双气泡图，女儿对小狗和企鹅做了比较，发现两者有共同点，也有很多不同点，也正是因为不同点，让女儿联系实际情况，作出了最终选择。那同学们，当你在为养什么宠物而犹豫不决时，你学会运用双气泡图来解决问题吗？

女儿用双气泡图帮助自己做好了选择，可是问题又来了，是现在养？还是以后养？我的意见是以后养，她的意见是现在就养，意见相左怎么办？还是请教双气泡图吧。我和女儿再次绘制双气泡图，我写下以后养的好处与不便，她记下现在养的好处与不便，共同的地方写在中间。

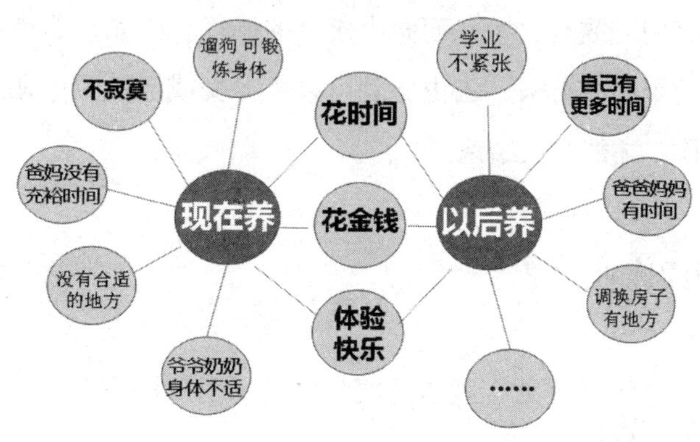

相同处：花时间、花金钱、体验快乐。

不同处：现在养——遛狗可锻炼身体、不寂寞、爸爸妈妈没有充裕时间，家小没有合适的地方，爷爷奶奶身体不适。

以后养——学业不紧张自己有更多时间，调换房子有更合适的地方，爸爸妈妈有时间。

通过比较，觉得现在养的条件不成熟，决定待条件成熟再养。你看，双气泡图帮助女儿克服了选择困难症。

双气泡图的广泛应用

其实，双气泡图运用范围十分广泛。通常要对两个事物进行对比和比较时，我们就会用到它，例如：男孩和女孩的对比

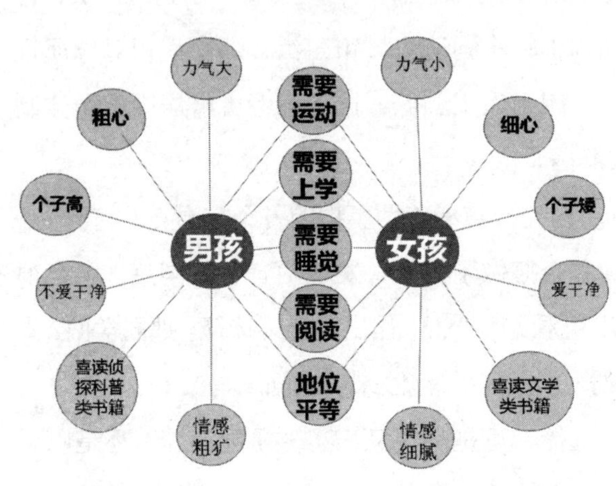

相同点：需要运动、需要上学、需要睡觉、需要阅读、地位平等。

不同点：男孩力气大，那女孩相对应属性就是力气小；男孩粗心，那女孩相对应属性就是细心；男孩个子高，那女孩相对应属性就是个子矮；男孩不爱干净，那女孩相对应属性就是爱干净；男孩喜欢读侦探、科普类书籍，那女孩相对应属性就是喜欢读文学类书籍；男孩情感粗犷，那女孩相对应属性就是情感细腻。

在生活和学习中，当我们需要从两种事物中做出选择，也可以借助双气泡图，帮助我们完成对比，从而做出恰当的选择。比如在超市中遇到两个相似的商品、周末有两个出游方案、去电影院可以坐公交或地铁……在这些情况下，我们都需要进行对比，才能得出结论。

阅读作业

今天的作业，就是请同学们利用双气泡图对需比较的两个事物进行对比，得出自己的结论。

第二课
学写小动物

书中的动物朋友

同学们，动物是人类的好朋友，更是童书中的常见角色，读读下面这些文字，猜猜都是出自哪本书的什么动物。

好一个结实的小家伙，大约两英尺半那么高，虽然体积约摸像个小小孩，可是外表看起来更像一位小绅士——前头穿着雪白平滑的背心，长长的黑色燕尾服轻巧地拖拽在身后。它那乌溜溜的脑袋上，一双眼珠镶嵌在两个小白圈里。（《波普先生的企鹅》库克上将）

她有着敏锐的鼻子、灰白色的皮毛，眼睛里还有些不一样的东西：散发着哀伤、喜悦、自信，还有疑问的光芒，每一种情感都占据着这光芒的四分之一。（《追踪真相》卡米耶）

你不知道她有多懒，整天趴在地上，不到吃饭时不起来。我给它挠痒痒时，舒服得它一动不动，连呼噜都懒得打一声。（《给爸爸的漂流瓶》懒猫查理）

偷师作家，学写动物

作家笔下的小动物栩栩如生，无论是小动物的样子、习性，还是趣事，仿佛就在我们面前上演，那我们能否从他们的文字中学到一两招，也试着写一写小动物呢？今天这节课，我们就来偷师作家，学写动物。

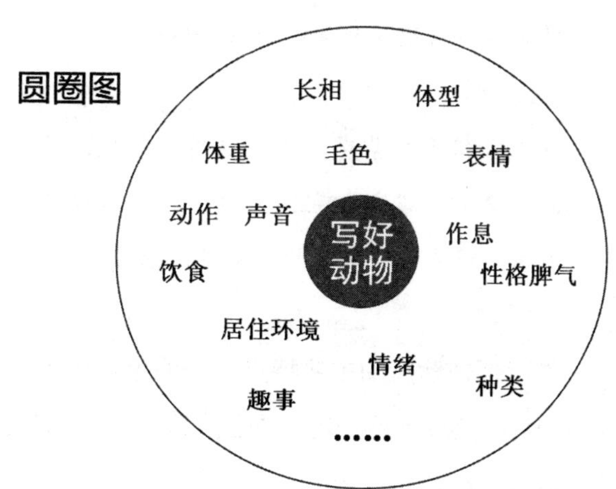

首先，想一想，我们可以从哪些方面来介绍小动物呢？我们一起借助圆圈图来思考：

写好动物，可以从长相、体重、体型、毛色、表情、动作、声音、饮食、作息、性格脾气、居住环境、情绪、趣事、种类等方面来描写。

从动物的样子、习性到趣事，有很多是值得描写的。《波普先生的企鹅》的作家理查德·阿特沃特和弗洛伦斯·阿特沃特夫妇俩都是描写动物的高手，今天我们就来学习他们描写动物的方法。

学写动物的样子

我们先来看看作家是如何描写小动物的样子的？

（P13）好一个结实的小家伙，大约两英尺半那么高，虽然体积约摸像个小小孩，可是外表看起来更像一位小绅士——前头穿着雪白平滑的背心，长长的黑色燕尾服轻巧地拖拽在身后。它那乌溜溜的脑袋上，一双眼珠镶嵌在两个小白圈里。

作者抓住企鹅的身高、毛色、脑袋、眼珠写出了企鹅“结实”“外形像绅士”的主要特点，为了使得描写更加形象，作家还运用了打比方的手法。

很多作家都喜欢用这样的写作手法。比如：

沈石溪的《狼王梦》中母狼的样子：

这匹母狼名叫紫岚。之所以叫它紫岚，是因为它身上的狼毛黑得发紫，是那种罕见的深紫色，腹部却毛色纯白；它体态轻盈，奔跑起来就像一片飘飞的紫色的雾岚。用狼的审美标准来衡量，紫岚是很美的。

作者抓住紫岚的主要特点——毛色写出了她名字由来，以及她的美，这段中最优美的句子莫过于这一句：“它体态轻盈，奔跑起来就像一片飘飞的紫色的雾岚。”就是运用了打比方的方法。

苏教版语文三年级下册《恐龙》中梁龙和雷龙的样子：

梁龙的身体很长，从头到尾足有二十多米，走起路来，好像是一架移动的吊桥。雷龙是个庞然大物，它的身体比六头大象还要重，它每踏下一步就发出一声轰响，好似雷鸣一般。

作者抓住梁龙的身长，雷龙的体重来描写。为写梁龙的身长，写“好像是一架移动的吊桥”，写雷龙的体重，就写“每踏下一步就发出一声轰响，好似雷鸣一般”。

在描写小动物的样子时，可以从长相、身高、体重、体型、毛色来描写，但是一定要抓住这种小动物的主要特点，选取几个点来写，把小动物最特别、最闪光的地方写出来。在语言描写上，为了生动形象，我们可以发挥自己的想象力，采用打比方、举例子、作比较等修辞手法。所以，总结一下作家写小动物的样子的秘籍，就是**抓住特点、巧用修辞**。

学写动物的动作

我们再来看看作家又是如何写小动物的动作的？

（P15）他左边瞧一瞧，右边望一望，就好像先用一只眼睛打量波普先生，再用另一只眼睛打量波普先生。

（P18）一伙儿人看着库克上校兴奋的圆眼中闪烁出好奇的光芒，黑色燕尾服夸张地拖在一双淡红色的小脚丫后头，趾高气扬地从一把皮椅走向另一把皮椅，并一一啄上几下，好像要看看到底是什么东西做成的。

（P79）企鹅一阵咯咯乱叫，争先恐后地登上爬梯，在一片混乱中争着越过木板到达另一边，还将同伴从梯子上摞到推倒地上，又急匆匆从另一头爬梯俯冲而下，把试图由这端攀爬的企鹅撞下去。

作者抓住企鹅眼睛的转动、啄椅子腿、攀爬来突出它的好奇心、调皮。句子中恰当使用动词，比如“瞧、望、打量、拖、啄、越过、撂到、推倒、俯冲、撞”，使得情境再现。

人教版语文三年级下册《翠鸟》中翠鸟捕鱼的动作：

翠鸟蹬开苇秆，像箭一样飞过去，叼起小鱼，贴着水面往远处飞走了。

这段传神的文字，作家运用的动词有“蹬、飞、叼、贴”充分表现了翠鸟动作的迅速、敏捷。

著名作家老舍先生笔下的猫：

他要是高兴，能比谁都温柔可亲：用身子蹭你的腿，把脖儿伸出来要求给抓痒，或是在你写稿子的时候，跳上桌来，在纸上踩印几朵小梅花。

老舍先生是喜欢猫的，所以把猫的特点看得清清楚楚，写得明明白白。“蹭、伸出、跳上、踩印”这些动词使用得多贴切。

如果说小动物的样子侧重于静态描写，那小动物的活动情况则侧重于动态描写。描写小动物的动作时，学习作家的第二个秘籍：**用准动词、连续描写**。

学写动物的表情

小动物和人一样，也有自己的情感，它们或喜、或悲、或忧、或痛……这些情绪同样可以通过它们的表情传达出来。我们再来看看作家们是如何写出了动物们的表情。

你看，我们波普先生的企鹅就是这样一个表情丰富的小动物。

（P15）它——哦不，现在或许应该说“他”，因为波普先生已经开始认定这个小家伙是个人了——走进浴室四处张望，脸上充满愉快的表情。

（P18）“咕儿？”他意带探寻，转过身去朝波普太太慧黠地歪着他的小脑袋，用右眼定睛望着她，眼神中充满恳求。

（P51）他从早到晚，呆坐在冰箱里，用她那双哀伤的小眼睛盯着外头，小外套已失去了漂亮的光泽，原本圆滚滚的小肚皮也日渐扁平，甚至在波普太太送上虾罐头时，他也将小脑袋撇开。

（P100）企鹅们不再作怪，也不再玩乐，连小企鹅们也终日郁闷地呆坐着，波普先生不知道该怎样让他们高兴起来。

动物和人一样，情感丰富、细腻，很多时候，你细致观察它们的眼神、动作等，就一定能看到小动物的内心世界。小动物与人不一样的是，它们很少会掩饰自己，所有的表情都是那么真实，所以这里要学习作家：**眼神表意，动作传情**。

学写动物的习性

小动物衣食住行又是怎样的？如何介绍才能生动形象区别于科普读物呢？我们再来看看作家又是如何描写小动物的习性的？

（P19）最后他直挺挺地站定，扬起鸟喙直指天花板，发出一声洪亮又近似低吟的声音我："喔呕呕呕呕，喔呕呕呕呕。"他的声音打着战。那是企鹅用来表达高兴的方式，波普先生曾在介绍南极的书中看过相关的资料。

（P20）"我懂了。"波普先生说，"我们应该给他弄点海鲜、虾罐头之类的东西，或许他还不饿吧，书上说企鹅可以整整一个月都不进食的。"

（P57）"现在是十月中旬，天气已经挺冷的了，库克和葛蕾塔很快就可以到外头去享受冰天雪地了。"

（P15）他左边瞧一瞧，右边望一望，就好像先用一只眼睛打量波普先生，再用另一只眼睛打量波普先生。波普先生曾在书上读过，企鹅的好奇心极重，他很快便发现此言不虚。

作家通过波普的观察、借助他的所言所行，非常自然地向我们展示了企鹅饮食、喜好、声音、生存环境、性格等知识。这是作家非一般的功底。我们在习作时也可以学习作家的这种表达方式。如果对你所描述的小动物比较熟悉，熟知它的习性，你可以根据自己的观察所得，真实记录。如果，你对所描述的小动物还不太熟悉，甚至知之甚少，那你可以像波普先生一样，从报纸、书籍、广播、电影中了解，当然，身处信息化时代的我们，了解的途径更多。因此，关于习性的描写，我们从作家那了解到的秘籍是：**直接间接，依实说明**。

学写动物的趣事

我们在介绍一种小动物时，自然可以按照样子、动作、表情和习性一一做介绍，可有时我们可以通过发生在小动物身上的一些趣事，将以上这些内容很自然地给介绍出来，下面，我们一起来了解作家是如何向我们介绍企鹅的趣事的？我们一起来欣赏几个片段。

1. 餐桌检阅

（P19）企鹅跳到椅子上，再从椅子上跳上餐桌边缘，他扑扑地拍打着鳍肢以恢复平衡。尽管他最后一样菜都没有碰，但还是郑重其事地在桌子上绕场一周，饶有兴致地在各种菜肴之间穿来穿去，检阅每一样食品。最后他直挺挺地站定，扬起鸟喙直指天花板，发出一声洪亮又近似低吟的声音“喔呕呕呕呕，喔呕呕呕呕。”他的声音打着战。

2. 库克筑巢

（P35）他走到每个房间的角落，鬼头鬼脑地这里戳戳、那里啄啄，忙得不可开交；一双白毛环绕的小眼探进每一个橱柜中仔细搜索；他又把自己那圆滚滚的身体硬生生塞进家具底下或后头寻宝，同时柔柔地鸣叫着，声音中溢满着好奇、惊喜与快乐。每当他想到似乎还得找些什么时，就会用红嘴去取，将东西衔在微微泛黑的喙尖里，然后再踏着那双宽平淡红的小脚丫，摇摇摆摆、趾高气扬地带回厨房放进冰箱里。

3. 客厅滑冰

（P58）葛雷塔和库克见到这些冰，可真是乐翻天了。他们争先恐后地爬到客厅一端的雪堆上，一前一后地往下俯冲到冰面上，由于速度过快，身子失去平衡，圆乎乎的身体噗地趴倒在地上，腹部结结实实地滑在冰块上。

4. 节目表演

（P77）现在十只企鹅围城一个半圆，尼尔森与哥伦比亚在中中央表演激烈的拳击赛。两只企鹅各自把自己又黑又圆的脑袋使劲儿向后倾去，以便看清楚对方。“咕儿”。尼尔森叫了一声，右鳍击向哥伦比亚的腹部，然后又想用左鳍将他推到。“嘎。”哥伦比亚也吼了一声，纵身向前缠住尼尔森，还把头搭在对手肩上，设法攻击对方的背部。……

读过这些片段，我们不禁被企鹅那淘气的行为引得哈哈大笑，餐桌检阅、库克筑巢、客厅滑行、节目表演，都让我们有着身临其境之感，书中还记录了企鹅一家与波普先生一家的许许多多的趣事，例如浴缸操练、排练节目、爬梯滑行等等，也正是因为这些趣事，让我们读起这本小说时一直有着轻松、诙谐、快乐的阅读感受，也对企鹅有了更多的了解。

如何写好趣事呢？我们不难发现，就是围绕一件有趣的事情展开，除了要说清事情的起因、经过和结果之外，最重要的是要想写好这件“趣”事，就必须综合运用前面所说到的关于写小动物的样子、动作、表情、习性等知识，所以综合一下作家写作秘籍：**围绕事件，放大细节；样子动作、表情习性，抓住特点，妙用修辞**。**观察是根，喜欢为本**。

阅读作业

今天的作业，请同学们仔细观察一种小动物，写一写它的外形特征、生活习性和趣事，可以选择其中一个方面来写，也可以几方面都写。无论哪样，要记得使用我们从作家那里偷学的几招哟！

第三课
聊聊梦想

揭示主题

同学们，读完《波普先生的企鹅》这本书，如果让你说一说，这是一本关于什么的书？你会填写什么关键词呢？答案会有很多，但可能最主要的会聚焦在宠物企鹅和梦想两点上，前面我们聊过企鹅，今天这节课我们就一起来聊一聊梦想。

波普先生的梦想

什么是梦想？梦想就是愿望、理想。一个人需要梦想，有了梦想，最大的梦想便是实现梦想。我们一起来回顾书中主人公波普先生的梦想和实现梦想的历程，看看对我们有什么启发。

波普的梦想是什么？他最后实现了他的梦想吗？是怎么实现的？

筑梦：像科学家一样去极地探险。

追梦：收到意外礼物企鹅，对企鹅宠爱有加——企鹅生病，危在旦夕——寻求帮助，意外得到另一只企鹅——两只企鹅获救并生儿育女——为解决家庭经济危机，开始训练企鹅——“波普演艺企鹅”红遍全国——企鹅无法适应变暖天气，面对诱惑，果断抉择。

圆梦：把企鹅带往北极，与杜雷克上将一起极地探险。

油漆匠波普先生梦想着到极地去探险，但他却从未离开过家乡。有一天，他竟然收到一只从南极寄来的企鹅——库克上校，很快，波普家的企鹅增加到了十二只，它们给波普一家带来无限快乐的同时，也让他们陷入了空前的经济危机。后来他们发现，这群小企鹅简直就是天生的表演家！为了解决家庭经济危机，在一家人的默契配合下，“波普演艺企鹅”红遍了美国东西海岸。然而冬去春来，变暖的天气实在令企鹅们无所适从，就在危急关头，杜雷克先生的出现让他决定把这些企鹅带往北极。波普先生的极地探险愿望也得以实现。

波普先生的追梦之路

从波普先生的故事当中，我们读到了只要在追梦，就会有层出不穷的困难出现，但只要心中一直有梦想，这些困难都会迎刃而解。我们一起来看看波普先生都遇到了哪些困难，他又是如何克服的，从而一点一点靠近梦想的。

困难	办法
无法亲临极地	看电影，到图书馆借阅，查看地球仪，墙上悬挂着《国家地理》，杂志上剪下的图片，听收音机，给杜雷克上将写信……
没有适合企鹅生存的环境	改装冰箱，打开窗户在室内制造结冰，在地下室给企鹅配置冷冻设备，邮购新鲜的鱼儿给企鹅吃，演出时用冷水淋浴，搬运巨大的冰块纳凉……
遭遇家庭经济危机	波普太太精打细算，以信用卡付账，训练企鹅，设法让企鹅在各大剧院演出，利用宣传广告语换取企鹅的伙食……
波普和企鹅被关进警察局	预感会有人来解救，耐心等待
两难抉择	决定将企鹅交给杜雷克上将

从这些困难和办法中你发现什么？是不是办法总比困难多？

那又是什么让波普先生能找到这些办法克服困难的呢？

对！是对企鹅的喜爱，是对梦想的追求！

如果不是因为波普先生发自内心的热衷于极地探险，他就不会写信给杜雷克上将一诉衷肠，那么他就不会得到一只从南极寄来的企鹅；如果不是因为波普先生平时注意搜集一切有关南极的资料，他就不可能对企鹅的习性、生活环境了如指掌，那么库克上校就不可能在远离南极的地方健康生存下来，并且生儿育女，繁衍出一个其乐融融的大家庭；如果不是因为波普先生对企鹅真心的爱护，做出正确的选择，那么波普先生就不可能得到去北极探险的机会。那么多的如果，常人想不到的困难，在执着的梦想面前，都可能实现。

最能体现波普先生对企鹅是真心的喜爱应该是这个事件：**抉择**。

是答应与巨星电影公司合作，不仅扬名立万，还从此可以摆脱贫困，过上安逸舒适生活，可谓名利双收，还是答应杜雷克上将，无偿奉献出培育许久，已充满感情的 12 只企鹅到北极去探险？两方的条件各具诱惑，波普先生如何抉择呢？读读这一段：

（P108）“克莱恩先生，希望你能了解，我非常感激你力邀我这些企鹅拍电影，但我恐怕还得婉拒你了。我相信好莱坞的生活并不适合这些企鹅。”接着他转向杜雷克上将，“杜雷克上将，我现在决定把这些企鹅交给您了。我之所以这样做，完全是为了他们考虑。我知道他们跟随我的这段日子，一直都感到舒适又快活；然而就在最近，因为生活扰攘而气候又日渐暖和，我不免要为他们担忧了。这些企鹅为我付出这么多，因此我也应该好好儿报答他们。毕竟他们应归属于气候寒冷的环境。而那些身在北极的人们如果没有企鹅陪伴来消磨时光，我真的觉得是件很遗憾的事情。”

波普先生最终的决定反映了他是真心爱护企鹅，且能为他人着想。也正是因为如此，才有了他与企鹅们一起踏上北极去探险的可能性。

读完这本书，我相信书中的主角——波普先生和可爱的企鹅一样给读者留下深刻印象：这是一个执著、勇敢、有着浓浓孩子气的大人。他痴迷于极地探险，热衷于南北极的知识，虽然是个普通的油漆匠，但心中却珍藏着远大的梦想。为了实现梦想，他克服困难，坚持不懈，最终实现了梦想。

延伸阅读

这让我想起了我读过的另一本非常棒的有关梦想的书，书中主人公对于梦想有着与波普先生一样的执着。

阅读绘本《大脚丫跳芭蕾》。

有一个跳芭蕾舞的女孩，名叫贝琳达。

贝琳达喜欢跳舞，她每天去舞蹈学校，认真地练舞。她跳舞的时候姿态优雅，脚步轻巧灵活。可是贝琳达有个大问题，应该是说有两个大问题，就是她的左脚和右脚。

其实贝琳达不觉得自己的脚有问题，可是参加一年一度的芭蕾舞表演选拔时，问题就来了。评审们一看到她的脚就大叫：“暂停！”

“天啊！”贾庄董男爵三世说，“你的脚大的像条船。”著名的纽约评论家乔治根毕崇说：“简直和海豹的鳍没两样。”曾在舞蹈杂志上发表文章的欧娜·劳乌勃女士瞪着眼睛直摇头。

贝琳达还没试跳，评审们就说：“回去吧，你那一双脚永远跳不好！”

贝琳达很难过。难过了好久好久。她想：“或许那些评审委员说得对，我的大脚真的不适合跳舞。”

于是贝琳达不跳舞了，她告诉自己：“我放弃跳芭蕾舞吧。”

既然不再跳舞，她就得找别的事做。可是她除了跳舞什么都不会。她找啊找，终于在费莱迪餐厅找到了工作。餐厅里的客人喜欢她。因为他动作快，脚步轻巧灵活。费莱迪先生也喜欢她，因为她做事很认真。

贝琳达喜欢费莱迪先生和餐厅里的客人。不过她还是忘不了跳舞。有一天，有个乐团来餐厅表演，他们自称“费莱迪友好乐团”。在餐厅开门营业前，他们先练了一首轻快的曲子。贝琳达的脚尖忍不住一上一下地跟着打拍子。他们开始演奏浪漫又抒情的乐曲，不知不觉中……贝琳达跳起舞来了！

这些音乐家每天到餐厅演奏，贝琳达每天趁客人还没上门，就随着他们的音乐跳舞。有一天，费莱迪先生问贝琳达愿不愿意跳给客人看，贝琳达微笑着回答：“当然好啊！”

餐厅里的客人都很喜欢她的表演。他们高兴地去告诉他们的朋友。那些朋友第二天就来到费莱迪餐厅。他们也非常喜欢……他们又告诉其他朋友。很快地，每天都有很多人来费莱迪餐厅，看贝琳达跳舞。

大都会芭蕾舞团的指挥听说了这件事，他的朋友的朋友叫他一定要去看贝琳达跳舞，他去了。他很惊讶。他非常赞赏。他觉得好感动。“你一定要来大都会剧院表演。”他激动地说，“请你答应我。”贝琳达笑着回答：“当然好啊。”餐厅里的客人都鼓掌，欢呼起来。

就这样，贝琳达到了大都会剧院，随着费莱迪好友乐团美妙的音乐翩翩起舞。她好喜欢跳舞！评审委员们大喊：“太精彩了，多么像燕子，鸽子，羚羊啊！”

他们全神贯注地看他跳舞，完全没有注意到她的脚有多大。

贝琳达快乐极了。因为她可以跳舞，跳舞，一直跳舞。至于评审们说什么，她一点也不在乎了。

贝琳达的梦想是跳舞，成为一名芭蕾舞演员，可是她面临的困难是她的两双大脚，正因为大脚让她止步于舞蹈大赛的评选现场。虽然，她不得不暂时放下跳舞，去做了一名餐厅服务员，可是她内心一直没有放弃对舞蹈的热爱。当音乐响起，她会情不自禁的跳起来。她的舞越跳越好，只跟随自己的内心，再也不管别人的眼光与评论。她终于实现自己的梦想，成为一名优秀的舞者，登上了大都会剧院，得到了众人包括评审们的称赞。

这个故事告诉我们：不论你有什么样的梦想，只要你敢于追求并为之不懈努力，就没有什么是不可能的。

所以，梦想是指路的航灯，有了它才有了抵达彼岸的成功。梦想是一粒种子，种在“心”的土壤里，尽管它很小，却可以生根开花。梦想是一缕阳光，驱散你前行的阴霾。只有勇敢行动、坚持不懈、善于思考的人，才能进入梦想的辉煌殿堂！

美国著名脱口秀主持人奥普拉有一段话，她说，一个人可以非常清贫、困顿、低微，但是不可以没有梦想。只要梦想一天，只要梦想存在一天，就可以改变自己的处境。

我国著名企业家、阿里巴巴的创始人马云更是对梦想有自己的深刻的体会。他说人第一要有梦想。一个人最富有的时候是有梦想，有梦想是最开心的；第二要坚持自己的梦想。有梦想的人非常多，但能够坚持的人却非常少。只有坚持，才能实现自己的梦想，达到梦想的彼岸。

阅读作业

同学们，你们的梦想又是什么呢？为了实现梦想，你打算付出怎样的努力呢？你的追梦名言是什么？欢迎你与老师、同学分享你的梦想宣言。

另外，这本书改编过电影，值得一看。大家可以网上下载、收看，看完后可以与书本比较一下有什么不同。

西班牙安徒生文学奖
国际大奖小说
El espe del futuro
魔镜

第六本书
魔　镜

关于本书

如果有块便宜的魔镜能预知未来，你买吗？相信这一定是个非常诱人的买卖。获得“西班牙安徒生文学奖”的《魔镜》是本带有魔幻色彩的小说。作者霍尔迪·塞拉利昂·依·法布拉用平实却轻松的语调跟大家讲述了一个叫哈维尔的男孩三买魔镜的故事。读着读着，你会走进哈维尔的内心，与他一起纠结，一起喜怒，一起选择。这场看似是对一个淘气男孩的考验又何尝不是对每一个心中有欲望的人的拷问呢？——命运是交给神器还是掌握在自己手中？这本不厚的小说，主题鲜明、情节典型、人物心理活动描写细腻，值得作为精读小说与大家分享。

关于主题

主题	目标	拓展书目	读前准备	作业
学做流程图	认识流程图，借助流程图梳理思路，了解流程，为学习生活服务	《笨拙的螃蟹》	提前阅读	学习运用流程图
亮出我的观点	了解什么是观点，学习如何充分表达自己的观点	无	无	小练笔：亮出我的观点
“说”出心里话	结合本书体会心理描写的作用，初步学习心理描写的基本方法	《漏》	无	小练笔：说出他（我的）心里话

现场教学

第一课
学做流程图

揭示主题

同学们，从今天开始，我们将来到国际大奖小说之旅的第六站——《魔镜》。这本书只有 80 来页，四万多字，读起来要轻松一些。相对来说，故事还是比较简单的，主要讲的是主人公哈维尔三遇白胡子老爷爷三买魔镜的经历。那么，怎样才能比较清晰明了、准确无误地梳理出这本书的主要情节呢？今天啊，老师就教大家另外一种帮助我们思考、表达的工具——流程图，我们学习一下怎么通过流程图来直观地呈现哈维尔三买魔镜的过程。

初识流程图

什么是流程图呢？顾名思义，**流程图就是能够呈现事物顺序或步骤的图示，通常主要用它来说明某一过程、顺序**。比如我们做一件事情，总要有先后顺序，先做什么再做什么，每个步骤可以用简单的图示表示出来，这简单的图示就是流程图。说起来简单，其实绘制流程图还是要讲究一些方法和原则的。

流程图由矩形框（也就是方框）和箭头组成。每个矩形框内书写一个步骤，箭头的方向表示步骤的顺序。矩形框的具体形状、排列方式都没有限制，按照你喜欢的形状和布局绘制都是可以的，可以横向排列各个步骤，也可以纵向排列，还可以循环排列等等。

绘制流程图时的注意事项：

1. 步骤符合事物发展的规律。也就是步骤是可以操作的，写出来的先后顺序要和实际的顺序一致。

2. 步骤安排要详略得当，不要过于详细或者过于简略。从数量上来看，一般步骤的数量不超过 10 个。

3. 对步骤的描述要精简概括、准确无误、清晰明了。

当然，图示要尽量的绘制美观，文字要大小适当、工整规范。

学习抓关键步骤

老师发现，绘制流程图最关键，也是最困难的地方，是把握、填写出关键步骤。拿《魔镜》来说，除了起因和结果，哪些情节是关键的步骤呢？这个是难点。老师经过反复比较，总结出来关键的情节通常有这样几个标识，**一是对人物的变化起重要作用的情节，二是反复出现的情节，三是那些最让人揪心最吸引人的地方**。

我们回到《魔镜》故事中来。这一天，哈维尔遇到了很多糟糕的事情：上学迟到被批评，数学题写不出来，文学课答错题……总之，哈维尔倒霉透了。这是故事的开始，是基调，可以算流程图的第一个步骤，我们用比较精简、准确的词语或者短语、句子来记录——糟糕透顶的一天。

接下来的情节主要是围绕哈维尔三次遇到白胡子老爷爷并犹豫买不买魔镜来展开，哪些可以写进我们的流程图呢？怎样写呢？回想一下我们刚刚说过的关键情节的几个标识。白胡子老爷爷的出现、哈维尔因依赖魔镜而疏于用功，以至于考试不及格，这些可以说对哈维尔起到了重要的影响作用，而且反复出现，并且哈维尔每一次的选择和决定都让我们紧张，这些可以说就是关键情节，我们可以作为流程图的步骤记录下来。

你们看，经历了一天的糟糕事件，第一次遇到白胡子老爷爷，哈维尔怎么做的？好奇心促使哈维尔买下了这一面魔镜。虽然硕大的魔镜只剩下很小，但依然能预知 24 小时以内的事情，哈维尔还是比较满意的，他也靠着几次成功的预测被同学所追捧。然而，哈维尔太依赖魔镜了，在一次突然袭击似的数学测试中，他满足于通过魔镜看到的结果，信心满满，结果考得一塌糊涂……气急败坏的哈维尔把魔镜摔了个粉碎。这是第一次买魔镜的始末。算作关键情节，可以写进流程图。

《魔镜》故事情节流程图

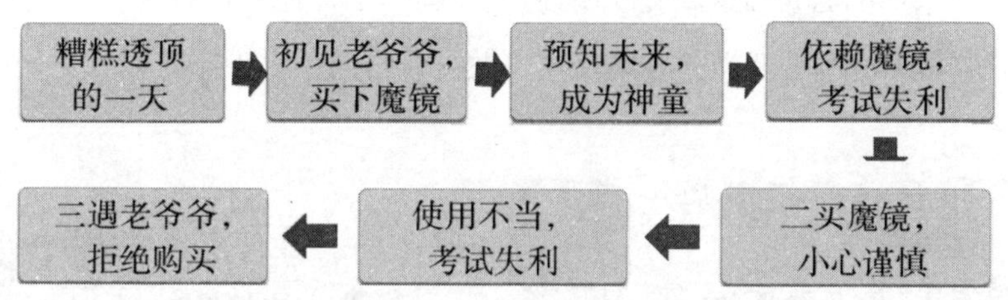

凑巧的是，几天后，哈维尔再次遇到那位白胡子老爷爷，而且又买到了一面魔镜。这次，哈维尔极其小心地享用着这面镜子。可在第二次数学考试中，魔镜“失灵”，哈维尔再次不及格，这让哈维尔非常恼火。这是又一个关键事件，也可以写进流程图。经历了两次失败，哈维尔终于明白了老爷爷卖给他魔镜的真正用意，在第三次见到老爷爷时，不顾老爷爷的花言巧语，果断离开了老爷爷，放弃买下最后一面魔镜的机会。

把这些步骤联结起来，实际上就是整个故事的大意了。所以，老师给大家总结出来了**流程图的第一大作用，就是可以更全面清晰地把握故事情节**。

早就见过的流程图

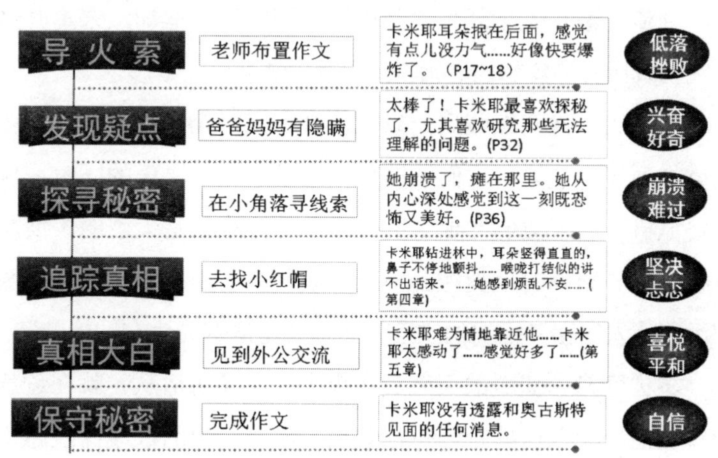

留心的同学会回忆起，在前面几站阅读之旅中，老师就已经在使用流程图了。

在上《追踪真相》第一课《我有个秘密》时，为了更好地了解卡米耶在发现秘密——追查秘密——揭开秘密的过程中的心理变化，蝴蝶老师很大家一起绘制了这张流程图。你们看，第一、二两列在一起实际上就是整本书的主要内容情节。最后一列的图示，实际上是非常完整地展现了卡米耶的心理变化过程。

说到卡米耶的心理变化，老师想到了一位同学，他那次课的作业就是用流程图来描述卡米耶一路追踪真相的心理变化，做得非常出色。大家可以欣赏一下。

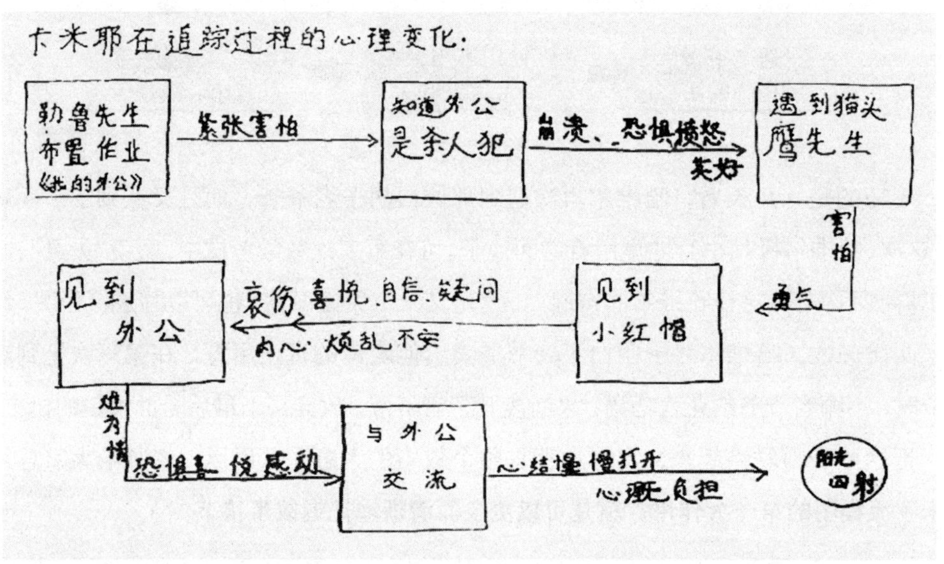

同样，在上《波普先生的企鹅》第三课《聊聊梦想》时，我们一起梳理了主人公波普先生的梦想和实现梦想的历程：

油漆匠波普先生梦想着到极地去探险，但他却从未离开过家乡。可以说，他已经在构筑自己的梦想，老师说这是波普先生在“筑梦”。

有一天，他竟然收到一只从南极寄来的企鹅——库克上校，很快，波普家的企鹅增加到了十二只，它们给波普一家带来无限快乐的同时，也让他们陷入了空前的经济危机。后来他们发现，这群小企鹅简直就是天生的表演家！为了解决家庭经济危机，在一家人的默契配合下，“波普演艺企鹅”红遍了美国东西海岸。这样一个有趣，让人欣喜又担忧的过程，老师说是波普先生在“追梦”。

冬去春来，变暖的天气实在令企鹅们无所适从，就在危急关头，杜雷克先生的出现让他决定把这些企鹅带往北极，波普先生的极地探险愿望也得以实现。老师说是波普先生的“圆梦”。

说简单点，波普先生的企鹅这本书讲述的就是波普先生筑梦、追梦、圆梦的过程。这样看来，流程图是不是很清晰地把故事的情节展现出来了？

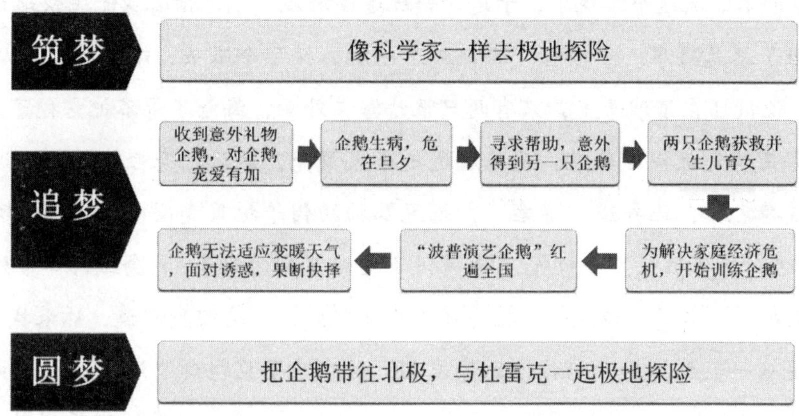

流程图在其他书中的运用

再来看几幅流程图：

《丑小鸭》故事情节流程图　　**《大脚丫跳芭蕾》故事情节流程图**

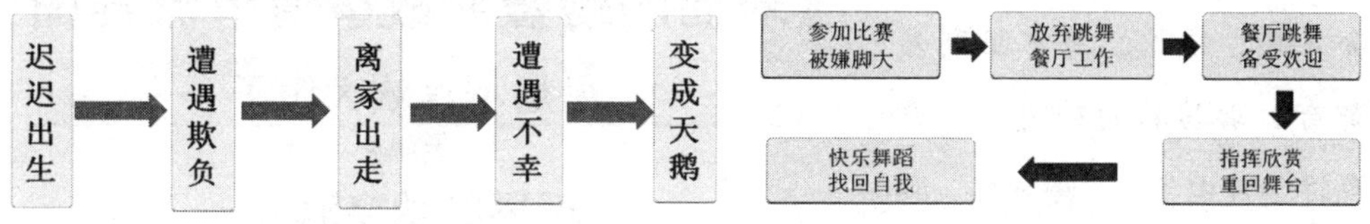

当堂练习

看到这些流程图，我们脑海中会像放电影似的浮现出故事的一幕幕。了解这么多例子，我们以一个故事为例来一显身手绘制一幅流程图吧。

讲述图画书上的《笨拙的螃蟹》——

螃蟹尼尼不喜欢自己那对大钳子，不管他干什么，笨拙的大钳子总是碍事。他的朋友们都没有这样笨拙的钳子。尼尼多么希望自己有像章鱼和水母那样可以挠痒痒的触手或像海龟和鱼那样能划水的鳍。

一天，尼尼和朋友们一起玩捉泡泡的游戏。“啪！”尼尼笨拙的钳子把泡泡扎破了。他们不能玩这个游戏了，于是开始玩追逐游戏。尼尼横着身子飞快地逃跑，可有一只钳子总是碍事。“呼哧”妮妮脚下一滑，摔了个跟头，咕噜咕噜地从坡上滚了下来。他被埋在了沙子里，只有两只眼睛露在外面，海龟不得不把它挖了出来。

大家又决定玩捉迷藏呢，尼尼爬进一个大贝壳，然后把壳轻轻盖上。这可是个绝妙的藏身之地，谁知道“喀嚓”，尼尼笨拙的钳子把贝壳碰碎了。“哎呀！”他大叫起来呢，忍不住叹了一口气，“如果没有这对笨拙的钳子，我会藏得非常好。”“别担心，尼尼，”水母一边说一边把碎贝壳捡了起来，“这回我们藏，你来找。”

尼尼从一数到十后开始找他的朋友们，他在沙子里找到了海龟，他在贝壳下找到了水母，可是他把石堆的周围都找遍了，也没找到章鱼。突然他们听到求救声，原来章鱼被海草紧紧地缠住了。“救命！”章鱼拼命地扭来扭去，左摇右摆，海龟和水母也跑过去帮忙，可海草却越缠越紧。尼尼想出个主意，他用钳子轻轻地把海草剪断，被剪断的小片海草随着海水飘走了。尼尼越剪越快，就像在围着海草跳舞。尼尼的钳子飞快地移动着，一会儿砍，一会儿切，一会儿撕，一会儿抛，很快，海水里到处都有打着转转的碎海草。章鱼终于自由了！“谢谢你，聪明的螃蟹！”他欢呼起来。尼尼高兴的挥舞起它的大钳子，他终于知道自己的笨拙的钳子是多么有用了。

故事讲完了，试着为这个故事做个流程图吧：

《笨拙的螃蟹》故事情节流程图

尼尼不喜欢大钳子
↓
玩耍时戳穿泡泡
↓
追逐时钳子碍事
↓
捉迷藏钳碎贝壳
↓
用钳子解救被困的章鱼
↓
明白笨拙的钳子也有用

流程图在写作中的作用

流程图对阅读来说有利于把握思路、理清情节。反过来，写作前也可以绘制流程图，我先写什么，再写什么，把这些写作的思路提前理出来，我们写作的时候啊就心中就有数了。所以，老师梳理出**流程图对于我们的第二个作用是可以帮助梳理写作思路**。其实，写作思路的流程图就是我们常说的提纲。

这是一位三年级小朋友写《我的好朋友》这篇作文时绘制的流程图，他的主要内容是：课间，我的脚扭伤了，玲玲照顾我。用这件事来体现好朋友之间的关心照顾。从流程图不难看出，这个孩子条理非常清楚：事情的起因是课间，不小心将脚扭伤了，于是好朋友玲玲主动扶我回家，然后帮我洗脚、擦药，每天陪我上下学，最后说明好朋友的言行让我感动。按照已经预设好的流程来写，思路就比较清晰，基本不会出现差错。

主　　题：我的好朋友

主要内容：课间，我的脚扭伤了，玲玲照顾我。

提　　纲：

不小心扭伤脚 → 扶我回家 → 帮我洗脚、擦药 → 陪我上下学 → 感动

一位同学根据《神奇的葫芦》列出的流程图，你发现他想写什么了吗？如果能会根据这幅流程图发挥想象力写出来，故事一定很有趣。

标　　题：神奇的葫芦

提　　纲：

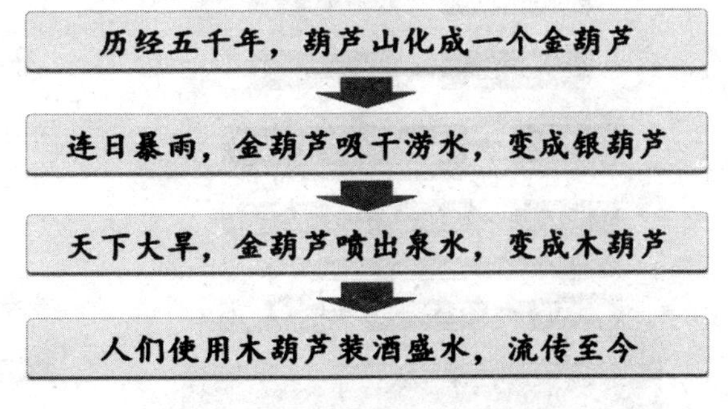

流程图在生活中的运用

其实，流程图在生活和学习中的应用也是十分广泛的。前一阶段，老师去医院做健康体检，又是抽血化验，又是做心电图、做胸透，还要做其他项目，有的项目需要空腹检查，有的则不需要，因为比较赶时间，所以就想着究竟怎样才能比较快地完成体检呢？来到医院，老师看到了非常醒目的健康体检流程图，瞧，看到这张图，老师心里踏实了。果然，按照这个流程，体检起来有序又快速。你知道老师是按什么顺序体检的吗？

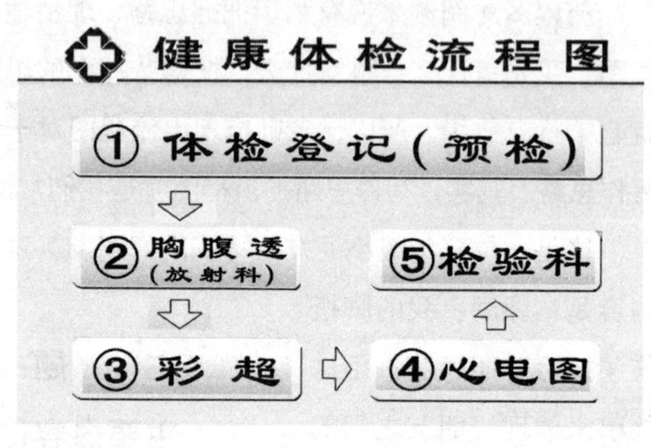

在医院里，老师也看到了很多这样的流程图。看到这些流程图，我们相信，需要就诊治疗、住院治疗的病人一定觉得方便多了。

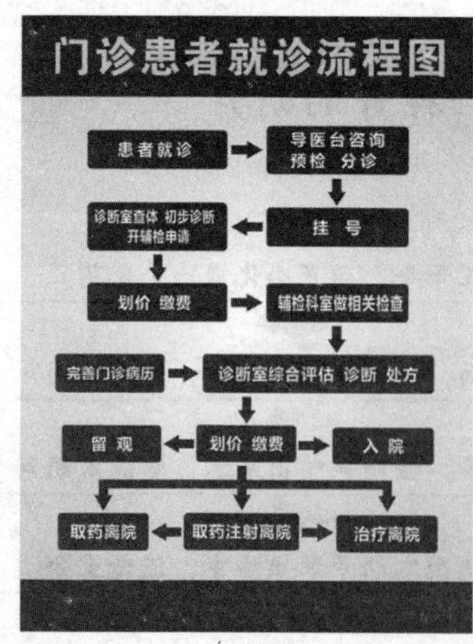

老师在郑州出差时乘坐地铁，看到了这张乘坐示意图。很有意思，这幅流程图

用图画和文字的形式把乘坐流程标出来了。即使第一次乘坐，只要看懂了那个这幅图，也不成问题。

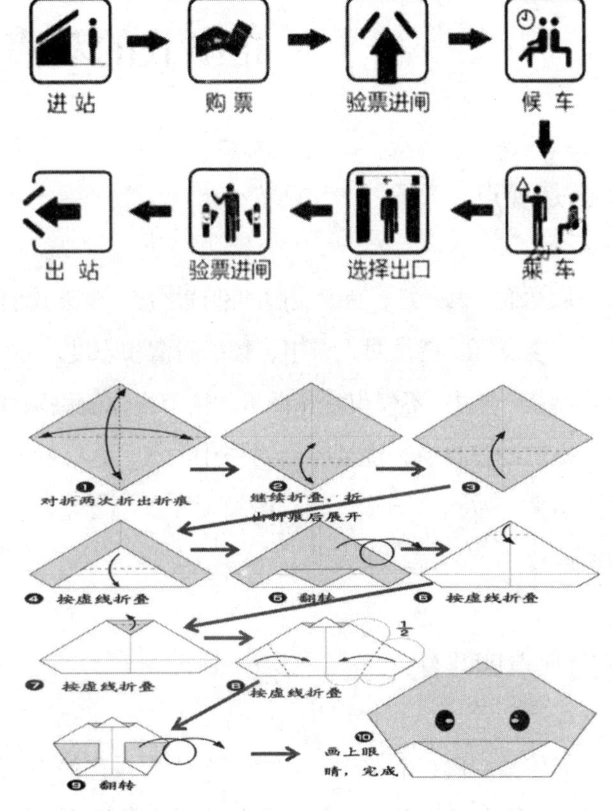

老师的女儿喜欢折纸，经常自己一个人折出各种图案来。我很纳闷，没人教，她是怎么会的呢？于是，我就和她聊天，这么一聊，才知道，她都是自己根据说明书和网络上的流程图来学的，你们看看这张流程图,按照每个图示的序号,是不是很清楚怎样折出可爱的小黄鸭呢?

其实，生活中，乘坐交通工具、在医院看病、去公园游玩、超市购物……这些情境中都会出现流程图的身影。学习中，解答数学题、列作文提纲、制作手工、拼图等等也都是流程图应用的例子。**要想将事情办得有条不紊、合理高效，流程图是非常有效的工具。这是流程图的第三个作用。**

阅读作业

这次的作业是绘制一个流程图。可以是创编的流程图，例如周末计划、蚕宝宝成长记，或者是解决某个问题的程序，也可以拍下或者复制自己在生活中、书本中看到的流程图。

第二课
亮出我的观点

什么是观点

同学们，大家好，继续我们的阅读之旅。今天我们谈论的话题是：亮出我的观点。

“观点”，就是对人、事、物的看法和态度。

阅读一本书，不仅仅能从曲折的情节中体验快乐，能学习作家高超的写作技巧，积累丰富的语言材料，还要学会对书中的人、事、物有自己的看法和态度，并清晰地表达出来。做到这一步，我们的阅读才算得上是深入了一些，才能成为真正的成熟的阅读者。

亮出观点四步法

如何做到阅读后能对书中的人事物有自己的观点，还能清晰明确地表达出自己的观点，使自己的观点更有说服力呢？这是这节课我们要学到的本领。

我们不妨先来欣赏一段小视频（见课件）。

同学们，你听出来视频中这位同学是针对什么问题阐述什么观点了吗？对，她针对小学生上网是利大还是弊大的问题表达了自己的观点：小学生上网的利大于弊。听了之后，你是不是觉得她说的很有道理呢。仔细想想，这位小朋友为了让自己的观点更有说服力，她是怎么做的呢？

她首先是亮出观点——过多地使用互联网对我们的健康和社交并不利。接着说清了理由——人们利用网络越多，沟通就越少，损伤眼睛，而且小学生分辨能力不强，难以正确使用网络。然后她又举例说明了这个理由：举例 1，沉迷网络造成旷课、逃学、荒废学业、浪费时间和金钱的不在少数。举例 2，暴力游戏和黄色垃圾充斥网络。47% 的小学生与这些不良信息有关。举例 3，小学生沉迷网络，成为网络俘虏。最后，她还再次重申观点：小学生上网弊大于利。可以说，不到 2 分钟的时间，我们就十分清楚了这位同学的观点，也了解了她有这样的观点的原因和根据。秘诀在哪里？就在于她的观点明确，思路清晰，理由充分，例子翔实，所以说服力强。我们回顾一下，她运用了什么样的表达方法呢？

亮出观点四步法：亮出观点——说清理由——举例证明——重申观点。

在这四步法当中，“亮出观点”很重要，要明确不含糊，要开门见山表明自己的主张和立场。而“说清理由”和“举例证明”对观点的具体补充。只说观点不讲理由、根据，说服力就不大，有时可能还会有闭着眼睛抬杠，有点无理取闹的感觉。需要特别说明的是，有一条理由就说一条，有两条理由就说两条，说一个理由，就紧接着举例证明，例子有一条就说一条，有两条就说两条。只有列出翔实可信的依据和事例，用相关的资料来支撑自己的观点，才具有很强的说服力。

亮出我的观点

咱们回到《魔镜》这本书上来，读这本书时，我们的心情实际上是随着故事主人公哈维尔的遭遇而发生变化的，在哈维尔三次买魔镜的过程中，我们会和他一起好奇、一起怀疑、一起兴奋，甚至是一起愤怒、懊恼、激动……阅读中，我们会面临各种各样的问题，比如为什么白胡子老爷爷总是出现在哈维尔面前，他像神仙一样，真的存在吗？哈维尔一次次考试失败是魔镜惹的祸吗？真的存在魔镜吗？哈维尔会不会再买魔镜了……在这些问题前，你是否有自己的答案，有自己的看法、观点了呢？那么你的理由又是什么呢？

我们以其中一个问题为例：哈维尔前两次从白胡子老爷爷手里买回了魔镜，并且从魔镜身上获得了很多称赞，一时间成了学校的红人，爸爸眼里的神童。但是两次数学考试都出乎意料的差，给哈维尔带来了极大的困扰。是不是白胡子老爷爷骗了哈维尔呢？请大家亮出自己的观点。这个时候，摆在你面前有两个选择，一个是老爷爷骗了哈维尔，一个是没有骗。那么骗也好，没骗也好，你的理由是什么？怎样才能更清晰、明朗、有说服力地表达自己的观点呢？我们不妨用“亮出观点四步法”试一试。

对于老爷爷是否骗了哈维尔这个问题，老师的观点是：白胡子老爷爷没有欺骗哈维尔。亮出观点后，我怎么怎样说清理由，找出例子加以证明呢？

理由 1：老爷爷每次的话语都十分清楚地交代了魔镜的作用。

举例 1：（P19）“你真是个聪明的孩子啊！”老爷爷说道，“放心吧，我不会把这样一件价值连城又这么不好使用的宝贝卖给其他任何人的，你是最好的买家。”

举例 2：（P53）“你应该知道，”老爷爷说道“未来是要靠自己去争取的，你懂吗？魔镜并不是那么靠得住的，它只是显示了它看到的东西。”

举例 3：（P78）“很好，很好。”他低声说道。

你们看，通过这些话语，我们可以看出，每一次相遇，老爷爷都是语重心长地补充说明魔镜的用法，强调魔镜并不是万能的，关键要靠自己。老爷爷三番两次兜售魔镜原来是在考验哈维尔呢。

理由 2：哈维尔也承认魔镜惹祸都是自己的错。

举例 1：（P54）这时他停住了，他回想起来所有的事情了，老爷爷是对的！在看魔镜之前，他是在看数学老师布置的题目，但是在看到会得个“良好”之后，自己就再没学习了。

所以后来发生了变化！

“天啊，是我给搞砸了。”他承认了。

举例 2：（P72）哈维尔做了个恼火至极又不耐烦的手势，“我又给搞错了，不是吗？”

魔镜没有发挥作用，反而误导了哈维尔。本来是埋怨魔镜，埋怨老爷爷欺骗了自己的，经过老爷爷的解释，哈维尔最终还是承认了错误在自己。

观点：综上所述，老爷爷没有欺骗哈维尔，是哈维尔太过依赖魔镜，没有将命运掌握在自己手里。

同学们，这是老师对于“白胡子老爷爷没有骗哈维尔”这一观点采用“亮出观点四步法”做出的阐述，说服你了吗？当然，你也可以有不一样的观点，但是要记得能说服别人才行。

倾听别人的观点

同学们，通过学习如何亮出自己的观点，不仅可以帮助自己更好地理解内容、把握主题，形成自己的观点，而且通过与持有不同观点的同学交流，还能了解别人的想法，学会更加全面、客观的看待事情。

对于“小学生上网的利与弊”这个问题，有的同学看法就不一样，接着看视频。

是不是觉得这位同学说的也挺有道理的呢？她是怎样运用四步法亮出自己的观点呢，我们一起回顾一下。首先这位同学亮出了自己的观点：网络越来越接近小学生生活，小学生上网利大于弊。然后，从小学生上网的必要性、实用性和迫切性说明理由，并且在每个理由后都举例证明。最后呢，她也再次重申了自己的观点。

总之，面对一个问题，每个人的观点不同。既要说清楚自己的观点，让别人能听懂并能认同，同时，也要认真听取别人的观点。如果认为别人的观点或部分观点对的，则可以吸取，或者补充到自己的认识当中。

如何使观点更有说服力

最后提醒一点，为了使自己的观点更有说服力、影响力，我们要善于找出大量的相关事例、信息来支撑自己的观点，证明自己的理由。像老师为了证明“白胡子老爷爷没有骗哈维尔”，我是从书中找了很多例子来证明，其实还可以举一些身边的活生生的例子，可以联系自己，或者身边、社会上、新闻报道里或者是历史上发生的相关的事例加以证明。

比如，苏教版语文书四年级有一篇文章叫《说勤奋》。文章开头是这么说的：人人心中都有一个美好的理想，然而你可知道，通往理想境界的桥梁是什么？是勤奋。作者用问答的形式亮出了自己的观点：通往理想境界的桥梁是勤奋。

为什么这么说呢？作者用这样一句话说明了理由：古今中外，每一个成功者手中的鲜花，都是他们用汗水和心血浇灌出来的。

紧接着，作者举出了这样的例子：

举例 1：北宋著名史学家司马光了 19 年时间，终于编成了著名的史学巨著《资治通鉴》。

举例 2：我国著名的生物学家童第周刻苦学习，完成了高难度的青蛙卵剥离手术。

作者为了说明勤奋是通往理想境界的桥梁这一观点，举了古代和现代各一位名人两个事例做了证明，在充分举例证明后，作者这样重申自己的观点：只有一生勤奋，才能有所作为，才能对人民、对社会作出应有的贡献。

灯不拨不明，理不辩不清。同学们，阅读时需要自己带着思考，多问问自己对书中的人、事、物有什么看法或持什么态度，勇敢地、主动地亮出自己的观点，并寻找充足的理由来支撑，这样深入思考，收获才会更大，才是个真正成熟的阅读者。

阅读作业

今天的作业，运用今天学到的本领来谈谈自己对某件事情的观点吧。话题选择：

1. 拥有魔镜是福还是祸？

2. 压岁钱是自己保管还是家长保管？

3. 学生是否应该拥有智能手机？

4. 其他话题。

第三课
“说”出心里话

延伸阅读，揭示主题

同学们，在开启今天的话题之前，我们先来一起读一本非常有意思的图画书，它是根据我们中国民间故事改编的，叫《漏》。

阅读《漏》——

从前有座驴背山，山腰间住着个王老汉，王老汉家养了一头大胖驴。

山上的老虎看见了，心里想：那大胖驴一定很好吃！

山下的小偷看见了，心里想：那大胖驴一定能卖个好价钱！

这天晚上——沙沙沙，嗒嗒哒，老虎和小偷都来了……

窸窸窣窣，小偷扒开了屋顶；窸窸窣窣，老虎挖开了墙角。

咦，什么声音？王老汉被惊醒了。

“管它贼哩虎哩，我什么都不怕，就怕漏！”老太婆说。

“漏？我走南闯北这么多年，还从没碰到过漏，难道这家伙比我还厉害？”小偷想。

“漏？我翻山越岭这么多年，还从没碰到过漏。难道这家伙比我还厉害？”老虎想。

妈呀！哗啦！小偷吓得脚下一滑，扑通一声摔了下去……

哎呀！是漏啊！哎呀，是漏呀！

老虎驮着小偷拔腿就跑，跑过了驴背山……拐过了驴背湾……跳过了驴背岗……

“嘭！”“嗵！”老虎和小偷一头撞到了大树上！

“好险啊！”小偷心里想，“这个漏好厉害啊，像旋风一样，颠得我骨头都要散架了！”

“好险啊！”老虎想，“这个漏好厉害啊，像石头一样，压得我心都要蹦出来了！”

这时候，突然下起了雨。“哗啦啦……”

“那大胖驴一定能卖个好价钱！”小偷被雨一淋，清醒了许多，想想心不甘，还是要回偷驴。

“那大胖驴一定很好吃！”老虎被雨一淋，清醒了许多，想想心不甘，还是要回去吃驴。

可是，小偷一回头——“啊，漏又来了！”

老虎一抬头——“啊，漏又来了！”

小偷一心只想着：快逃！快逃！

老虎一心只想着：快逃！快逃！

不料——

小偷一松手——骨碌骨碌……

老虎腿一软——骨碌骨碌……

一起滚下了山坡。

“漏啊！”

“漏啊！”他们都吓得昏了过去……

天快亮了，雨越下越大。

嘀嗒，嘀嗒。唉——怕漏雨，偏又漏了！

故事读完了，是不是很有趣？故事情节比较简单，却一波三折，读来让人捧腹大笑。这个笑点在哪儿呢？对了，就是由一个个误会造成的。你看，老太婆是怕房屋漏雨水，两个坏蛋角色——小偷和老虎却做贼心虚，以为是老太婆所说的“漏”是了不起的、比自己更强大的坏蛋呢——这是一个误会。小偷和老虎都误以为对方是“漏”，这构成了另一个误会，这些个误会让我们忍俊不禁。这里面最能推动这层层误会发展的，是小偷和老虎的内心想法了。他俩一次次的偷驴子的想法，一次次的自言自语，把那种想偷却又做贼心虚的心理活动刻画出来了。当他们的想法和现实产生矛盾时，就形成了故事高潮，我们不由得跟着哈哈大笑。可以这么说，如果作者、绘者不呈现出小偷和老虎的心理活动，这个故事就会失去一大半的趣味。

聚焦哈维尔三买魔镜的心理活动片段

我们共读的《魔镜》这本书也是这样有意思的故事。作家特别关注主人公哈维尔的心理活动，即哈维尔的内心想法。在哈维尔三次买魔镜的过程中，好奇、怀疑、兴奋、愤怒、懊恼、失而复得的激动，一次次收益，一次次被骗，哈维尔的情绪变化非常明显，心理活动十分复杂，却又如此逼真。读着文字，会让读者深深地陷入角色的情绪体验中，仿佛自己就化身哈维尔，也会这么想，这么做。这本书产生这么大魅力的原因，正是和《漏》这个故事一样，是作家善于说出人物心里话。

我们先来重温书中几个精彩的片段——

一买魔镜：

（P16）哈维尔试图抑制他逐渐加快的心跳。在他的脑袋里，他不断重复地告诉自己说，这一切是不可能的。可是他越来越焦虑，越来越犹豫，在他内心深处慢慢地还是闪出了想要拥有这面镜子的念头。他的理智和他内心对拥有魔镜的渴望正在斗争。如果拥有了这面魔镜，就意味着他能够看到自己的未来，意味着他可以对即将发生的好的、不好的事情做准备。那是多棒的事情啊！

第一次见到白胡子老爷爷，面对诱人的魔镜，哈维尔开始是紧张的，紧接着就焦虑、犹豫起来，不断地在做思想斗争。当然，他很期待自己能拥有这面预知未来的魔镜。但是，如果这个老爷爷是一个骗子呢？是一个专门骗小孩的恶棍呢？爸爸经常告诉他说，一个精明的生意人可以将一把梳子卖给一个光头的人。你们看，这是个很聪明、理智的哈维尔。

二买魔镜：

（P54）哈维尔眯起眼睛，难道是他的错？怎么会？难道……

哈维尔第二次遇到白胡子老爷爷，他埋怨老爷爷的镜子不好使，害得他考试不及格。老爷爷辩解镜子没问题，是哈维尔没使用好。此时，哈维尔开始动摇了。白胡子老爷爷继续解释后，哈维尔彻底信服了，你们看——

老爷爷是对的！在看魔镜之前，他是在看数学老师布置的题目，但是在看到会得个“良好”之后，自己就再没复习了。

所以后来发生了变化！

第二次遇到老爷爷，哈维尔从坚定的埋怨到动摇再到彻底信服，再到最后的大悟。

三买魔镜：

（P68）哈维尔在犹豫，不知道是该立刻就朝相反的方向走掉呢，还是继续向前。第一种意味着他要兜好大一圈才能到家。第二种就是从老爷爷面前经过，后果呢，就是得跟他聊聊。

（P75）是的，就像老人家说的那样，他已经从前两次的经历中得到教训了，因此现在一切都不同了，没有任何的疑问，他会按照正确的方法使用魔镜！它给出的是一个讯号！魔镜会警告他，但命运还是会掌握在他的手中，或者继续，或者做些改变。为什么不要它呢？

这可是最后一面了！

这是哈维尔第三次遇到老爷爷，面对老爷爷的百般劝说，哈维尔开始心动、犹豫了。

同学们，有没有发现，三次遇到老爷爷，三次买魔镜，哈维尔的内心是复杂多变的，正是因为作家准确地描写了哈维尔的内心想法，才使得故事动人心弦。读着故事，我们会不由自主地和主人公哈维尔一起时而兴奋，时而愤怒；时而紧张，时而忧心忡忡。也正是因为我们了解哈维尔的真实想法，所以对他后面的行为有所理解，对故事的发展有所认同。

其实，书中像这样的心理描写比比皆是。你们看——

（P24）他一边向那小径跑，一边不停地在想：我拿到这面魔镜以后该怎么办呢？我该把它藏在哪儿呢？

（P34）因为，他想，如果被爸爸惩罚，自己当然就不能离开房间，要在房间里学习了。这样的话，他刚才在镜子里看到的：在往常看电视的时间，他在写字台前学习，这就符合逻辑了。那么，也就是说……镜子……镜子是好用的。

（P65）我原本能复习到 17 题的。我原本能够改变命运的。但是魔镜却显示说做什么都没用，所以……

这些心理描写非常逼真地再现了主人公在一定的环境中的心理状态、精神面貌和内心活动，拿《魔镜》这本书来说，主人公哈维尔像是在一无遮掩地吐露自己的心声，呈现他的看法和感受，说出他的欢乐和悲伤、矛盾和犹豫、悸动和希望，表现他的丰富而复杂的思想感情，也让我们读者能穿透他的外表，看到他真实的内心世界。

心理活动描写的一般方法

那么应该在什么时候说出人物的心里话呢?

1. 疑惑猜测时

（P14）但是与此同时，他心里那颗充满疑问的小种子正在发芽，正在迷惑，因为在他的心里，他愿意相信老爷爷所说的一切都是真的。因为如果这一切都是真的，哇塞，那他将拥有一把通往未来的钥匙了。

当老爷爷告知哈维尔魔镜的魔力时，理智告诉哈维尔这是不可信的，可是想拥有魔镜的想法又让他选择相信。这段描写生动的描写了哈维尔将信将疑时复杂的思想。

2. 纠结抉择时

（P44）现在有两种选择：事先报告给爸爸，把事情告诉他，然后说服他；或者什么都不说，等着成绩下来，然后装作很吃惊的样子。但这两个办法都糟糕透了。第一种办法意味着爸爸马上就会知道成绩的事；第二种的结果也不会好到哪儿去，或许还会更糟。这件事情他早晚都会知道，拖着不说没有任何好处。

哈维尔第一次数学考试成绩不及格，他是很沮丧的。怎样向爸爸做交代呢？告不告诉爸爸这个悲催的消息呢？这段描写可以看出哈维尔矛盾、糟糕，不知道如何面对爸爸的心情。

3. 痛苦忐忑时

（P65）我原本能复习到 17 题的。

我原本能够改变命运的。

但是魔镜却显示说做什么都没用，所以……

哈维尔想啊想啊，一直在琢磨。究竟是谁的错呢？他回想起老爷爷的话来。不，这次他能够确定，是魔镜！是镜子欺骗了他，是镜子不让他扭转未来，不让他学习，不让他试图努力地做些什么！

是魔镜的错，是它的错！

哈维尔第二次考砸后，回到房间，他在思考一个问题，那就是考试再次失利到底是谁的错？哈维尔那种疑惑、痛苦，越想越愤怒的心情表露无遗。

4. 高兴激动时

（P36）那么，也就是说，这面小镜子能够预知一天之内的事情了。

很短……能够预知的时间很短，但是已经证明它是能够预知即将发生的事情的，虽然短暂，但它还是有魔力！

太棒了，镜子还是有魔力的！

哈维尔自言自语道："这真是失而复得啊！"

当哈威尔发现摔碎的镜子依然能预知即将发生的事情时，那激动的心情溢于言表。

当然，其他时候，你觉得需要将心里的话说出来，也是可以的，只要能反映当时角色的心情、心思，能推动故事的发展，就可以说出他的心里话。

知道了什么时候说出人物的心里话，那该怎么说会更好呢？

有两种基本方法。

第一种就是从第三者的角度来说出这个人物的心里话，明显的标志就是**"他想"**，在这本书中作家最常用的就是这种方法，例如：

（P18）过了一会儿，他才觉得刚才自己不断地往上加钱是多么的滑稽，多么的可笑。这面魔镜肯定要比一百八十五比塞塔贵，而且要远远比这贵得多。他简直沮丧极了

（P64）17 题！那天马上就要复习到的题目啊！如果不看镜子的话，他早就复习到了！因为魔镜呈现给他的图像是自己因为考试不及格而萎靡不振的样子呀！如果那时他仍想改变未来的话……哦，天啊！

第二种就是这个人物自己说出自己的心里话，明显的标志就是**"我想"**。这是我们小朋友现在最常用的描写方法。例如：

语文课上，老师突然来一句：“写一篇200字的作文。”我一听，就蒙了，心里想：天哪，那么多字！老师，您老人家在开玩笑吧？再说，今天你也没上《习作》，写什么内容啊？等一下，我刚才的抄写11课好像就是抄写11课课文吧！哎，看来我的手臂要骨折了，呜呜！

如果你还想知道怎样把心里的话写得能情真意切，打动人，除了想法真实是前提之外，还可以给个小绝招，那就是**多用如果与可是，追问感叹咦呀哦**。

不信？你自己能在书中找找这样的描写片段吗？

阅读作业

同学们，今天这节课我们学习了将一个人物的心里话“说”出来的方法，了解了说出心里话有助于我们更加全面的了解一个角色，理解故事的发展。读懂一个人的心里话，也善于表达出一个人的心里话，可是件不简单的本领呢！怎么样，你们愿意成为一个掌握“读心术”本领的人吗？今天的作业呢，就是大家把也可以来一段心理描写。

（事情发生时的情况），他（我）想，______________________________

____

____

____

____

国际大奖小说
艾米
小女巫
streghetta mia
天津出版传媒集团

第七本书
小女巫艾米

关于本书

女巫，这个词本身似乎就与魔法、神秘相关联，给人以新鲜感，就和我们读过的《爱上读书的妖怪》里的妖怪一样。在西方文学中，关于女巫的故事是数不胜数，从古老的民间童话《白雪公主》到现代风靡世界的《哈利·波特》，无不展现着人们对这个形象的精彩想像。可以这样说，关于女巫的故事和形象已经成为西方文化的一种原型。

因为要继承叔公的巨额遗产，好吃懒做的青年鲁巴希望一夜暴富，于是不得不遵守遗嘱的要求，去娶一位女巫。可是泽普家七个姐妹谁才是真正的女巫呢？鲁巴最后如愿以偿了吗？这本获得意大利“罗大里儿童文学奖”的小说，一定会满足同学们对女巫的好奇之心。

关于主题

主题	目标	拓展书目	读前准备	作业
分类的好帮手——树形图	学习运用树形图帮助自己对书中角色或班中问题进行分类分组	无	提前阅读	学习运用树形图
前因后果复流程图	学习运用复流程图来梳理一个事件的前因后果	无	无	学习运用复流程图
女巫集会	通过主题阅读，认识不同通书中女巫的形象，初步了解不同作家的写作风格	《女巫温妮》《女巫》《香草女巫》温妮女巫系列《魔法灰姑娘》等等	无	阅读与女巫有关的书，或者观看有关电影，完成女巫诊断书

教学现场

第一课
分类好帮手——树形图

认识书中角色，揭示主题

同学们，大家好，欢迎来到国际大奖小说之旅的第七站——《小女巫艾米》，这个月我们要进入女巫的世界。读完这本获得“意大利罗大里儿童文学奖”的小说，你们一定被泽普家七个女孩的故事给吸引，喜欢上了那个可爱的有着魔法的小女巫艾米。这本书里出现的角色不少，大家还记得吗？我们按照出场顺序一一和他们打个招呼：

塞姆、鲁巴、爷爷林多罗·泽普、爸爸、妈妈、喜碧拉、塔碧塔、艾米、迪奥、赞卡、爱莲、蕾娜塔、希尔达、吉娜、斯特、奇多、康尼、辛达、琳达、克莱，还有没有姓名的公证员、图书馆小姐、老门卫……

哇，角色还真不少。不知道同学们在读小说时有没有这样的困难——记不住人名，尤其是外国人的名字。他们的名字那么像，更别说一下子弄清角色之间的关系，特别是和主角之间的关系啦。可是，角色是小说重要的要素，不弄清楚他们就会影响我们的阅读理解，降低阅读兴趣。今天这节课，我们就学习用一种有用的思维图示帮助我们将众多角色按照一定的逻辑进行分类分组，从而理清人物关系。这个新的思维图示就是——树形图。

认识树形图

树形图是由主题、类别、项目构成的，它就像一棵树一样，主题是树根，类别是树枝，各个类别中的项目是树叶。当然，它是倒置的“树”。

绘制时，要先写主题，然后根据类别数量画出分支，在书写类别。为了区别类别和项目，要注意在每个类别下方画竖线，而后在竖线下方书写类别中的项目。

分类时要注意：

1. 要明确分类标准，类别划分要符合科学常识。

2. 每个类别不能有交叉，每个项目应只属于一个类别，要将主题中的所有事物分完。

3. 分类标准并不是唯一，可以根据其他性质、用途等进行分类。

树形图

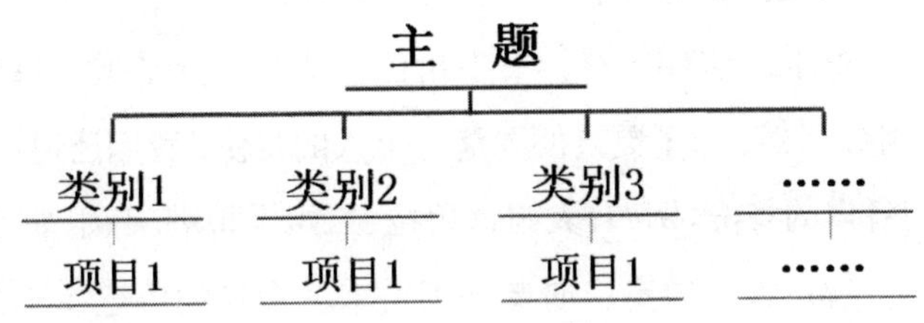

运用树形图梳理人物关系

下面我们就运用树形图帮助我们梳理本书中的人物，有姓名的人物。

首先我们要确定主题，就确定做本书的人物图谱，然后我们要明确分类标准。思考一下，本书的主角是艾米，我们不妨就以艾米为中心，思考书中的这些角色会和艾米有哪些关系呢？家人、朋友、敌人、侍从，还有一些关系不太直接但是不可缺少的，我们暂且用“其他”来代替。要特别说明的是，类别不是唯一的，你也可以有其他的分类。

好，我们将这些词语填进类别中，并审视检查一下有没有交叉的或者遗漏。然后，我们对照罗列出的所有角色，根据他们与艾米的关系，将他们填到相应的类别下面。

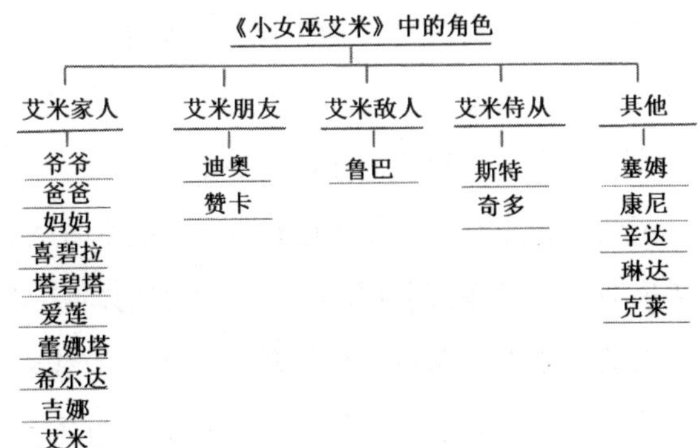

艾米家人：爷爷、爸爸、妈

妈、喜碧拉、塔碧塔、爱莲、蕾娜塔、希尔达、吉娜、艾米

艾米朋友：迪奥、赞卡

艾米敌人：鲁巴

艾米侍从：斯特、奇多

其他：塞姆、康尼、辛达、琳达、克莱

好啦，这样一看，书中角色清清爽爽分了类，每个人与艾米的关系也都一目了然啦，当然，为了更方便弄清每个人的身份，我们还可以在姓名前加上一个限定词，表明各自的身份。例如，大姐喜碧拉、二姐塔碧塔、三姐爱莲、四姐蕾娜塔、五姐希尔达、六姐吉娜；管家迪奥、迪奥外甥赞卡、贪婪的鲁巴、黑猫斯特、鹦鹉奇多；立下遗嘱的塞姆、喜碧拉同学康尼、塞姆妻子辛达、迪奥姐姐琳达、辛达哥哥也是赞卡的爷爷克莱。

怎么样，现在本书众多角色的关系是否更加清晰了呢？围绕鲁巴要娶女巫这个事件，每个角色都在故事中发挥着自己的作用，虽然有主有次，但是似乎都缺一不可，都有存在的理由。

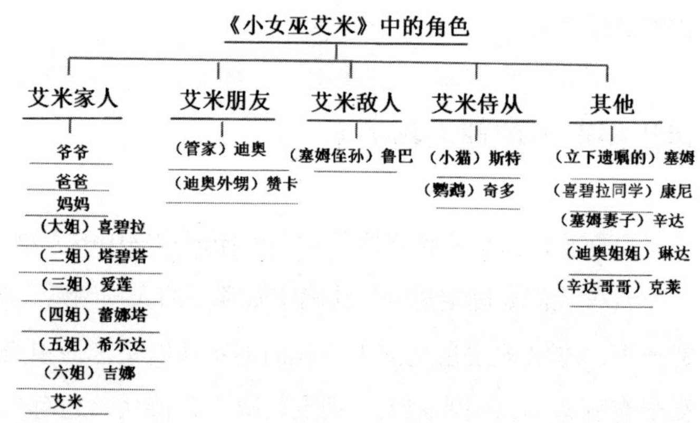

女主角艾米自然不必说，故事的中心人物，男一号鲁巴更是推动整个故事的重要人物，几个姐姐也是各有各的作用。喜碧拉作为大姐，年龄最大，而且染过红头发，不幸成为鲁巴的第一目标；而三姐爱莲、四姐蕾娜塔正是因为爱到图书馆看书写作业，才会和到图书馆查找女巫资料的鲁巴有了接触；正是赞卡在图书馆咨询处工作，又恰巧是艾米家的管家迪奥的外甥，才会将迪奥的带有重要信息的填字游戏带到图书馆，被鲁巴捡到；黑猫斯特、鹦鹉奇多更不是一般的宠物，它们一直等待它们的主人，并为后来营救主人艾米立下了功劳；最神秘人物要数有钱人塞姆了，作为鲁巴的叔公，他死后不得不把巨额的遗嘱首先传给贪婪的游手好闲的鲁巴，但是聪明的塞姆早就料到鲁巴

完不成任务，这才有了赞卡作为第二继承人的神奇大转移；就连在书中出现一次的人物康尼，最后没想到能成为艾米的丈夫。呵呵，作家真是匠心独运，安排了这么多的角色，每一个角色之间又都有着某种关联，关联孕育着巧合，巧合带给读者惊喜，惊喜之余不禁感叹作家的精心设计。

你瞧，通过树形图，对书中角色进行分类，不仅帮助我们记住了繁多的人物角色，还帮我们梳理了各个角色与艾米之间的关系，这对于我们了解情节的发展和作家的写作构思有了很大的帮助。

树形图在其他领域的广泛应用

其实，“分类”在我们的学习与生活中十分常见，并且应用广泛。在学习中，我们经常会对知识点进行分类整理，例如对生字的分类记忆、众多科学概念的分类讲解、还有像阅读中角色的分类梳理等等。如果我们掌握了树形图的绘制，那么就能提高学习效率。在生活中，要将随处可见的垃圾进行回收、每天对个人物品整理、超市里众多货品的摆放等等，也都离不开科学分类，在这种时候，就需要树形图这个思维工具啦。

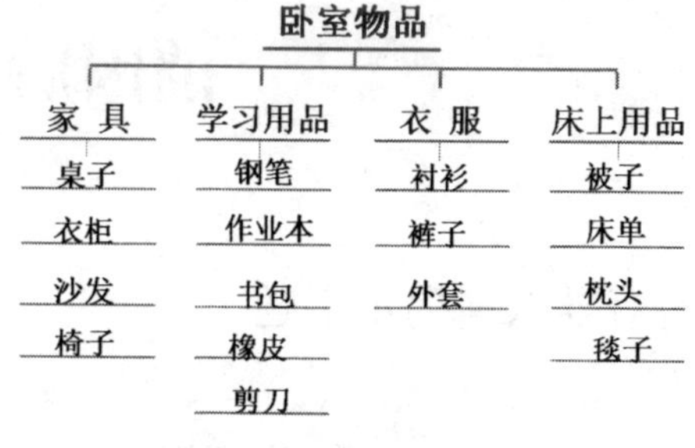

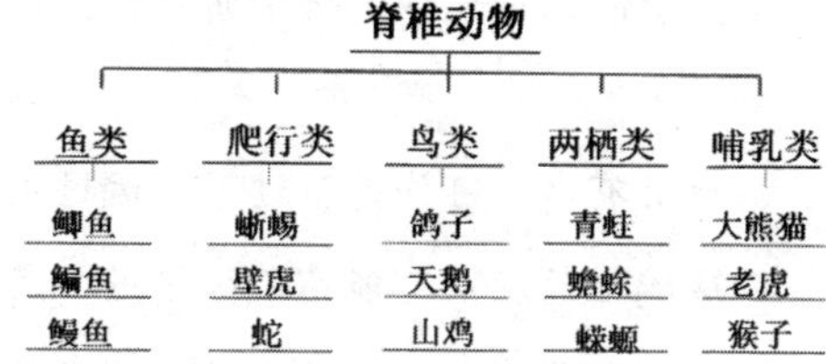

按结构分类。还可以按什么标准来分类呢？笔画？声母？声调？

生　字

独体字：生　书　中

左右结构：垃　借　理　踏　磕

上下结构：分　类　奔　帮

半包围结构：虎　爬　避

全包围结构：国　围

好啦，下面我们就现场来个小练习，看看大家是否掌握利用树形图来帮助自己进行科学分类。

例 1：卧室物品

桌子　钢笔　作业本　毯子　橡皮　书包　被子　床单　衣柜　衬衫　裤子　外套　剪刀　沙发　枕头　椅子

例 2：区分脊椎动物

鲫鱼　蜥蜴　青蛙　鸽子　鳊鱼　老

虎　蟾蜍　天鹅　壁虎　大熊猫　山鸡　猴子　鳗鱼　蝾螈　蛇

例 3：生字记忆

分 垃 类 帮 生 借 书 理 踏 虎 磕 爬 避 国 夺 围 中

除了按照结构分类，还有没有别的分类方法？（笔画、声母、声调等）

阅读作业

同学们，今天我们学习了运用树形图帮助我们进行分类，梳理事物之间的关系，你们掌握了吗？今天的作业，就是运用树形图解决一个学习或生活中的问题。例如帮助某本书做个角色分类，或者运用两种以上分类方法给 54 张扑克牌分类。

第二课

前因后果复流程图

游戏导入，揭示主题

同学们，首先我们做个游戏：根据图片猜猜发生了什么（见课件）？

地上有水：可能是下过雨、泼过水、雪化了……

玻璃上的洞：可能是石头砸过、足球踢过、子弹穿过、利器刺过……

颓废的背影：可能是生病了、受伤了、受到打击了……

凡事有果就有因，有因就有果。

例如，看到这些现象，猜猜接下来会怎样？

狂风大作：可能会树木摇摆、树叶飘落，杂物飞舞、行走困难、房屋倒塌……

山洪暴发：可能会房屋倒塌、道路冲毁、树木卷走、停电……

春天来了：可能会花开草绿、万物复苏……

所以，一件事的发生总要有原因，也总会有结果，了解了前因后果，才能真正明白一个事件。**读故事时，我们也要学会思考一个事件的前因后果，这对于我们了解情节的发展、人物的成长有着莫大帮助，有助于我们学会理性思考、慎重行动。**

梳理本书前因后果，认识复流程图

我们以《小女巫艾米》为例，来思考一个事件的前因后果。这本书主要的事件就是：鲁巴要娶女巫，我们要思考鲁巴为什么要娶女巫呢？有哪些原因？后来鲁巴娶到女巫了吗？结果是怎样的？我们把这些弄清楚了，故事也就明白了。下面我们就来梳理这个事件的前因后果。

先写下事件，用关键词或短语写在中间，可用方框框出来，把这些原因用关键词或短语填写在事件的左侧，好，我们来想想有哪些原因？

1. 为了继承叔公的巨额遗嘱。

2. 要娶一位女巫。

3. 好吃懒做，渴望一夜暴富。

4. 信息不全，盲目判断。

结果呢？

1. 没能成为遗产的继承人。

2. 认错女巫。

3. 被关进警察局。

4. 促成另一段意想不到的结局。

通过这样的梳理，我们就明白了鲁巴娶女巫的前因后果，看着这个图，我们用上“因为、所以、可是、结果、不但、而且”等连接词语，稍作调整，便可简要概括出这个故事的大意。我们来试试。

因为要继承叔公的巨额遗产，好吃懒做的青年鲁巴希望一夜暴富，于是不得不

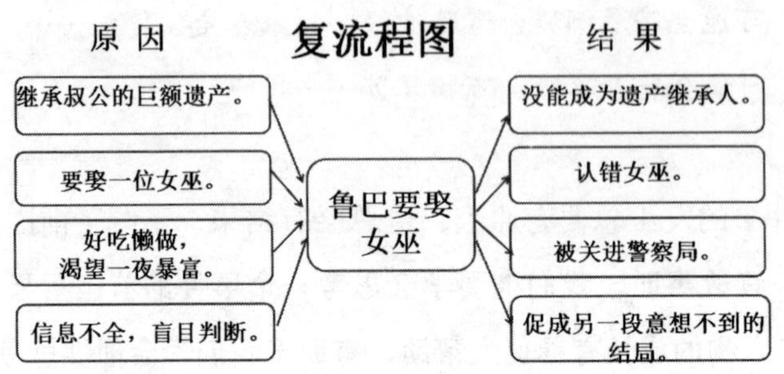

因为、所以、可是、结果、不但、而且……

遵守遗嘱的要求，去娶一位女巫，可是因为查找资料不全，求妻心切，判断失误，结果，认错女巫，不但没有继承遗产，反而被关进监狱，促成另一段意想不到的结局。

怎么样，**这个帮助我们梳理事情的前因后果、还能帮我们概括故事大意的思维图示就是复流程图**。一种帮助我们学会梳理一个事件的前因后果的工具。

复流程图的运用

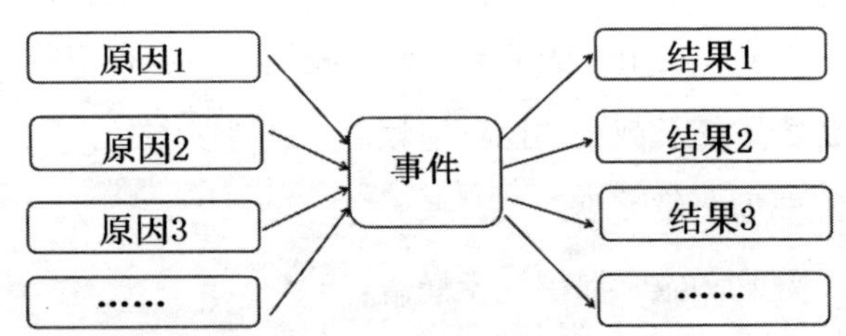

了解了事件的前因后果，你能从中得到什么想法或结论呢？

绘制时，将某现象作为中心词，在它的左侧书写出现这一现象的原因，在它的右侧书写现象所导致的结果。原因和结果不需要一一对应。绘制时，要注意，箭头的方向是从原因到中心词，再从中心词到结果，不要将箭头方向画反；同时，原因和结果的表述要简洁、完整。最后一条，也是最为重要的是，要从这个图示中得到自己的新的想法或结论。

比如，了解了“鲁巴要娶女巫”的前因后果，你得出了什么结论？有什么新的想法？

A 同学说，我知道了好吃懒做，想不劳而获只能是妄想，最终会一所所获。

B 同学说，我知道了上天只会眷顾踏实、勤奋的人，例如赞卡。

C 同学说，我要学习赞卡，而不要成为像鲁巴一样的人。

我们再来看一例。小明同学读完这本书，尝试用复流程图来梳理“艾米是小女巫”这个事件。

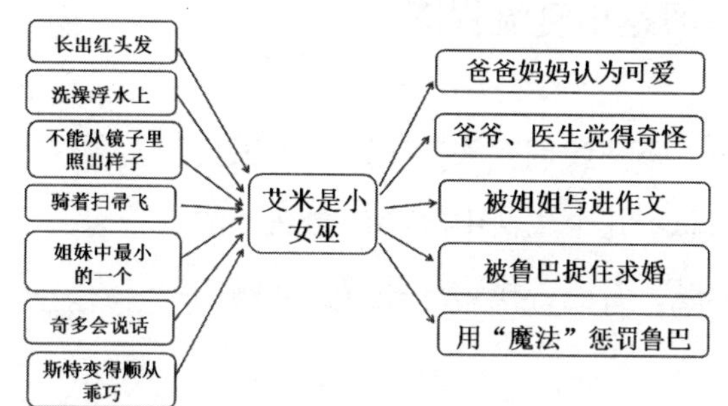

为什么说艾米才是小女巫呢？从哪些地方看出来的？

1. 红色头发。

2. 洗澡浮在水上。

3. 镜子里照不出人影。

4. 可以骑着扫帚飞。

5. 姐妹中最小的一个。

6. 奇多会说话。

7. 斯特变得乖巧听话。

因为艾米是小女巫，所以会有什么结果呢？

1. 爸妈觉得很可爱。

2. 爷爷和医生觉得很奇怪。

3. 被姐姐写进作文里。

4. 被鲁巴捉住求婚。

5. 用魔法惩罚鲁巴。

了解了前因后果，小明得出了结论：

1. 无论自己是不是女巫，爸爸妈妈还有家人都是疼爱的。

2. 女巫有超人的本领，可以惩罚、制服坏蛋。但也有被大家觉得奇怪，甚至误解的时候。

所以说，**复流程图是帮助我们分析问题的好帮手，不仅能在阅读中帮助我们梳理故事的前因后果，帮助我们理解故事所包含的道理，引发我们深度思考，还能在生活中帮助我们找到解决问题的办法**。当我们在生活中遇到一个麻烦的问题不知道如何解决时，便可以尝试做个复流程图，把事件或问题作为中心词，分析它产生的原因和导致的结果，往往分析后就能找到问题的解决办法了。

练习运用复流程图

下面我们就来尝试用这个工具来思考几个生活中同学们会遇到的问题，看能否找到一些解决问题的办法。

例1：

不按时完成作业

例 1：不按时完成作业

想想不按时完成作业的原因有哪些？结果会怎样？通过绘制复流程图，能得到什么解决方案？

看看小明同学的复流程图：

通过绘制复流程图，同学们找到的解决办法：

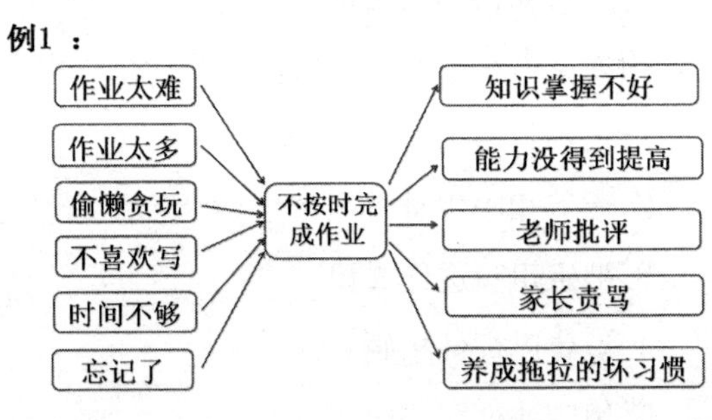

1. 作业太难太多时寻求家长和老师的帮助。

2. 偷懒贪玩，忘记了就要养成先做作业后玩的习惯，制定作业记录本，记录每日各项作业，完成一样划一勾，养成收拾书包时先核对作业记录本。

3. 给自己定个奖励计划。连续完成多少天的作业，给自己一个恰当的奖励，或者请爸爸妈妈帮忙监督。

例 2：上学迟到

看看小红同学的复流程图

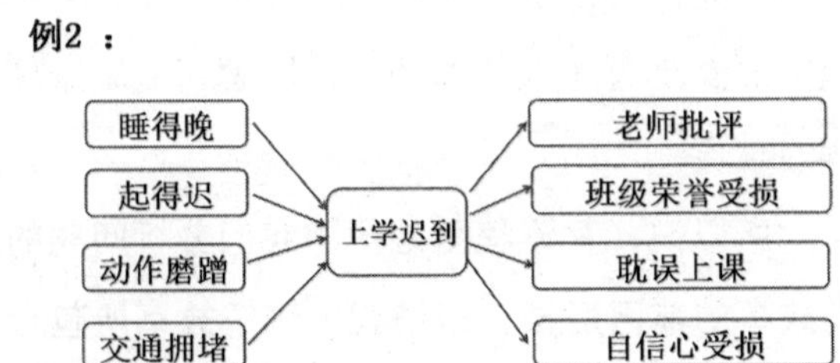

解决办法：

1. 早睡早起，定个闹钟。

2. 将时钟拨快 10 分钟。

3. 给吃饭起床洗漱定个时间。

4. 选择合适的交通工具和出行时间。

复流程图与流程图的关系

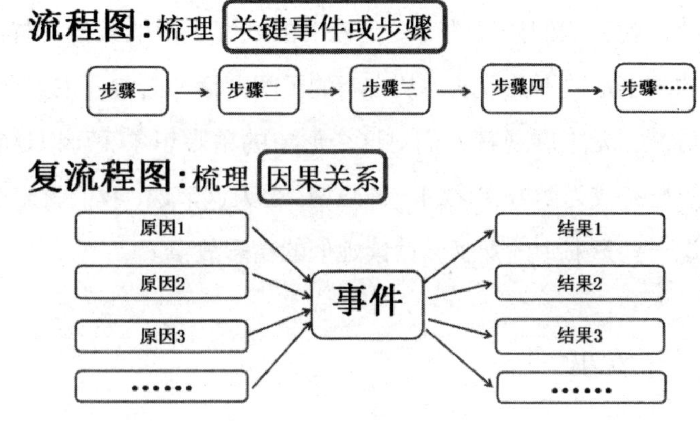

通过今天的学习，大家有没有掌握复流程图的绘制和应用呢？有细心的小朋友会问到，复流程图与前面学过的流程图有什么关系呢？其实，它与流程图有着紧密的联系。**我们可以将复流程图理解为流程图的组合，将流程图的步骤、顺序关系变为原因和结果的描述，就形成了复流程图的一条分支，多条分支组合起来便形成了一个复流程图。**

阅读作业

今天的作业，大家运用复流程图给我们读过的某本书中的某个事件做个原因结果的分析，或者就生活中遇到的问题、现象做个因果分析，例如：交通拥堵、沉迷网络游戏、火灾等。

第三课
女巫集会

谜语导入，揭示主题

同学们，我们做个猜谜游戏。

女性、魔法扫帚、黑猫（打一人物）

在读《小女巫艾米》这本书时，我想那个有着神奇魔法的小女巫艾米一定引起大家的好奇与兴趣。女巫，这个词本身似乎就与魔法、神秘相关联，让人充满新鲜感，就和我们读过的《爱上读书的妖怪》里的妖怪一样。在西方文学中，关于女巫的故事是数不胜数的。从古老的民间童话《白雪公主》到现代风靡世界的《哈利·波特》，无不展现着人们对这个形象的精彩想象。可以这样说，关于女巫的故事和形象已经成为西方文化的一种原型。今天这节课，我们就来个女巫集会，聊一聊女巫，认识一些童书中的女巫，读读她们的精彩故事。

关于女巫

说起女巫，大家一定最好奇的是真有这样的人吗？老师查了资料。在古代，那些掌握能治病疗伤的药草知识的人、能够观望天空预知天气的人、根据经验可以通晓自然的人就是巫师。在科学不发达的时代，大家就认为这些巫师所具有的超自然的能力就是魔法。古代的人们相信自然界中存在统治人类的神和精灵，为了在狩猎中捕到猎取物，在农耕中获得丰收，需经神和精灵的帮助。自然界疯狂的现象，疾病、死亡、不幸，都是神、精灵们愤怒的表现，必须通过魔法来平息它们的怒气。**巫师通常被认为在神、精灵与人之间起媒介作用的角色。在民间，占天气、祈丰年、行医的人多是女性，她们被称为“智慧之女”，也俗称女巫。**

既然是拥有超自然能力，成为女巫也不是什么人都可以的，她们通常有着鲜明的特征。我们在《小女巫艾米》一书中，就知道女巫至少有以下特征：

拥有红色的头发；

镜子里照不出她的样子；

如果把她的手脚绑起来扔到水里，不会沉下去；

她身边通常会有同伴或者拥有法力的动物，比如和她说话的黑猫，或听从她命令的鸟；

她会在月圆之夜骑着扫帚参加女巫聚会；

她是七姐妹中的一个，而且没有哥哥或弟弟。

还有其他的小说故事里也描述了女巫的特征，例如，在罗尔德达尔的《女巫》一书中，提到女巫的特征是这样的：

秃子，所以会戴假发，所以会又痛又痒；
大鼻孔，边上粉红色，弯弯曲曲，嗅觉强；
眼睛里的瞳仁会一直变色；
没有脚趾；
口水是蓝色的，所以牙齿上有蓝色印记；
戴手套（因为没有手指甲、弯爪子）。

无论在不同作品中女巫的特征有什么不同，但那大体上，女巫一般拥有这些特征：

有印记：身体上雀斑或黑痣多；
有魔法：诅咒术、使用药草；
有法器：扫帚或手杖、魔法精油；
有侍从：黑猫。

女巫有魔法或者说会巫术。巫术就是企图借助超自然的神秘力量对某些人、事物施加影响或给予控制的方术。巫术分为黑巫术和白巫术。黑巫术是指嫁祸于别人时施用的巫术；白巫术则是祝吉祈福时施用的巫术，故又叫吉巫术。

作家们就根据女巫的特征进行想象创作，塑造出了一个个不同形象的女巫。但大体上分为善女巫、恶女巫，或者通俗的说可爱的、可怕的、可恨的女巫。好了，简单了解了女巫产生的历史背景，我们还是把视线转移到文学作品中的女巫身上吧。

文学作品中的女巫

关于女巫的小说和故事特别多，除了我们读过的《小女巫艾米》中那个可爱的艾米，还有塞姆先生的妻子辛达都是善女巫；在《格林童话》中女巫就更多了，比如《亨赛尔与格莱特》中的丑陋的老婆婆就是一个专门用糖果引诱孩子的吃人的巫婆，是个恶女巫；《十二兄弟》的老太婆在谴责公主摘掉花朵同时告诉公主解救哥哥的方法，是个善女巫；大家耳熟能详的《灰姑娘》里的送给灰姑娘水晶鞋、南瓜车的则是善女巫；而《白雪公主》里的后妈皇后则是恶女巫。

今天，老师讲两个不同女巫的故事。

《女巫温妮》，这是澳大利亚作家瓦莱丽·托马斯的作品，绘者是英国绘画家科奇·保罗，译者是我国著名的翻译家任溶溶。他是一位精通俄文、英文、意大利文、日文等多种文字的大翻译家，是位可爱的爷爷哟。《女巫温妮》有个系列，自出版以来，便得到全球小朋友的喜爱。在欧美地区，《女巫温妮》家喻户晓，深受家长的喜爱，更是让小朋友们着迷！是家家必备的儿童读物呢！

讲述《女巫温妮》——

森林里，有一座黑色的大房子，黑漆漆的房子里，住着女巫温妮。这房子的外墙是黑色的，黑色的地毯，黑色的椅子，黑色的床单，黑色的棉被，连浴室也是黑的！

和温妮住在一起的，还有她的好伙伴——小猫威尔伯。麻烦的是，威尔伯也全身乌黑乌黑的，就和他们的房子一样黑，这下可糟糕了——

有时候，威尔伯安静地趴在温妮的椅子里，瞪着他那明亮的绿色的大眼睛，温妮就能看见他。至少，温妮能看见他的大眼睛。

可是，有时候威尔伯要睡觉了，他闭上了亮亮的大眼睛，温妮压根儿就没法看见他了。温妮一屁股坐在威尔伯身上。

有一天，温妮有被威尔伯绊倒了，摔了一大跤，温妮决定采取行动了！她立即挥舞起她的魔法棒，口中念念有词："ABRACADABRA！"威尔伯不再是一只黑猫了，他变成了一只绿猫！

现在可好了，威尔伯在椅子上睡觉时，温妮就能看见他。

威尔伯在地毯上睡觉时，温妮能看到他。

当他睡在床上时，温妮也能看到他。拗不过，温妮可不让威尔伯睡她的床……

于是呢，温妮把威尔伯抱到房子外面绿绿的青草地上。

麻烦又发生了，当威尔伯老老实实坐在草地里时，温妮看不到他了。就算他睁着亮亮的大眼睛，温妮也看不到他。

这天，温妮正从外面匆匆忙忙赶回来，没想到又被威尔伯绊了一大跤，连翻了三个大跟头，“嘭”，摔倒了一旁的玫瑰花丛中。

这回，温妮可真的生气了。她捡起魔法棒，连续挥舞了五次……

“ABRACDABRA！”温妮口施魔咒。快看。威尔伯变啦：红红的脑袋，红红的脑袋，粉粉的尾巴，黄黄的身体，蓝蓝的胡须，还有四条紫色的腿儿！幸好，他的眼睛还是绿色的。

就算他爬到高高的树顶上，温妮也照样能看到他。

威尔伯知道自己看起来奇怪极了。鸟儿们都笑话他。

他悄悄地爬到高高的树顶上，把自己藏起来。

威尔伯伤心极了，他整日整夜都躲在树顶上。

第二天早上，威尔伯还是待在大树上，温妮担心极了。

她对威尔伯又爱又生气。

温妮终于想到了一个好办法。她挥舞起她的魔法棒。叽里呱啦念起咒语：“ABRACADADRA！”

威尔伯又变回了一只黑猫。他立刻欢快地从树上跳了下来。

温妮不断地挥舞着魔法棒……

现在温妮的房子不再是黑色的啦。它变成了黄色的！屋顶和大门都是红红的，椅子是白色的，椅子上的坐垫变成了红色的和白色的。地毯是绿色的，上面还点缀着粉红色的玫瑰花呢！

床是蓝蓝的，床单是白色的，闪闪发光。

这下可好了，不管威尔伯待在哪儿，温妮都能看见他啦！

女巫温妮的好伙伴小猫威尔伯与温妮一起住在黑城堡里，黑城堡里任何东西都和他们的房子一样黑，威尔伯的毛发也和他们的房子一样黑，这个问题，给他们彼此造成了很多麻烦。怎么办？温妮魔杖一挥，可怜的威尔伯由一只黑猫变成了绿猫，尔后又变成了彩虹猫！这可深深伤了威尔伯的自尊，它把自己藏在树顶的枝叶里，再也不肯下来——直到温妮又把它变回它自己。

女巫温妮究竟有什么魔力呢？她很可爱，她很搞笑，她很善良，她经常做出人意料之外的举动！关于温妮的故事，还有很多，《温妮去潜水》《温妮和魔法南瓜》《温妮和恐龙》《温妮，生日快乐》《温妮的新电脑》《温妮和午夜小火龙》《温妮过冬》，这套温妮女巫系列故事跌宕起伏，老少咸宜，读来令人捧腹、欲罢不能；插画同样生动丰富，色彩鲜艳精美……，而最为有趣的则是温妮各种稀奇古怪、妙趣横生的魔咒，让小朋友们展开无限遐想。

女巫都是这样可爱善良的吗？英国作家罗尔德·达尔的《女巫》里女巫们可会让你有着完全不一样的认识。说起罗尔德·达尔，不知大家有没有读过他的作品，这是个太神奇的老爷爷，所写的故事那么与众不同，总让小读者们为之疯狂，像他写过的《了不起的狐狸爸爸》《查理的巧克力工厂》等都是儿童小说中不可多得的佳作，而且达尔更是位擅长说女巫的作家。《女巫》便是最具代表的作品。书很厚，我先为大家读第一章，大家可以先来感受一下作家笔下的女巫与比安卡·皮佐诺笔下的艾米、瓦莱丽·托马斯笔下的温妮有何不同？

朗读《女巫》第一章——

第一章　关于女巫的话

在童话里，女巫总是戴傻里傻气的黑帽子，披黑色斗篷，骑着把扫帚飞来飞去。

但现在要给大家讲的是真正的女巫，不是童话。

关于真正的女巫，有一点最重要，你们务必要知道，仔细听好了，下面的话可千万不要忘掉。

真正的女巫穿平平常常的衣服，就像平平常常的女人，住平平常常的房屋，做平平常常的工作。

这就是那么难发现她们的道理。

真正的女巫切齿痛恨小朋友，比你们能想象的切齿痛恨还要加十分，牙齿真是咬得格格响。

真正的女巫个个把时间都用在阴谋消灭她本地的孩子上面，只想着把他们一个一个清除掉。整天从早到晚，她所想的就只有这个。即使在超级市场当出纳员的时候，或者给老板打一封信的时候，或者开高级汽车到处兜风的时候（这一类事情她都能做），她心里仍然一直在燃烧和沸腾着这种嗜血的杀人念头，并盘算、策划着她的杀人行动。

“哪个孩子，”她整天在想，“该是哪个孩子我接下来要弄死呢？”

真正的女巫杀死一个孩子所得到的乐趣，就像你吃一盘奶油草莓一样。

她预定一星期干掉一个孩子，少了她就不顺心。

一星期一个孩子，一年就是五十二个。

“弄死他们，消灭他们。”

这就是所有女巫的座右铭。

她选定对象非常慎重，选定以后就像猎人在林中悄悄跟踪小鸟一样跟住这个倒霉的孩子。她行动无声，越跟越近，等到万事皆备……哇！……她一下子动手了！火花直冒，火焰腾起，脂油沸滚，老鼠嘶叫，皮肤皱缩，孩子无影无踪了。

你必须明白，女巫绝不敲打孩子的脑袋，用刀子捅他们或者开枪。这样做会被警察捉住的。

女巫从来不会被捕。别忘了她的手指有魔法，血液中跳动着妖术。她能使石块像青蛙那样蹦蹦跳，使火舌在水面上闪动。

这种魔力是异常可怕的。

幸亏今天世界上真正的女巫不多了，但那数目还是够叫你紧张的。在英国，总共约有一百个女巫。有些国家的女巫多些，有些国家少些，但世界上没有一个国家完全没有。

女巫永远是女的。

我不想说女人的坏话。绝大多数女人是可爱的。但所有女巫都是女的，这依然是事实。女巫没有一个是男的。

反过来说，食尸鬼都是男的。苏格兰的猛犬山妖也是男的。两者都同样危险。不过这两者的危险程度及不上真正女巫的一半。

对孩子来说，真正的女巫无疑是世界上一切生物中最危险的。她之所以加倍危险，正是因为她看上去毫不危险。即使知道了所有的秘密（你这就要听到），你仍然说不准你看到的到底是女巫抑或只是一位善良的女人。如果一只老虎能化身为一只摇尾巴的大狗，你可能还会走上去拍拍它的头。那你就没命了。女巫就是这样。她们看上去全是很好的女人。

请看看下面这幅画。你说哪个女人是女巫？这是一个很难回答的问题，但这个问题每个孩子必须回答。

你也许不知道，女巫说不定就住在你右面的那套房间里。

或者她就是今天早晨在公共汽车上坐在你对面的那个眼睛闪亮的女人。

她说不定就是午饭前在街上对你眉开眼笑、从一个白袋子里拿出一块糖来请你吃的那个女人。

她甚至可能正是——你听了真会猛跳起来——这会儿在读这些话给你听的老师。请你仔细看看这位老师。她读到这句荒唐的话时也许还对你微笑呢。别让她的这副样子蒙骗了你。这可能是她的狡猾手法之一。

当然，我丝毫不是说你的老师真是一个女巫。我只是说她可能是一个女巫。百分之九十九点九九九不会。但是——这是极重要的“但是”——也并非绝对不可能。

噢，只要有办法断定哪一个女人是女巫就好了，这样我们就能把她们全部识破，塞到绞肉机里。不幸的是没有办法。不过所有女巫都有一些你可以看出来的小特征、奇怪的小习惯，如果你知道它们，一直把它们记在心里，那么你长大前就有可能逃脱她们的毒手了。

怎么样？听了第一章，你是否就发现了这本书中介绍的女巫和前面的艾米、温妮大不一样呢？果然，书中的外孙是真的碰见了女巫，结果被女巫变成了一只小耗子。那可不是一个女巫，而是一大群。她们在一个高级的宾馆里开年会，会议主题是“防止虐待儿童王家协会会议”。主持者是著名的女巫大王。她们研讨怎么把小孩子全部消灭，统统冲到阴沟洞里去。那小外孙最后有没有变回人形？女巫们有没有被消灭？同学们感兴趣的话赶快读一读这本有趣的书吧。

同学们，女巫的故事还有很多，“彩乌鸦”系列的《香草女巫》《小女巫》、“聪明豆绘本”系列中《女巫科尔娜杜耶归来》《女巫扫帚排排坐》《魔法小女巫》等都是十分精彩的关于各种女巫的故事，国际大奖小说《魔法灰姑娘》、风靡全球的《哈利波特》《纳尼亚传奇》都有关于女巫的故事，关于女巫的电影也很多，《魔女宅急便》

《魔法保姆麦克菲 1》《魔法保姆麦克菲 2》都是非常适合小朋友看的女巫电影。

总之，那些骑着扫帚飞的女巫们带给我们的既有丑恶、恐怖、破坏，又有美好、善良、建设，同学们，自己到书中去寻找去体会吧。

阅读作业

阅读一本感兴趣的女巫书籍，完成女巫诊断书。

《　　　　》书中女巫的诊断书	
诊断对象： 诊断日期：	诊断者：（　　）大夫
此女巫的年纪	
此女巫的主要外貌特征	
此女巫的魔法	
此女巫的法器	
此女巫在书中所做最棒的或最糟的事	
此女巫在故事中的结局	
此女巫的画像	
本大夫对此女巫的综合结论	

国际大奖小说
爱的魔法
Timur und die Erfindungen
aus lauter Liebe

第八本书
爱的魔法

关于本书

每个孩子都是提问家，但不是每个妈妈都是会回答问题的故事家。但幸运的是，本书的主人公铁木儿有个会讲故事的妈妈。这个爱问问题的男孩经常会提出一个个让人挠头的问题，比如长笤帚是谁发明的？没想到，妈妈不但告诉他长笤帚的发明人叫库宾，而且还讲了库宾先生为什么要发明长笤帚，于是，一场库宾先生和他的“追爱”故事成了铁木儿每天必听的睡前故事。《爱的魔法》是本具有魔法的书，因为每读一遍，你都会有新的发现，新的惊喜，新的思考。什么才是真正的爱情？相亲相爱的一家人是怎样的？怎样克服性格缺陷勇敢表达爱？怎样讲好一个故事？德国儿童文学作家玛丽丝·巴德利用她巧妙的构思、轻快的文笔为我们做了非常棒的解答。读着这样一本充满爱与魔法的书，读者似乎也变得有爱有魔法了。该书荣获德国“青少年文学奖”提名奖。其实，我觉得它的价值还没有被充分发现，在阅读与分享中，相信你会同意我的看法的。

关于主题

主题	目标	拓展书目	读前准备	作业
读书与联想	学习联想这一阅读策略	《不是我的错》	提前阅读	在阅读别的书时主动用联想的阅读策略
四格漫画说故事	学习运用四格漫画这个图像化的阅读策略来描述一件事情的起承转合	无	无	学习运用四格漫画来描述书中其他故事情节
讲故事高手	结合本书，体会作家讲故事的妙招，初步了解不同作家的表达风格和故事结构	《爷爷一定有办法》《三只小猪》《企鹅的故事》	无	无

教学现场

第一课
读书与联想

什么是联想策略

同学们，这个月我们一起读了十分有趣的小说《爱的魔法》。作者似乎有魔法，读完这本书，一定让大家浮想联翩。今天和大家要聊的话题便是读书与联想。

联想，是个十分重要的阅读策略，读一个故事，认识一个角色，总会让大家自然而然的想起一些有关联的人与事，或者是我们曾经知道的，或者是我们曾经经历的，也或者是我们渴望要知道或经历的。因为有了联想，读书才不会是死读书、读死书，因为有了联想，让读书才变得有意义、有情趣。如果同学们还没有这样的体验或认识，没关系，今天我们就来学习读书如何产生丰富有意义的联想。

一般来说，**联想就是关联，就是连接，就是找关系**。大体上，它可以有四个面向。

书名
与自我（想起自己的事、经验或已有知识。）
与他人（想起类似的人。）
与文本（想起另外有关的文章或书本。）
与世界（想到生活或社会上的一些问题，或者学到的内容可以运用到不同的情况中。）

与自我。就是想起自己的事、经验或已有知识。

与他人。想起类似的人。

与文本。想起另外有关的文章或书本。

与世界。想到生活或社会上的一些问题，或者学到的内容可以运用到不同的情况中。

以书为例，学习联想策略

下面我们以《爱的魔法》为例，谈谈如何产生这四方面的联想。

与自我。读完这本书，了解了故事，认识了众多的角色，哪一个地方能与自己拉上关系呢？是自己也和铁木儿一样是个爱提问的孩子，曾经问过类似的问题吗？自己有讲过故事的经历吗？讲过什么故事呢？有曾经想穿越到某个故事场景的经历吗？为什么会有这样的想法呢？

与他人。读完这本书，铁木儿、妈妈、爸爸、库宾、阿佳莎、还有庄主爱德华·封·阿克费尔、美女玛达莱妮、金发少年弗里德里希，有让你想起身边的什么人了吗？他们或者很相似，有着类似的经历或者性格脾气相似，读着书中这些人物的故事，听着他们的对话，看着他们的行为，你的脑海里是否浮现过身边其他的人呢？

与书本。读完这本书，你有没有想起你曾读过的哪本书或哪篇文章？或许你读过这个作家其他的书？或许关于爱的魔力这样一个内容你在别的书里也曾体会到？或许书中铁木儿、妈妈或者库宾这样一个角色，和你曾经读过的某本书中的角色十分相似？或许，关于这本书在表达上的某些特点和哪篇文章或书很类似？

与世界。读完这本书，你觉得在我们的生活中有书中讲的一些现象吗？在这本书里学习到的一些知识或者你感悟到的一些内容可不可以运用到我们的生活中呢？比如哪些发明是完全出于爱？比如什么是真爱呢？比如人际交往困难症在我们的生活里是普遍现象吗？如果有，怎样帮助他们解决这样的症状呢？

我们看看一位同学读完这本书后的联想。

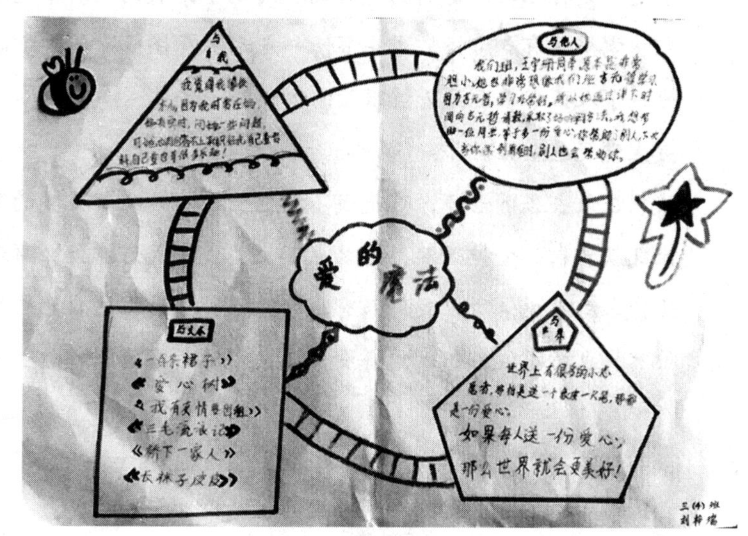

同学们，现在大家是否知道了读书之后可以从哪些方面进行联想？**联想的内容没有对错之分，只要是自己真实的想法，都是值得鼓励的**。我们常说，读书不仅仅要了解故事的内容，认识书中形形色色的人，感受一个个曲折感人的情节，更要学会思考。**善于联想就是会思考的重要表现之一**。

当堂练习联想策略

下面我们来读一本图画书《不是我的错》，现场来学习“联想”策略。

阅读《不是我的错》——

那是在下课以后才发生的，不关我的事哟！

我没有看到事情发生的经过，所以不知道他为什么哭。

我虽然看到了，也知道怎么一回事，但又不是我的错！

我很害怕，却又帮不上忙，只有眼睁睁在一旁看……

很多人欺负他，我一个人也没办法去阻止，这不能怪我呀！

很多人打他；其实，所有的人都打了他，虽然我也打了，可是我只有打一下下而已……

不是我先打他的，是别人先打的，所以不是我的错。难道我有错吗？

我总觉得他有点古怪。这件事情一点都不奇怪，他会被欺负，或许要怪他自己。

他一个人孤零零地站着流眼泪。

男生爱哭羞羞脸……

虽然应该去告诉老师，可是我不敢耶！何况这又不关我的事。

他默默地在一旁掉眼泪，什么也不说。大家也好像什么事都没发生过……

他什么都没说，所以我们只有眼睁睁在一旁看。他自己应该大声求救呀！

虽然我也打了他，但我觉得没什么，因为所有的人都打了他，所以不能怪我。

读完这本书，你联想到什么？

我们来看看下面这位同学读后的联想。

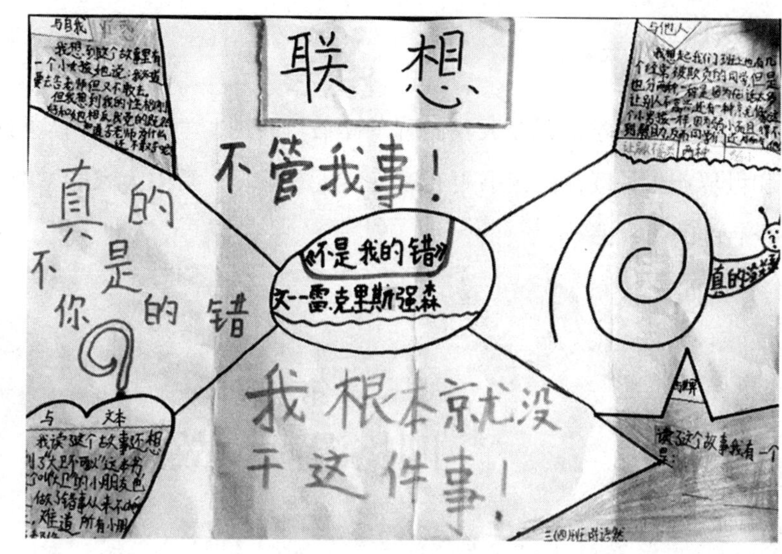

再听听蝴蝶老师读完这本书的联想。

与自我。我想我也有过书中那些同学们的想法，当班级里有学生考试没考好时，我第一时间会想：他上课总是不听，回家不按时做作业，不懂也不知道问老师；家长也不主动配合老师，不及时给孩子补缺补差；总之我尽力了——课堂上该讲的我都讲了，作业都是一样布置的，批评也批评过了，家长也联系了——孩子成绩差跟我没什么大的关系，不是我的错。

与他人。看到书中的那个小女孩，让我想起我身边的一位同事，总是郁郁寡欢。我想，可能她与书中的小女孩一样，遇到困难与委屈时，没有人主动帮助她，也许就是一件事，让她对工作对同事产生了畏惧，没有了激情，也没有了自信。而书中其他的同学，我也会在身边看到类似的人，有假装看不见推卸责任的，有正义感却胆怯懦弱的，有嘲笑起哄的，有随大流的，有指责受害人的，一个班上的学生其实是社会上的众生百相。

与书本。这本书十分简单，寥寥数笔就素描出生活中常见的事例，重复却那么真实的话语却让每一位读者读后深刻反思：真的和我没有关系吗？像这样简单却富有哲理的图画书让我想起了类似的书，《风去哪儿了》《我不知道我是谁》《獾的礼物》《爱心树》《失落的一角》《失落的一角遇见大圆满》等等。

与世界。其实，我们生活在这个世界上，所有的事情都和我们自身息息相关，当我们看到老人摔倒不扶的时候，有想过有一天我们摔倒的时候还有人来扶吗？当我们肆意破坏环境的时候，有想到我们自己的孩子将生活在怎样的世界里？当我们遇到事情的时候，我们不妨问一问自己：真的和我没有关系吗？

阅读作业

好了，同学们，今天我们聊了读书与联想，学习了如何从与自我、他人、书本和世界产生关联，让读书更有意义，更有乐趣，希望大家能掌握这项本领，运用到今后的阅读中去。

第二课
四格漫画说故事

从插图和配图说起，揭示主题

同学们，每当我们阅读小说时，不仅会被文字吸引，还会被书中的插图锁住眼球。绘图者往往是根据作者的文字进行想象，然后用画笔描绘出情景，这让我们读者读起来赏心悦目，增强阅读的乐趣，而且帮助我们对故事的理解。

同样，同学们在读完一本书，也总会对某个情节或某个场景印象深刻，会在脑海里浮现相应的画面。我们的阅读单里就有这一项——最想为哪个场景配幅画，让同学们的作品展现自己的阅读想象力和绘画能力。

其实，边读边想画面是非常重要的一种阅读策略，它不仅能增加我们对文字的记忆与理解，还能增添别样的乐趣。何况，孩子们都是天生的绘画能手。用我们的手描绘出我们对故事的理解，更能体现我们的创造力、艺术表现力。

今天，我们要学习的一种阅读本领便是用图像来帮助我们说一个故事。跟前面所展现不同的是，我们要学习用四格漫画这种方式来表现一个完整的故事。

认识四格漫画

什么是四格漫画?

我们先来欣赏一些四格漫画：《父与子》、学生的作品（见课件）。

通俗简单地讲，**四格漫画就是用四个方格来呈现一个故事**。所以**短小精悍**是它最为显著的特点，画风明快简洁，每一格讲一个内容。其次，**内容幽默有趣**是它的另一特点。四格漫画的内容一般简练而幽默，为故事设定一个活动范围，第三个特点是**角色不多，但可爱又个性鲜明**。

看四格漫画的顺序：从左往右，从上往下。通常会用序号或者点数表示。

从画面构图的表现上来看，有全景、中景、近景之分。

全景特点在于每幅画面都很充分地展现各自的情节，强调画面中的人物动作和姿态的表现。动作和姿态处理不好，容易使得画面生硬、呆板。中景，强调人物的上半身动作表现。近景为特写，强调人物表情的表现。

全景、中景、近景有机结合，画面有变化，更能突出重点。

当然，除了图画，还可以运用对话框和旁白的形式辅助讲述故事。

四格漫画的版式，也可不拘一格。平分、大小小大、小大大小、大小大小，可根据内容需要随意组合。

什么是故事的起承转合

四格漫画最重要的地方是如何在四个格子里讲清楚一个故事，保证每一格说到故事情节的一个重要点。下面我们首先了解一个故事的起承转合。

起，就是故事的起因。往往放在第一格。

承，就是故事的发展，往往放在第二格。

转，就是故事的转折，也是故事的高潮，困难或矛盾解决的时候。放在第三格。

合，就是故事的结局。放在最后一格。

用四格漫画来表现一个故事，一般需要两个步骤。

第一步，了解故事的起承转合。

第二步，考虑如何用画面去表现。

下面，我们以第一章中库宾发明笤帚这一个故事为例，来看如何画出四格漫画，我们先来弄清楚这个故事的起承转合。

起：“很久很久以前——看得出来，她累得腰酸背疼了”（库宾看到阿佳莎弯

腰用茅草扫地很辛苦）

承：“站在山丘上的库宾先生看到了这一切——把茅草绑在树枝上”（库宾决定发明笤帚）

转：“等到天黑——才迈开大步翻过山丘回家”（天黑了，库宾悄悄把笤帚放到阿佳莎门前）

合：“阿佳莎是个早起的人——遍布了整个欧洲乃至全世界”（库宾看到阿佳莎使用笤帚很高兴，笤帚也逐渐传开）

如何用四格体现起承转合

了解了起承转合，下面就要想什么画面最能体现每一个点。看看老师是如何四格来说库宾发明笤帚的故事。（课件展示运用四格漫画说故事的视频）

第一格：交代起因，画面上要有阿佳莎弯腰用茅草扫地的辛苦样子，还要有库宾远远看到很心疼的样子，我们可以用对白的方式把他们的心理活动表现出来。因为是第一幅图，可以画上故事发生的季节和他们居住的环境。

第二格：故事的发展，要交代人物接着做了什么。这里是库宾挑选树枝和茅草开始制作笤帚。这里的画面可以选择中景，表现库宾的动作和表情。

第三格：故事的转折，也是故事的高潮部分。库宾专门为阿佳莎发明了好用的长柄笤帚，本应该高兴且骄傲的送到心爱的姑娘面前，可是因为是害羞的库宾，所以他选择的方式是大家意料不到的：他选择天黑时悄悄将笤帚放到阿佳莎的门前。这里我要画出天黑，库宾蹑手蹑脚放笤帚的画面，可以突出他那紧张的表情。

第四格：故事的结局。阿佳莎发现了笤帚并十分高兴的使用笤帚，而库宾则远远的观看，也十分开心。因为笤帚很好用，渐渐传开了。我想选用远景，远处画阿佳莎高兴使用笤帚的情景，近处是库宾那开心的模样。书中说，阿佳莎自言自语说“一把带棍的笤帚、一把有柄的笤帚、一个不仅可以在房子里站着扫地的工具，而且可以一边扫地一边跳舞，是一把跳舞笤帚、一把带棍的舞伴、一个奇妙的玩具”，我可以选择其中一句作为心理独白画出来。

好啦，四格漫画——库宾发明笤帚的故事完成了！

同学们，看了老师的作品，现在你是否知道了如何用四格漫画去表现一个故事的起承转合呢?

其实，**边读文字边像放电影一样在脑海里浮现一连串的画面，是种很好的阅读方法**。**像这样的阅读方法叫图像化阅读策略**。其实，图像化不仅仅是四格漫画这一种，之前我们学过的圈圈图、气泡图、流程图等思维图示都是一种图像，他们都是用了这样一种形象的图表帮助我们去理解去思考。

阅读作业

今天的作业，便是运用四格漫画的方法来表现书中的其他故事。比如库宾发明晾衣绳、库宾发明秋千、库宾发明雨伞等故事。

第三课
讲故事高手

会讲故事的妈妈

同学们，当你读完《爱的魔法》这本书后，给你留下最深刻印象的角色是谁呢？爱提问的铁木儿？会说故事的妈妈？幽默的爸爸？还是腼腆但极富发明天赋的库宾？美丽聪慧的阿佳莎？

给老师留下深刻印象的是会说故事的妈妈。

在老师的书柜上有一本书叫《朗读手册》，在这本书的封面上有一句话给老师的印象十分深刻，也常常拿来跟自己说，跟别的妈妈们说，这句话就是“你或许拥有无限的财富，一箱箱的珠宝与一柜柜的黄金。但你永远不会比我富有——我有一位读书给我听的妈妈。”铁木儿好幸福，因为他的妈妈更厉害，他有一位会讲故事的妈妈耶。

说铁木儿的妈妈是位特别会讲故事的妈妈，你赞同吗？那你觉得铁木儿妈妈特别会讲故事表现在哪里呢？

第一，塑造了库宾和阿佳莎两个鲜明的人物角色。好故事离不开有特点的角色形象。妈妈深谙其中的道理。在她的故事中，男主角库宾是个特别害羞，甚至有着人际交往困难症的男生。可是呢，他善良勤劳，善于观察与思考，因为爱着阿佳莎，总想着要让阿佳莎快乐，所以为她发明了许多实用和令人愉悦的东西。最终在爱的推动下，当然也在铁木儿的帮助下，他变得越来越大胆，越来越自信了。阿佳莎呢，是个美丽且聪慧的姑娘，她有着普通姑娘的情思，有着自己的爱慕对象，可是，她是个有主见、能辨明真爱的姑娘，所以在富有的封·阿克费尔与贫穷但真诚的库宾面前，她做出了明智的选择。这两个角色都特点鲜明，而且和生活中的人一样，是那么真实，那么可信。这也是故事吸引人的主要地方。

第二，“完全是出于爱”的系列发明情节。大家听故事最关心的莫过于故事的情节啦。故事是怎样开始的？主角遇到了什么麻烦？后来是怎样解决的？会讲故事的人总会让故事的发展出其不意，一波三折，但也总在情理之中，让读者读完后感到心满意足。在妈妈讲第一个故事时，当铁木儿问起库宾为什么要发明笤帚时，妈妈的一个随机应变式的回答——“完全是出于爱”，一下子就奠定了后面故事的基调。从此，一个“追爱”的系列故事诞生了。虽然故事里的库宾先生每次发明的东西不一样，笤帚、晾衣绳、秋千、盆花、雨伞、圣诞树，等等，但是他发明的动机都是一样的，那就是“完全是出于爱”。这样的故事听起来多带劲！这些既新鲜又熟悉的发明，让我们对库宾和阿佳莎的喜欢越来越深。

第三，顺着铁木儿的问题开始讲起。妈妈之所以讲故事完全是因为铁木儿的提问。铁木儿是个爱提问爱思考的孩子，他经常会问妈妈这个为什么，那个为什么。通常一些问题是不好回答的，大人也经常会被问得哑口无言，这个相信你们有体会的，对吧？可是，当一天铁木儿问起，笤帚是谁发明的时候？没想到妈妈竟然知道，而且还说起了一个好听的故事。以后呀，每次铁木儿发问，妈妈总能用讲故事的方法回答铁木儿的问题。

第四，故事中穿插故事。说妈妈是个讲故事的高手，还因为在库宾追求阿佳莎的追爱故事中，还穿插了燕子一家的温情故事。大家有注意到吗？第 3 页，“公鸡刚刚报晓，屋檐下燕窝中的雏燕醒来啾啾叫着求食。燕子妈妈叫醒了她的丈夫。‘今天轮到你值班觅食了。’它说，随即翻过身去睡回笼觉。”第 8 页，“很快，公鸡又报晓了，东方的天空染上了浅蓝和浅粉的颜色。屋檐下燕窝中的雏燕醒了，啾啾地叫着寻求事物。‘这回该轮到你去觅食了。’燕子爸爸对他的妻子说，然后用翅膀盖住眼睛，接着睡回笼觉。”像这样的情节，在妈妈的讲述中还有很多，听着这样的内容，我们不觉得奇怪，也不觉得多余，反而觉得那么有生活气息，燕子一家与库宾、阿佳莎的世界，和铁木儿一家的生活都是一样，充满着爱。

会讲故事的玛丽丝·巴德利

怎么样？回顾了这么多，大家是否对铁木儿的妈妈竖起大大的拇指。有同学说，妈妈会讲故事那还不是作家的功劳？对的，真正的讲故事高手其实是这本书的作者，德国作家玛丽丝·巴德利。每一本书其实就是每一位作家在讲故事。获得国际大奖的这些小说都是一个个好故事，自然这些作家都是一个个讲故事的高手。今天这节课我们就来聊一聊讲故事高手。

刚才的分享，我们知道了要讲好一个故事离开不鲜明的角色和吸引人的故事情节。而要成为讲故事高手，还得有自己的特别特别之处。大家在读这本书的时候，有没有发现玛丽丝·巴德利讲故事的特别之处？

有同学说，这本书与别的书不一样的地方，就在于书的大部分内容就是妈妈在和铁木儿说故事。还有的同学说这本书最厉害的地方也是最神奇的地方就是作者不仅仅是塑造了一个会讲故事的妈妈，而且还让铁木儿神奇地穿越到妈妈讲的故事中，让铁木儿接过妈妈的故事棒，成为了一个更厉害的故事高手。

是哦，这个真的很出乎读者意料。在这本书的前十一章，都是铁木儿的妈妈在讲库宾发明的故事，凡是妈妈在讲故事，都会有双引号。到了第十二章——铁木儿插手了，铁木儿进入到故事里，开始了他的故事。引号不见了。说明不是妈妈在说故事了。那从这里开始，究竟是谁在讲故事呢？有同学认为是作者在正常的讲故事，就像别的书一样，在说铁木儿帮助库宾追爱的故事。也有同学有自己的高见，他认为从这一章开始就是铁木儿在讲故事。理由是在第 122 页，“你终于回来了！而且是在对库宾先生如此重要的日子。快给我们讲一讲吧！”爸爸妈妈说。“铁木儿兴奋地讲了故事的结局。”这里其实就告诉我们十二章后的内容，也就是铁木儿自己的创作了。还有一处也能证明。在第 123 页，妈妈说“铁木儿，你把整个故事讲得这么好，我得说，真是完美无缺！”也证明了从第十二章开始后面的内容是铁木儿在说故事了。

无论是谁在讲故事，你是否为玛丽丝·巴德利讲故事的本领所折服？她不知不觉的就把我们带入到铁木儿一家人的生活，带入到库宾的世界，还顺便目睹了燕子一家的变化。

其实，同学们，你们有没有发现玛丽丝·巴德利讲故事的另外一个规律，那就是每次故事都基本上是从铁木儿一家的现实生活开始，然后转到库宾的世界，也就是妈妈和铁木儿讲的故事里，最后又都回到铁木儿一家的现实生活。现实——虚构——现实，掌握了这个讲故事的规律，我们读的时候就不会混乱，就很清楚什么样的人物、什么样的情节发生在什么时空里了。而且，铁木儿一家三口的真情互动与库宾、阿佳莎的真情故事相得益彰，彼此呼应，甚至有时是无缝对接，让人读起来觉得是那么自然，对“完全是出于爱”的理解也会更自然和深刻。

那些会讲故事的作家们

前面我们说过，每一位作家其实就是一位讲故事的高手，我们在读故事的时候，会领略到不同作家讲故事的不同点。比如，《给爸爸的漂流瓶》这本书，作家是用写信的方式讲述汉娜的故事。《追踪真相》一书中，作家设置了许多悬念，还穿插了许多我们耳熟能详的其他故事——《三只小猪》和《小红帽》。下面，老师再为大家介绍几位特别会说故事的高手，阅读几本特别的故事。

加拿大作家菲比·吉尔曼是位充满想象力的作家。她在《爷爷一定有办法》中讲的故事是从一条毯子开始，围绕约瑟一家的生活，还有约瑟家地下老鼠一家的生活，讲述了一个给人无限温暖、无限想象的好故事。与《爱的魔法》两个世界一种爱一样，故事中的奇特构思带给读者极大的阅读乐趣。

《三只小猪》是英国的故事，是每个小朋友都听过或者读过的故事。讲了三只小猪为了抵抗大灰狼，猪老大盖草房子，猪老二盖木房，猪小弟则盖的是砖房。结果，自然是勤劳的猪小弟不仅躲过了大灰狼的攻击，反而烧了开水烫死了大灰狼。

《三只小猪的真实故事》的作者乔恩·谢斯卡为我们讲述了一个“狼版”的三只小猪的故事，与我们听惯了的“三只小猪”的故事完全不同——那只残暴的可怕的狼不见了，出现在我们面前的是一只戴着眼镜、彬彬有礼的狼，臭名昭著的狼要洗去自己身上的罪名，他说他被冤枉了，是一个无辜的受害者……但是这本以我们熟悉的题材创作出来的绘本，却另辟新意，从“当事人”大灰狼的视角，向人们迫切地解释事情“真实”的情况。题材新颖，别具匠心。

还是经典的三只小猪的故事，美国作家插画家大卫·威斯纳完全颠覆一般人对三只小猪故事的认识。他则从故事的表现形式上创立了对传统故事颠覆的另一种范式——威斯纳在纸上营造出了两种空间，一种是纸上的故事空间，一种是纸上的现实空间。这一次大灰狼吹房子的时候，不仅把房子吹倒了，还把小猪吹到了故事之外！既然逃出来了，三只小猪干脆好好冒险一把：他们来到《鹅妈妈童谣》和《武士屠龙》中，跟一只猫交朋友、从武士的剑下救出龙，颠覆了两个经典故事后，他们又回到《三只小猪》的故事中，跟大灰狼斗智斗勇……在这本书中，三只小猪经历的每个故事都用了不同的字体和画风，大卫·威斯纳独具匠心的设计和天马行空的想象在此展露无遗！

美国作家插画家大卫·威斯纳的很多故事都因故事的新颖和插图的创意获得很多大奖，其作品获凯迪克金奖的有：《疯狂星期二》（1992）、《三只小猪》（2002）、《海底来的秘密》（2007）。获凯迪克银奖的有：《梦幻大飞行》（1989）、《7号梦工厂》（2000）。

国际大奖小说《企鹅的故事》是奥地利作家克里斯蒂娜·涅斯特林格所著。克里斯蒂娜·涅斯特林格是当代德语文学界最著名的儿童文学作家之一。1984年，涅斯特林格以其全部作品获得素有“小诺贝尔文学奖”之称的世界最高儿童文学奖——国际安徒生奖。在《企鹅的故事》里，作家简直就是在告诉读者该如何讲一个好听的故事。看看目录你就知道。

第一章　埃马努尔和企鹅的故事

第二章　姑奶奶阿蕾莎的全部故事

第三章　一只非常肥实的老猫的完整故事

第四章　瞎编出来的马达加斯加故事

第五章　埃马努尔在学校的故事

第六章　埃马努尔和回忆的故事

第七章　五个人物和两个动物的不幸结局

第八章　为五个人物和两个动物虚构的结局

第九章　埃马努尔他爸爸的最终行动

第十章　重要的附言

特别的是，姑奶奶阿蕾莎不管对什么事儿总是会说："行，我看行！"当小男孩埃马努尔想要收养企鹅宝宝时，她也是这么说的。但要把企鹅当个宠物来养可真不是件简单容易的事儿，多亏了精力充沛的爱玛，小企鹅才戒除掉离不了寒冷环境的习性。但当企鹅糊里糊涂地爱上了邻居家的老猫之后就出现了更多的麻烦事儿，一些旁观的人们也被牵涉进企鹅的故事里来了。故事会如何结束呢？作家竟然编了三个故事的结局：一种悲剧，一种喜剧，一种虽谈不上完美可是积极乐观的结局。读者们可依据个人的喜好从三种可能中自行抉择。

阅读作业

好了，今天我们认识了许多讲故事的高手，见识了他们讲故事的特别之处，你最喜欢哪位讲故事呢？你还认识其他的故事高手吗？你也想做一名讲故事的高手吗？记得，下次在读小说时也想想作家们是如何讲故事的。

我认识的讲故事高手：	
故事名字：	
讲故事人：	
故事的特别之处：	

国际大奖小说
巴特先生的返老还童药
Mr. Bats Meisterstück oder Die total verjüngte Oma
新蕾出版社

第九本书
巴特先生的返老还童药

关于本书

说起返老还童，应该是会激发许多人的幻想吧！如果真的能返老还童，那会是怎样的体验呢？吃下这个神奇的药还能变回原身吗？这本获得“国际安徒生奖”和德国“弗雷德里克·伯德克儿童文学奖”的幻想小说——《巴特先生的返老还童药》会满足读者的想象。奥地利著名儿童文学作家克里斯蒂娜·涅斯特林格笔下的文字有着很强的画面感，读者可以跟随她的文字展开丰富的想象，与书中主人公罗比的奶奶一道喝下“蛋黄酒”，变成六七岁的小姑娘，然后又坐上闪电一样的溶洞列车，踏进一架直冲云霄的自动扶梯，来到一个稀奇古怪的实验室，找到古怪又神秘的巴特先生，然后乘着巴特先生研制的时光转换机，去到 1525 年的祖宗家里寻找解药……在这趟阅读旅行中，每一位读者都会得到因想象力所带来的极大满足感。

关于主题

主题	目标	拓展书目	读前准备	作业
神奇的想象	通过抓住神奇的物件和不可能思议的情节，初步了解幻想小说中“神奇的想象”这一特点	《哈利·波特》《彼得·潘》《夏洛的网》《爱丽丝奇境历险记》《女巫》	提前阅读	小练笔：神奇的（　）
谈友情	通过多个文本的阅读，链接自我，了解什么是友情，如何交到朋友	《青蛙与蟾蜍》	无	图说友情
童书中的奶奶	通过对书中奶奶的相貌以及所言所想所做的梳理，学习角色分析的一般方法，体会祖孙情，也拓展阅读相关主题的书	《我的奶奶真麻烦》《蛋壳里出来的奶奶》《苹果树上的外婆》	无	1. 拓展阅读 2. 小采访

教学现场

第一课
神奇的想象

由小游戏揭示主题

同学们，进行我们阅读之旅之前，我们先来个想象力大爆发：

0，你想到了什么？想法越多越奇特越好。

有同学说，这是0。

有同学说，这是圆圈。

好吧，你想到的我们都能想到。还能想到什么？

有同学说，我想到了圆圆的鸡蛋，母鸡刚下的，还热乎乎的。

有同学说，我想到了这是猫头鹰的眼，夜晚，他正瞪着双眼警惕的扫视着身边的一草一木。

有同学说，我想到了妈妈那喋喋不休的嘴，想到了爸爸抽烟吐出的烟，想到了妹妹动不动就会流下的眼泪。

开始有点意思了。还能再奇特点吗？哪怕异想天开？

有同学说，我想到了兔子洞，爱丽丝漫游仙境里的那个神奇的洞。

有同学说，我想到了它突然开始说话，一边说着听不懂的语言，一边迸发出许多彩色的球，彩球源源不断地向远处滚去，形成一条彩色的河。

你看，0是个客观存在的事实，可有了想象，它就不再是个符号，她变得有画面，有声音，有色彩，有生命。有些想象现实中能见到，而有些想象不切实际，可无论是合理的想象还是不切实际的幻想，它都能激发人的大脑，激活人的思维。**在小说中，如果运用合理想象，大胆幻想，则更会增加故事的奇幻色彩，使得情节更加曲折神奇，更加引人入胜**。爱因斯坦说：想象力比知识更重要。富有想象力是一个人富有创造力的表现，富有想象力更是一个优秀作家和成熟读者必备的能力。

初识幻想小说

这个月我们读的小说《巴特先生的返老还童药》就是这样一个充满神奇想象力的小说。说它充满神奇的想象，是因为作家涅斯特林格讲述了一个不可能发生的事件，但是又让人觉得这些事情也许真的发生过——书中描写的是真实的人类生活，却又有一些超自然超人类的情节，故事中的人物在现实的世界和虚幻出来的世界来回穿梭。这样的小说其实有个归类，叫幻想小说。

如果要给幻想小说下个定义，按照美国作家罗伯特·内桑的说法，**“就是将没有发生过的，也不可能发生的事情描写出来，让人觉得这些事情也许真的发生过。”**今天我们不去过多阐述什么是幻想小说，只是要了解神奇的想象是幻想小说一个显著的特点即可。今天这节课，我们就来走进幻想小说，聊一聊神奇的想象。

神奇的物件

在这本书中，有哪些神奇的想象呢？比如有哪些神奇的物件？发生了哪些不可思议的情节？

先看神奇的物件。

1. 巴特太太的手提包

（P15）罗比解释说：“每次我们碰到巴特老太婆，我是说巴特太太，她都拎着一只小手提包。这手提包不比一个钱包大，可是她就能从里面拿给我们一人一大块巧克力，我们有几个人她就能拿出几块来。有一次她居然从这钱包大小的手提包里拿出了至少五公斤味道好极了的覆盆子夹心巧克力。还有一次，托米一边咬覆盆子夹心巧克力一边说，他更想吃肉肠。这话刚一出口，覆盆子夹心巧克力就变成了肉肠，甚至连他嘴里正含着的那块巧克力都变成肉肠了。”

（P102）巴特太太从她的手提包里取出许多灯笼以及狂欢节时舞动的蛇，又抽出许多可乐、苏打水、夹着香肠的面包片、小块蛋糕以及音乐唱片。

2. 返老还童药

蛋黄酒味道的药水，奶奶喝完后发生什么神奇的事呢？

（P27）已经太晚了，奶奶已经说不出话来了。空瓶从她的手中落到地上，她嘴巴张得大大的，两眼呆呆的看着远方，整个身体颤抖着，抽搐着，耳朵和鼻孔里还闪出了微微的蓝光。看上去真可怕。奶奶变小了，她越变越小，越变越小。

3. 时间转换机

（P24）巴特先生夸奖说："换句话说，我可以把您放进我的超级仪器，借助我所发现的射线把您化解掉，然后再把您组装起来。不是组装到箱子里去，而是组装到任意一个地点。比如说中国或是北极，要不就是克里茨恩村。我会的还不止这些。我的超级仪器是一个时间转换机。用这一期我可以把您送到任何一个特定的时代去。你是想到拿破仑过往那里去呢，还是想到尼禄皇帝那里，还是想去未来时代？巴特先生的超级时间转换机都能使您梦想成真！"

果真，巴特先生最后用他的时光转换机将小奶奶和巴斯特送到了他的祖先那儿。

还有巴特先生和巴特太太的神奇的真丝雨披，披上它就能飞翔。

还有巴特先生家门前地上画好的绿色圆圈，一站进去就能沉入地下。

还有那个直冲云霄的扶手电梯、喷气式汽车，这些神奇的物件一下子带领罗比和小奶奶进入到了另一个神奇的世界。

可以说，正是因为有了返老还童药、时间转换机、电梯、雨披等神奇的物件，带领故事中的人从现实生活转向另一个世界。这些物件也成为重要的物证。

不可思议的情节

这本书的故事其实不复杂，讲的其实就是罗比的奶奶因为年老体弱，一只脚肿胀的厉害，行动不便，所以萌发了想变年轻的念头，在吃了巴特先生的返老还童药后，奶奶变得不是年轻了，而是太年轻了，变成了一个五六岁的小女孩，变成小女孩的奶奶开始虽然有些欢乐，可是后来也有很多麻烦，奶奶想变回来，于是罗比和他的四个死党开始帮助奶奶变回原身，最后在巴特先生的时间转换机的帮助下，奶奶终于变回来了。

在这个想变小——变小——想变大——变大的故事发展中，你觉得哪些情节是最为不可思议的?

有同学说，是奶奶喝下返老还童药时的情景：

（P27~28）已经太晚了，奶奶已经说不出话来了。空瓶从她的手中落到地上，她嘴巴张得大大的，两眼呆呆的看着远方，整个身体颤抖着，抽搐着，耳朵和鼻孔里还闪出了微微的蓝光。看上去真可怕。奶奶变小了，她越变越小，越变越小。

有同学说，是巴特太太带奶奶罗比去找巴特先生的那一段：

（P69~70）溶洞列车像闪电一样出发了。

有同学说，最精彩最奇特的当属巴特太太和巴斯特通过时光转换机来到过去的情节。

（P81）巴斯蒂蹲在时间转换机里。四周漆黑一片。他觉得有点儿不舒服。巴特太太沉重的身体从四面八方压向他。巴斯蒂想跟巴特太太说句话，可他却无法开口。渐渐地，巴特太太的身体不在挤压着他了。她似乎越变越轻。现在他一点儿也感觉不到她的存在了。他连自己的身体也感觉不到了。他不仅没法开口说话，连思考问题的本领都丧失了。这种状况大约持续了一分钟。然后他又感觉到了自己的身体的存

在，又感觉到了巴特太太的存在，先是轻轻的，随后越变越重。

也有同学认为最精彩、最不可思议的情节是错误的穿越，但却是完美的结局。在《错误的穿越》至《巴特迈耶太太的礼物》这两章里，我们和小奶奶以及罗比、巴斯蒂、托米一道经历一场不可思议的寻求解药之旅，经历了一场有惊无险的冒险之旅。虽然不是原先设定的那个发明解药的生活在 1525 年的祖先家里，而是到了 1848 年的曾祖父家，虽然时间错了，但是有惊无险，大家还是成功地找到了解药，成功回到了现实，毫发无损，奶奶重回原样，皆大欢喜。

其他小说中不可思议的情节

像《巴特先生的返老还童药》这样有着不可思议情节的小说还有很多，比如：

《爱的魔法》一书中，铁木儿竟然穿越到妈妈的故事中。

《哈利·波特》一书中那个神奇的“九又四分之三”站台，哈利就是通过这个站台进入魔法世界。

《彼得·潘》中会飞的淘气小男孩彼得·潘竟然丢失了影子，他还带着温蒂以及她的两个弟弟飞翔到永无岛进行冒险，带领一帮迷失的男孩与海盗搏斗。

美国作家 E·B·怀特的小说《夏洛的网》，讲述了一个可爱的小猪威尔伯为了避免被做成大餐而和它的动物朋友们一起设法躲过此劫的故事。作家最奇特的想象莫非是大灰蜘蛛夏洛在自己的网上编织“好猪”“杰出”“谦虚”等等字样了，它使得威伯在猪的比赛中荣获了大奖，挽救了性命。

《爱丽丝奇境历险记》讲述了小姑娘爱丽丝追赶一只揣着怀表、会说话的白兔，掉进了一个兔子洞，由此坠入了神奇的地下世界。在这个世界里，喝一口水就能缩得如同老鼠大小，吃一块蛋糕又会变成巨人，同一块蘑菇吃右边就变矮，吃其左边则又长高，狗发脾气时便咆哮和摇尾巴，而猫咆哮和摇尾巴却是因为高兴。在这个世界里，似乎所有吃的东西都很古怪。

罗尔德·达尔所写的《女巫》讲述了一个被女巫变成老鼠的孩子利用女巫杀孩子所用的毒药来消灭女巫的故事。与我们常读到的女巫故事不同的是，达尔笔下的女巫隐藏在现实的人群之中，她们“穿平平常常的衣服，就像平平常常的女人，住平平常常的房屋，做平平常常的工作，而且从来不会被警察抓住”。而且女巫是专门和孩子们作对的，“真正的女巫杀死一个孩子所得到的乐趣，就像你吃一盘奶油草莓一样。”孩子们要么吃了女巫给的糖果巧克力，要么吃了女巫专门研制的“86号老鼠药”，瞬间就变成了一只只耗子。在《女巫》中，达尔用自己的奇特的想象，给“女巫”这一传统题材注入了不可思议的情节，让故事背后折射出不一样的思想。

这些书中都运用了神奇的想象，魔法、超自然、奇异的场景，神秘的物件，不可思议的情节，激发了读者的好奇心，也激发了读者的想象力。在这些看似奇特的想象中，也启发读者去思考，幻想的世界里蕴含着人们怎样的渴望。

神奇的想象是故事与小说腾飞的翅膀，希望同学们在阅读中体会作家那神奇的想象，也大胆想象，做个富有想象力的孩子。

阅读作业

今天的作业，来个神奇的想象。请你想象一个神奇的物件，想象围绕它发生了什么样的不可思议的事情。

第二课
谈友情

从“友”字说起

同学们，又到我们相约阅读的时间啦！先来看一段小视频（见课件），猜一猜这是什么汉字？

汉字“友”是从两只手演变而来，这象征着什么呢？是心心相印的牵手，一见如故的握手，还是人生路上的携手，承诺时的击掌拍手，或者是危难困顿时的援助之手，依依不舍的招手。

如果让你给“友”组词，你都会组什么词？友情、友爱、友好、友善、友谊、朋友、好友、诤友、挚友、老友……

通过这些词语以及对友字演变的过程，我们不难看出“友”字的本义。自古至今，无论中外，不关年龄与性别，人人都渴望拥有好朋友渴望得到真挚的友情。所以，关于友情、朋友就有许多名言，我们一起来欣赏欣赏。

海内存知己，天涯若比邻。（王勃）

桃花潭水深千尺，不及汪伦送我情。（李白）

一个人的朋友就是他自身所具有的吸引力。（爱默生）

朋友一千个还太少，敌人一个也嫌多。（阿·巴巴耶娃）

朋友是另一个自己。（西塞罗）

朋友看朋友是透明的；他们彼此交换生命。（罗曼·罗兰）

世间最美好的东西，莫过于有几个头脑和心地都很正直的严正的朋友。（爱因斯坦）

人生最美丽的回忆就是他同别人的友谊。（林肯）

从这些名言中，我们看到古今中外名人伟人无不对友情、对朋友大加赞赏，那么你对友情怎么看呢？你认为什么是真正的友情？如何交到一个好朋友？今天，我们就来聊一聊友情。

字里行间寻友情

友情，是儿童文学里永不缺席的一个主题。我们曾经读过的“雷梦拉系列”《给爸爸的漂流瓶》等都有关于友情的描写，《巴特先生的返老还童药》也是如此。我们在感叹巴特先生返老还童药的神奇、奶奶变小之后的不可思议遭遇的同时，相信大家也一定被书中罗比与同学之间的友情所感动。朋友之间怎样做，才能称得上友情呢？你们能从这本小说中找到答案吗？

（P37）罗比讲了事情的来龙去脉，朋友们认真地倾听着。他们一次都没打断他的话。最后罗比轻声说："于是她就成了现在这个样子了。"

"她看上去很可爱。"托米说，显然这不像是真心话。

"我想要我奶奶还原成老样子！我需要奶奶！"

"瞎说！我没有奶奶，不也活得好好儿的吗？"巴斯蒂无动于衷地说。

同学们，从这段文字当中，你感受到了什么？当罗比的奶奶变成小奶奶时，罗比特别的痛苦、着急，他的朋友是怎样做的呢？在他身边耐心地倾听，安慰他，这就是"友情"。

（P38~39）这时他们议论起来：小奶奶个子会长高吗？她是不是该上学去？爸爸见到自己的妈妈变了模样会不会高兴？别人要是问奶奶有多大年纪该怎么回答？罗比放学后还能上哪儿去？小奶奶要不要人随时照看？小奶奶的身体健康不健康？返老还童对她身体会不会有害处？

没有一个问题罗比能回答得上来。巴斯蒂做出如下决定："不能让她这样下去。她必须变回老样子！"

"怎么才能让她变回去呢？"罗比哭鼻子了。

巴斯蒂在想办法。他说："也许巴特先生有解药，一种能把返老还童的人再变回去的药。今天已经来不及了。明天放学以后我们去找他，让他想想办法。在这之前不许任何人知道奶奶到底怎么了，包括你爸妈在内，罗比。他们要是知道事情真相，一定会小题大做，马上带奶奶去医院的。其实医生也没有什么办法。到头来大家都着急，闹得就像米歇尔刚才说的那样乱哄哄的。"

"那明天早上呢？奶奶睡醒觉起来怎么办？还有整个一上午呢！奶奶肯定会到邻居那里，把真话都告诉邻居的。"罗比说。

“这好办！”托米大喊，“明天早上上课前我来接她，然后把她带到马特尔那里去。马特尔病了，但病得不重。他可以照看奶奶一上午。”

罗比遇到这种情况，朋友们展开了热烈的讨论，思前想后地寻找解决问题的办法。好朋友巴斯蒂设身处地地为已经急得流下眼泪的罗比做出决定，并且嘱咐任何人不能透露秘密。好朋友托米也勇于承担责任，承诺第二天早上上课前去接奶奶，把奶奶送到一个安全的地方。托米还承诺去找巴特先生的住址，抱着小奶奶把她送回家等。从这些都可以看出真正的友情是怎样的。在朋友遇到难处时，能设身处地帮他想办法，解决实际困难。正所谓：危难之处见真情！

（P73）“你有什么好主意吗？”巴特先生问道。

巴斯特说：“您会化解物体！”

巴特先生点点头。

“您知不知道您的祖先生活在什么年代，什么地方？”

巴特先生又点了点头。

“那么我想求您用您的时间转换机把我送到您的祖先那里去。她会为我配制一服解药，您就把我接回来。”

巴特先生一下子从沙发上跳了起来。他激动得一遍又一遍地大喊道：“了不起！太了不起了！这是一千年来最好的主意！”

他一会儿拍拍肚皮，一会儿又拍拍他那沾满黄油的屁股。

小奶奶先是反对巴斯特的计划。她认为这个行动太冒险。可巴斯蒂解释说，他很乐意干这事。而且巴特先生保证他的时间转换机绝对安全。

罗比坚持要亲自为奶奶去取解药。“她是我奶奶，该我去才是！”他嚷嚷着说。

“不，”托米说，“巴斯蒂办这事一定比你强。”

同学们，在危急关头，巴斯蒂能够急中生智地为罗比和奶奶想办法，并且主动请缨，要求乘坐时间转换机去取解药，是不是很乐于助人、很勇敢？时间转换机的安全性是个未知数，一旦实验失败，后果将不堪设想。巴斯蒂没有想那么多，不顾安危，他只是希望能快速地进入时间转换机去取药，把小奶奶变回原样。有这样敢于承担责任的朋友，把自己生死置之度外的好朋友，难道不是真正的友情吗？

（P102）在奶奶的客厅里他们举行了一个盛大的晚会。巴特太太从她的手提包里取出许多灯笼以及狂欢节时舞动的蛇，又抽出许多可乐、苏打水、夹着香肠的面包片、小块蛋糕以及音乐唱片。

巴特先生吹出三张塑料沙发来。

巴斯蒂讲了菲力普的故事，巴特太太讲了巴特迈耶太太的故事，巴特先生告诉大家他都快吓死了，奶奶不断地发着“rrrr”的音，甲壳虫乐队唱着欢乐的歌。

巴特先生喝着酿了十年的威士忌酒，奶奶舔着草莓酱，巴斯蒂品尝着布拉格香肠，巴特太太吃着一根一米多长的甘草糖棍，托米吃着棒棒糖……

多么温馨的一个场面！罗比和好朋友，奶奶和巴特先生、巴特太太之间是多么的和谐，大家都沉浸在把奶奶变回原样的喜悦之中，一起分享着快乐。

同学们，刚才我们通过回顾《巴特先生的返老还童药》一书中关于罗比与朋友之间的故事片段，了解到面对奶奶的突然变小，大家一起面对，共同解决。原来，快乐着你的快乐，痛苦着你的痛苦，与你一起面对，一起进退，这就是朋友，这就是友情。

延伸阅读悟友情

除了在紧急重要甚至是危难时能见证友情，考验友情之外，生活中一些点点滴滴也能反映真挚的友情。为大家读一本特别温馨的故事——《青蛙与蟾蜍》，我们来感受一下在平凡细节中的友情。

朗读《青蛙与蟾蜍——好朋友》中的一则故事《讲故事》——

转眼间，夏日到了。有一天，青蛙觉得身体不大舒服。

蟾蜍说：“青蛙，你这会儿脸色真绿。”

青蛙说：“我的脸本来就是绿色的，我是青蛙呀。”

蟾蜍说:“今天你可和平时不一样,就是青蛙,也不能这么绿。快上床休息休息吧。”

蟾蜍给青蛙泡了一杯热热的茶。

青蛙喝完茶后说：“我一边休息，你一边给我讲个故事吧。”

蟾蜍说：“好吧，我来想个故事讲给你听。”

蟾蜍想了又想，怎么也想不出一个好听的故事。

蟾蜍说：“我到房前门廊那里去走走。也许那样会帮助我想出个故事来。”

蟾蜍倒背着手，在门廊里走来走去，走了好久，还是想不出来。

蟾蜍回到屋里，脚朝天地倒立着。

青蛙问：“你为什么要脚朝天地倒立呢？”

蟾蜍说：“我想这会帮助我想出故事来。”

蟾蜍倒立了好久，还是想不出个故事来。

蟾蜍往头上浇了一杯水。

青蛙问：“你为什么要往头上浇水呢？”

蟾蜍说：“我想凉水会帮助我想出个故事来。”

蟾蜍往头上浇了好多杯水，还是想不出个故事来。

蟾蜍往墙上“咚咚”地猛劲儿撞头。

青蛙问：“你为什么拿自己的头往墙上撞呢？”

蟾蜍说：“我想那会帮助我想出个故事来。如果撞到足够的程度，一定会撞开窍的。”

青蛙说：“蟾蜍，这会儿我觉得身体好多了，不需要故事了。”

蟾蜍说：“那么好吧，你下床，让我上去，我现在可是难受极了。”

青蛙说：“蟾蜍，我给你讲个故事听好吗？”

蟾蜍说：“好啊，要是你真有一个故事，你就讲吧。”

青蛙说：“从前，有两个朋友，一个是青蛙，一个是蟾蜍。

“青蛙觉得身体不大舒服，就请他的朋友蟾蜍给讲个故事。

“蟾蜍怎么也想不出个故事。

“他在门廊上走来走去，还是想不出个故事。

“他脚朝天地倒立，也想不出个故事。

“他往头上浇水，还是想不出个故事。

“他往墙上咚咚地猛劲儿撞头，还是想不出个故事。

“这时，蟾蜍觉得身体很不舒服，而青蛙却觉得身体好多了。

“于是，青蛙下了床，蟾蜍上了床，青蛙又给蟾蜍讲故事。故事完了。”

“蟾蜍，这故事好不好？”

蟾蜍没有答话，他已经睡着了。

故事好简单，可是同学们有没有被笨笨的蟾蜍和聪明的青蛙之间的友情所感动呢？为了给生病的青蛙减轻病痛，蟾蜍要讲故事，可是怎么也想不出来，踱步、倒立、泼水、撞墙，方法想尽了也没想出来，蟾蜍的故事虽然是没有讲出来，可是青蛙感受到了来自好朋友的好意，从他编的故事，我们就能感受出来。原来，友情其实就藏在日常的一句关心、一个举动，只要真心为朋友着想，友情之花自然悄然绽放。

同学们，无论是《巴特先生的返老还童药》里罗比与朋友的故事，还是青蛙与蟾蜍的故事，离我们的生活还是比较近，故事中的人物角色的行为大家也还都能理解与接受，相信同学们对友情有了更深的认识与体会。下面蝴蝶老师还想为大家讲个故事，不过这个故事发生在我国古代，年代久远，且是发生在两个成年人间的故事，可是老师还是想讲给大家听，因为，故事的两位主人公之间的友情与前面两个故事里体现的友情有些不一样，你们听听，看看这又是种怎样的友情？故事的主人公叫管仲和鲍叔牙。

管仲和鲍叔牙都是生活在两千多年前春秋时期的齐国人，他俩年轻时就成为了好朋友。其实两人的性格脾性差别很大。

他们合伙做生意，管仲出很少的本钱，分红的时候却拿很多钱，鲍叔牙毫不计较，因为他知道管仲的家庭负担大。有好几次，管仲帮鲍叔牙出主意办事，反而把事情办砸了，鲍叔牙也不生气，还安慰管仲，说：“事情办不成，不是因为你的主意不好，而是因为时机不好，你别介意。”管仲参军，冲锋时跑得很慢，撤退时跑得很快，大家都笑话他，说他是懦夫，只有鲍叔牙理解他，知道他之所以不敢拼命，是因为家有老母，无人照料。管仲被俘投降，大家都笑话他贪生怕死，只有鲍叔牙理解他，知道他是想要为天下做大事，而不羞于小节。管仲感叹地说：“生养我的是父母，但是真正了解我的是鲍叔牙啊！”

后来，管仲和鲍叔牙都从政了。当时齐国朝政很乱，王子们为了避祸，纷纷逃到别的国家等待机会。管仲辅佐在鲁国居住的公子纠，而鲍叔牙则在莒国侍候另一个齐国王子，叫公子小白。不久，齐国发生暴乱，国王被杀死，国家没有了君主，公子纠和公子小白听到了消息，都急忙动身往齐国赶，想抢夺王位。两国队伍正好在路上相遇，管仲为了让公子纠当上国王，就向公子小白射了箭，谁知正好射到公子小白腰带的挂钩上，没有伤到他。后来公子小白当上了国王，历史上称为“齐桓公”。

齐桓公想让鲍叔牙当宰相，帮助他治理国家。鲍叔牙却认为自己没有当宰相的能力。他大力举荐被囚禁在鲁国的管仲。齐桓公终于被鲍叔牙说服了，把管仲接回齐国当宰相，而鲍叔牙却甘心做管仲的助手。在管仲和鲍叔牙的合力治理下，齐国成为诸侯国中最强大的国家，齐桓公成为诸侯王中的霸主。

管仲病危时，齐桓公向他询问谁可继任宰相一职，问他鲍叔牙行不行，管仲一口否定说：“鲍叔牙最大的毛病就是人品太好，太清廉了，当宰相的人必须能包容一切，包括一些肮脏的东西，鲍叔牙不合适。”事后鲍叔牙知道了，心里非常高兴，他觉得管仲懂他，了解他。

同学们，听完故事，你觉得管仲和鲍叔牙的友情与我们前面交流过的几本书中主人公的友情有何不同呢？管仲和鲍叔牙彼此了解，相互信任，从不猜忌。权力面前，既不包庇，也不诋毁，公正客观；在危难中，不离不弃。鲍叔牙的宽容，管仲的客观都让老师对友情有了更深刻的理解与感悟，不知道同学们从这个故事里又得到什么启发呢？管仲与鲍叔牙之间的深厚情谊已成为代代相传的佳话。人们也常用“管鲍之交”来形容自己与挚友之间彼此了解、彼此信任、危难中不离不弃的关系。

阅读作业

同学们，今天这节课，我们通过几本书、几个故事交流了什么是友情，那么，关于友情，你此时都有什么想要分享的呢？什么是真正的朋友？如何交到一位好朋友？欢迎大家图说友情，用图文并茂的形式来表达自己对友情的看法吧。

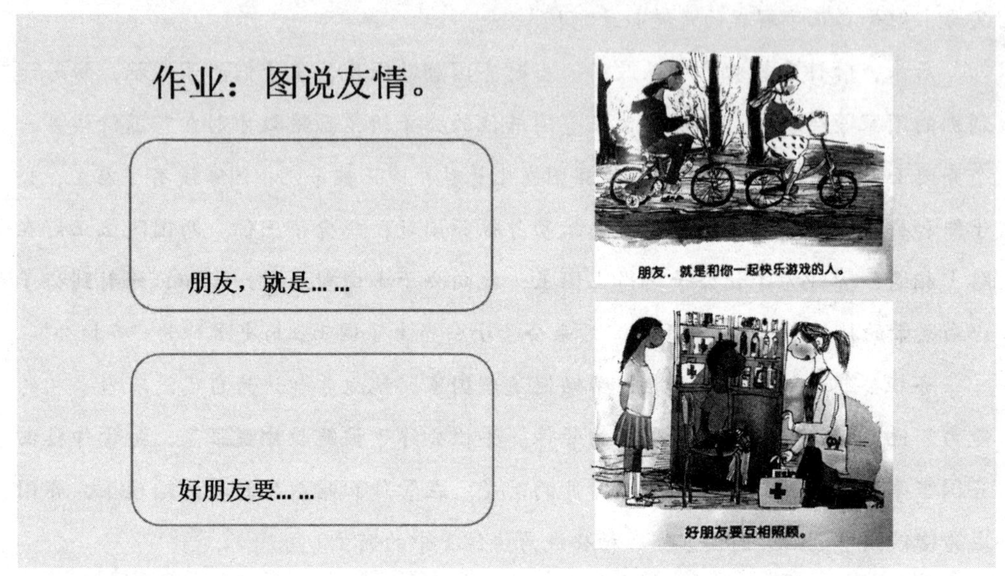

第三课
童书中的奶奶

从一组祖孙情的图片聊起

同学们，我们经常会读到一些描写父母与孩子之间温情的故事，但是描写祖孙之间的那种隔代的温暖故事也不少。其实生活中我们时常见到以下的画面（见课件），你有没有关注过呢？

同学们，看到这些图片，你都会产生哪些联想？是否让你想起了自己的爷爷奶奶、外公外婆？你会想起哪本书？我想起《雷梦拉八岁》一书中那个帮雷梦拉一家买单的那个孤独老人，想起了《追踪真相》里小狼卡米耶的外公，想起了祖孙之间那或浓或淡，或远或近的情意。

是呀，我们每个小朋友都有爷爷、奶奶、外公、外婆，虽然是隔代，但那种浓浓的亲情却始终环绕在我们身边。有的小朋友甚至跟着爷爷奶奶、外公外婆一起长大，那种祖孙情深更是无法描述。在读《巴特先生的返老还童药》中，除了罗比和好朋友之间的友情让我们点赞，罗比和奶奶的祖孙情意也是让人倍感温暖。今天这节课，我们就来聊聊童书中的奶奶，并重点学习如何把握小说中一个人物角色的特征。

如何把握人物角色的特征

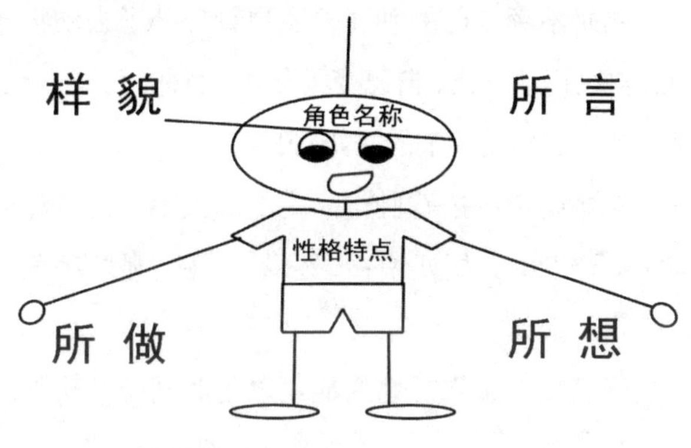

角色、情节和环境是小说三要素。角色是小说的核心，分析角色形象是读懂小说的关键。小说主要是通过鲜明而独特的角色形象来打动读者、感染读者。作家在小说中塑造人物的方法、方式通常有如下几种：外貌描写、心理描写、行动描写、语言描写，简要来说，可以用这样一个图示表明，中间一个人，里面标注角色名称以及性格特点，四周为样貌、所言、所做、所想。

下面我们就以本书为例，看看罗比的奶奶是一位怎样的奶奶呢？

样貌：书中关于奶奶的样貌描写几乎没有，只写到她的右脚踝关节肿得老高。但是这一点描写却十分重要，正因为是脚肿了，行动不便，才会让奶奶萌发变年轻的念头，才有了要找巴特先生返老还童呀。这里表明了奶奶年纪大了，但却渴望年轻。

所言：书中关于奶奶的语言非常多，我们要找到一些有代表性的话，能反映奶奶与众不同的地方的语言。

1. 罗比在计算数学题，奶奶有自己的算法。她说：“相信我的话吧，孩子。如果每个角都风尚小褶，一定会更漂亮的。而且按照你的答案，你要是买 10.32 米长的花边的话，营业员都会笑话你的。”当罗比计算爸爸要用 136 颗钉子钉箱子时，奶奶又说：“罗比，我了解我儿子！每两颗钉子里他就会钉弯一颗。真的！”这两处奶奶的话，真实好笑，反映出奶奶实事求是，不教条，很聪慧。

2.“罗比，今天快点儿写作业！我还想带你去动物园呢。动物园里新来了一只大老虎和两头小象。”

“唉，罗比，医生那里我不知去了多少次了。你知道吗，这脚没什么大不了的毛病，就是老了。奶奶从头到脚都老啦。如果再活一次的话，我一定十六岁就生孩子，这样到三十六岁的时候我就可以抱上孙子了。我可以带孙子去游泳馆，去动物园，秋天我们可以一起去爬山，冬天我们还可以一起去滑冰。那多棒啊！”

奶奶不顾自己的肿腿，还想着带孙子去动物园，为了带领孙子四处游玩，奶奶幻想自己再活一次，自己变得年轻，身体好。这一切的想法，都是源于对孙子的爱！这是一个多么疼爱孙子的奶奶呀！

3. 奶奶用手按着肿得高高的踝关节，说“这只脚太老了！”当罗比说另一只脚与它一样老时，奶奶说：“它不一样，那是运气，它肯定还没察觉到自己有多大年纪呢。”

当巴特先生告诉奶奶他可以用时间转换机帮助奶奶送到任何一个地点任何一个时代时，奶奶说：“我可不是个拼图游戏。”

奶奶不满地瞥了儿子一眼，而面对警察她却天真地笑了。“是啊，是啊，年纪大了的人就是这样的。真是命苦啊，警察先生！”

从这些话语中看出奶奶是个幽默风趣不乏机智的人。

4. 当爸爸带着警察来找奶奶时，奶奶说：“我亲爱的儿子，我什么都可以告诉你。告诉你有时间转换机，还有魔法药水。告诉你有一个发音缺陷，有一个运输环，还有好多蝙蝠。可是——可你一位四五十岁的银行职员，而且你从小就缺乏想象力。反正你什么都不会相信的。”

这里可以看出这是多么了解自己儿子的奶奶。

所做：这是指奶奶的动作，也特别是指在遇到矛盾或者进行情况下奶奶的行为，一个人的行为往往最能看出一个人的性格特征。

1. 现在奶奶的纸鸟已经折好。她一拽鸟尾，鸟的翅膀和嘴都跟着动起来。随后她把鸟射向高空。鸟儿在高空盘旋了三个美丽的圆圈后落回到奶奶的脚边。

这段动作描写表现出奶奶的心灵手巧。

2. 奶奶虽然生气，但却坚定地摇了摇头。这时，她已经打开瓶塞并闻到瓶子里散发出的气味。……她把瓶子放到嘴边，喝了一口。这回她喝的可不是一口，也不是两小口。她把一瓶药水都喝光了。

从这段文字中看出，奶奶率性勇敢，做事果断，却有点儿任性不计后果。

3. 一个小姑娘鼓励踩在奶奶的脚上，奶奶抬手扇了小姑娘一个耳光。她把长凳下摆着的一双双鞋都拆开来放，又把衣架上贴有幼儿园标志的贴画都撕了下来。她走到洗脸池前，把水龙头打开，再用拇指堵住水龙头的出水口。

奶奶在幼儿园一个上午，就弄出了这么大的动静，反映出奶奶童心未眠，淘气有个性。

所想：

奶奶当然不介意啦。她庆幸自己不用拖着受伤的脚走遍整个动物园。她坚信只要她拿着毛线活儿陪在他身边，她孙子算术题的正确率一定更高，字也一定写得更漂亮。

书中关于奶奶的心理描写也不多，但是通过这一句我们也不难看出这是位坦率、疼爱孙子的好奶奶。

通过对故事中奶奶的样貌所言、所做、所想的梳理，一位慈爱却童心未泯、勇敢风趣、明智手巧的奶奶出现在我们眼前，那么逼真，那么形象。回顾刚才的梳理过程，我们是通过书中的具体描写来分析一个角色的主要特征，其实它也是作家在创作人物时心里应该有的图示。因为要刻画这样一位奶奶，所以作家就要通过她不一样的样貌、独特的语言、行为和心理活动等方面来细致描写，只有这样才能把人物与众不同的个性凸显出来，从而使人物形象更鲜活。

延伸阅读

下面我们来读一本关于另外一个有趣的奶奶的书。这是本图画书，名叫《我的奶奶真麻烦》。故事不长，文字不多，但画面却异常丰富，我们一边欣赏，一边试着运用角色分析图来分析分析这位不一样的奶奶。

讲述《我的奶奶真麻烦》——

奶奶的麻烦是……

嘘，保密喔——

她是一个外星人！其他领养老金的人起先都怀疑这件事……

直到有一天，我们的老师组织了一次去温索普的出游活动！

奶奶说："我们想去一个既令人兴奋又热闹的地方。"

老师打着响指说："坐下，请安静！"

温索普的天气很糟糕。

奶奶开始玩花样了！

我们来到"流金岁月音乐厅"。

奶奶不喜欢唱歌！

奶奶参加了"最迷人奶奶"的评选活动。

当然了，她欺骗了大家！

奶奶确实使游乐场活跃了起来！

我们被要求离开游乐场！

在月球观光之旅中，奶奶遇到了一些朋友。

她带他们去喝茶！

所以我们错过了回家的公共汽车。

老师责备了奶奶！

奶奶说："汽车？这样的废物，我们有很多，喂，系好安全带！"

我们飞向"奶奶星球"……

着陆的时候刚好遇上了狂欢节！

奶奶跳起了凌波舞。

奶奶爬上了一棵长满果子的树。

我们都不想离开那儿，但是奶奶必须回家喂猫。

“砰”的一声，我们降落到了学校的操场上！

爸爸和妈妈把奶奶接回了家。

他们说：“你年龄大了，不能再做这样的事了。”

奶奶嘀咕着：“那是你们这样认为的。”

一回到家，奶奶就开了一家旅行社——在爸爸的车库里。

下面，我们试着运用角色分析图来分析这位奶奶。

样貌：胖胖的，滑稽的穿着。

所言：“汽车？这样的废物，我们有很多，喂，系好安全带！”

所做：音乐会上搞怪，选秀上欺骗大家，游乐场上疯狂举动，请朋友喝茶错过班车，带领大家飞向“奶奶星球”，跳凌波舞，爬树，在车库里开旅行社。

所想：“那是你们这样认为的。”

通过对奶奶样貌、所言、所做、所想几方面的梳理，一个什么特点的奶奶形象浮现在你的面前？

奶奶：麻烦不断，精力旺盛，无限想象力，与众不同，不服老。

怎么样？通过这样一个角色分析，大家是否认识了这样一位与众不同的来自外星球的奶奶呢？某些地方是否与罗比的奶奶有着异曲同工之妙呢？大家也是是否掌握了用抓住人物的样貌、所言、所做、所想的方法来分析角色的方法呢。

阅读作业

关于奶奶或者外婆、爷爷外公的童书有很多，不同作家笔下的爷爷奶奶有着不一样样貌，不一样的故事经历，不一样的性格特点，但却都是个性鲜明，让人难忘。而其中透露出的祖孙情更是令人动容。给大家隆重推荐同样获得国际大奖的小说《蛋壳里出来的奶奶》和《苹果树上的外婆》，相信大家读完后又会认识一个特别的奶奶。我也相信，读完这些书，认识了这些特别的奶奶，你也一定会想起自己的奶奶，或者身边的老人家。

今天给大家留的作业是多选题：

1. 阅读《蛋壳里出来的奶奶》和《苹果树上的外婆》中的一本，用角色分析图的方法分析书中的奶奶。

2. 小采访。采访自己的奶奶或身边的一位老人家，了解她们的故事。

采访人姓名：	被采访人姓名：	被采访人与采访人关系（如：祖孙）：
采访时间：	采访地点：	
采访内容		
出生年月		
属相		
性别		
外貌（可以文字描述，也可画画）		
曾经的职业		
育有的子女		
喜好（运动、饭菜、衣服等）		
最难忘（高兴、痛苦、神奇）的一件事		
未完成的一个心愿		
其他		

国际大奖小说
乌鸦人
DER RABE ALFONS
阿凡思
[奥] 埃尔温·莫泽/著、绘
王泰智 沈惠珠/译
新蕾出版社

第十本书
乌鸦人阿凡思

关于本书

换种身份，与吃颗返老还童药，或者乘上时光转换机穿越一下，去体验不一样的生活，我想这是常人常会幻想的事吧。这不，这本荣获德国“捕鼠人文学奖”的《乌鸦人阿凡思》就是讲了这样一个故事。不同的是，本书讲的是乌鸦阿凡思与魔法师摩多万互换角色后经历的一系列惊险故事。这本小说，角色鲜明，情节曲折，伏笔暗藏，刺激惊险，对小学生而言，阅读这本书具有一定的挑战性。不过，互换角色，正义与邪恶的较量，这不正是孩子们喜欢的内容吗？而小说的表达技巧也正好是让学生初识作家创作秘诀的绝好素材。

关于主题

主题	目标	拓展书目	读前准备	作业
故事概念图	通过学习故事概念图抓住小说的要素，帮助理解与概括故事大意	《石头汤》	提前阅读	运用故事概念图去阅读其他小说
精彩情节一二三	初步感受小说故事情节的波折起伏，尝试构思、创编一个情节有波折的故事	《我的幸运一天》	无	用故事概念图或流程图创编一个情节有波折的小故事
我有个魔法李子	通过连结自我、简单的调查和体验活动，学习辩证看待自己和他人，进一步体会本书的主旨之一——接受自己，悦纳别人	《职业》 《小猪变形记》	无	选做： 1. 角色体验报告 2. 我的调查报告

教学现场

第一课
故事概念图

什么是故事概念图

同学们，我们读完一个故事、一本书，总要回味一下其中的主要内容。就像《乌鸦人阿凡思》这本书一样，主要的内容是什么呢？有人说，就是讲乌鸦阿凡思和魔法师摩多万的故事，或者说是讲乌鸦阿凡思和魔法师摩多万寻找魔法李子、大战咕咕嘛的经历。这没错，但过于简单，对于没看过的小说的人，还是不知所云，那样说普通学生可以，但是对于你们来说，在读了那么多的经典小说，上了那么多不一样的小说课后，这样说就显得没有水平了，是不是？今天，老师就带给大家一种新的思维图示——故事概念图，来帮助我们抓住一个故事的基本的核心的要素，从而帮助我们概括故事大意时不会遗漏重要情节。

故事概念图，顾名思义就是用概念图的形式来直观呈现一个故事的基本要素。平时我们梳理一个故事、一篇小说的主要内容，通常是抓住事情的起因、经过、结果来串联，其实有些时候还是比较困难的。那我们不妨就尝试用故事概念图来帮忙。

我们知道，每篇故事都会有**主角**，那么我们首先要了解它的主角是谁？

故事在什么情况下发生的？比如什么时间？什么地点？当时的人物状态是怎样的？这是**背景**。

主角遇到了什么**问题**？需要特别说明的是，**这里的“问题”是最核心最重要的问题，是主人公要解决的终极问题，是贯穿全故事的大问题**。也就是故事中角色遇到了什么问题，他想要的是什么，想达到什么目标等等。一般来说，一个故事，往往就是围绕解决这个这样一个关键、核心问题来展开的。

解决这些问题时他遇到了哪些**困难**？

故事概念图

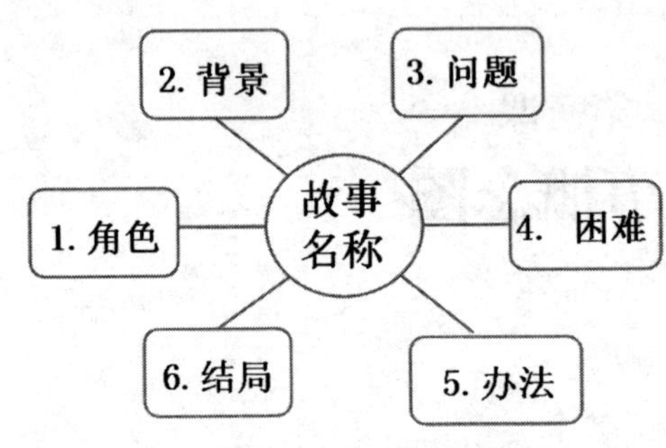

他又是用什么办法克服这些困难的？角色为了解决问题，也经常会遇到一些困难，或者角色会有一系列的做出的努力与尝试，这些通常是故事最为精彩的地方。

结局怎样？指的是“问题”有没有最终解决？书中的主角或者其他角色最后命运如何？

我们把它关键的要素按照概念图的形式记录下来，这就是故事概念图。然后把这些要素进行串联，就是故事的主要内容了。故事概念图是我们读故事时思维的一种呈现，可以说是对故事情节的一种物化，它属于思维导图的一种。

以书为例，示范故事概念图的绘制

接下来，我们就一起以《乌鸦人阿凡思》为例，绘制故事概念图。

我们可以先画出框架，在中间的圆里面写出**故事的名称**——乌鸦人阿凡思。

还记得这本书的**角色**吗？对，是乌鸦阿凡思和魔法师摩多万。

故事的**背景**是什么呢？从哪儿开始发生的呢？回想一下就会知道，是阿凡思跟不上南飞的队伍，它看到人类不用迁徙，于是羡慕起人类的生活。恰巧的是魔法师摩多万也有做飞鸟的想法，两人一拍即合，于是他们迫不及待地吃下了魔法李子，互换了身份，开始了新的角色体验。没想到的是，新的角色给他俩带来了种种不便，他们都想赶回塔楼变回原来的自己。故事就是这样开启的。我们可以用简短的语句把这些信息写在左上角的矩形框中——互换身份后遭遇不幸，于是决心换回身份。

接着我们来到第三个矩形框。这个矩形框要求我们提炼出角色面临怎样的**问题**。是的，阿凡思和摩多万遇到了什么问题呢？当他们历经曲折回到塔楼时，却发现塔楼不复存在，换回身份的重要物品魔法李子也被毁了，两个人必须要找到魔法李子才能换回身份。这是摆在角色面前的问题，是角色最想解决的问题。综观整本书，都是围绕寻找魔法李子来写的。我们就可以写下关键词——魔法李子被毁，无法变身。

寻找到魔法李子成了核心问题，于是两个角色踏上了寻找魔法李子的征程。在这个过程中，并不是一帆风顺的，他们同样遇到了一系列的**困难**。咱们不妨来简单梳理一下。

首先就是因解决饥饿问题被当做强盗驱赶，接着是以为找到女巫美娘后便可得到魔法李子，殊不知没能如愿（美娘没有魔法李子），后来阿凡思又被马戏团给绑架了，经历好大一番波折来到水上宫殿，却面临强大的邪恶巫师古古嘛。这些都是角色为了解决找到魔法李子这个核心问题而遇到的困难。我们可以一次写在概念图的右侧方框里，为了更有条理，我们还可以依次给每项困难表上序号。

面对这些困难，角色总能化险为夷，顺利解决。在面包店，因为语言不通、没有按面包店的要求支付面包钱，被误认为是强盗而遭到了面包师的驱赶，两人也不幸走散。幸好摩多万得到了白鸽的热心帮助才得到休养，也和阿凡思欢喜重逢。这是他们解决的第一个问题。

第二个问题可是个大难题，因为他俩变回身份的希望都压在女巫美娘身上，可此时美娘告知当年魔法李子都给了摩多万，此时她也没有魔法李子了。事情总会得到解决，出现转机，终于，美娘提出，魔法书或许有帮助，于是，在魔法书的启示下，他们再次看到希望，于是两人继续按照魔法书的指引开始寻找。

寻找途中，两人更是厄运连连，最惊险的是阿凡思被马戏团绑架，在摩多万和两头大马熊的帮助下，阿凡思才得以脱身。

顺利到达魔法书中记载的水上宫殿后，他们遇到了雌鸦阿霞，摸清了“强盗”的真实面目。在强大的敌人面前，他们齐心协力，和邪恶巫师古古嘛斗智斗勇，展开了一场惊心动魄的斗争。

书中的角色每遇到一个新的问题，我们的心都会和角色一起紧张着，盼望着找到解决的**办法**，故事就是这样一层一层地推进着。

故事的**结局**怎样呢？我们来看主要角色的最终命运：气急败坏的古古嘛误吃了夹在蛋糕里的魔法李子，变成了他讨厌的乌龟。乌鸦阿凡思和雌鸦阿霞变回乌鸦，双双飞向南方过冬。摩多万清除掉苹果和李子，顺利返回了女巫美娘家中。可以说，这是一个皆大欢喜的结局。

同学们，我们按照故事概念图的提示这样梳理，是不是很清楚地把故事讲出来了呢？其实，故事概念图就是一个故事的全景图。通过故事概念图的梳理，可以帮助我们在阅读时更清晰地把握故事的组成，让我们从整体上把握作品的全貌，从而对整本书有一个整体的感知。其实，作为作家，他在创作一个故事时，脑海里也必然有这样一个概念图，也就是说他的心里必然有这些故事的基本要素。

当堂练习，来绘故事概念图

接下来我们就试试身手吧。在这儿呢，老师向大家分享一本图画书——《石头汤》。大家边听老师讲述，边想一想：怎么借助故事概念图来梳理这个故事的主要内容呢?

讲述《石头汤》——

三个和尚，阿福、阿禄和阿寿，走在一条路上。他们一路聊着胡须、太阳的颜色，还有布施。

“什么使人幸福，阿寿？”最年轻的阿福问。

阿寿年纪最大，也最有智慧。他说：“我们去找找看。”

一阵钟声把他们的目光引向山下，那里有一个村庄。他们站得太高，还看不清楚。他们不知道这个村庄曾饱经苦难，饥荒、洪水和战争让村民们身心疲惫。村民们不相信陌生人，甚至会怀疑自己的邻居。

村民们辛勤劳作，但从来只顾自己。村里有一个农夫、一个茶商、一个秀才。一个女裁缝、一个郎中、一个木匠……还有其他很多人。可他们间相互很少来往。

当和尚们走到山脚下时，村民们早已躲进家中。没有人到门前来迎接。一看到和尚们走进村庄，村民们又紧紧地关上了窗。

和尚们去敲第一家的门。没有人回答。接着，房里的灯灭了。

他们又去敲第二家的门，结果还是一样。

就这样，一家挨一家，一户又一户。

“这些人不知道什么是幸福。”和尚们说。

“可是今天，”阿寿说道，他的脸庞像月亮一样皎洁，“我们要让他们看看我们怎么煮石头汤。”

他们捡来些树枝，点起一堆火。

他们拿出一口小铁锅，盛满井水，架到火上。

一个小女孩一直在看着他们，她勇敢地走上前，问道：“那么在干什么？”

“我们在捡柴火。”阿禄说。

“我们在生火。”阿福说。

“我们在煮石头汤。我们需要三块又圆又滑的石头。”阿寿说。

小女孩帮和尚们在院子里找石头。他们找到三个正好合适的石头，然后把它们放进水里去煮。

“这些石头可以煮出极其美味的汤，”阿寿说，“可是这么小的锅，恐怕煮不出很多。”

“我妈妈有一口更大的锅。”小女孩说。

小女孩跑回家。当她要拿锅的时候，妈妈问她要做什么。

“那三个陌生人要用石头煮汤，”她说，“他们需要我们家的大锅。”

“嗯，”小女孩的妈妈说，“石头满地都是，我倒想学学怎么用石头来煮汤。”

和尚们拨了拨柴火，一时炊烟袅袅。左邻右舍纷纷探出头来。那堆火，那口大锅，支在村里的正当中，真是稀奇古怪！

村里人一个接一个走出家门，想看看石头汤到底怎么煮。

“当然啦，煮传统风味的石头汤，加点儿盐和胡椒粉，味道会更香。”阿福说。

“不错，”阿禄一边在巨大的锅里搅着水和石头，一边说，“可是我们没带……”

“我家有盐和胡椒粉！”秀才说，他的眼睛睁得大大的，充满了好奇。一转眼他就不见了，回来时拿着盐和胡椒粉，还有一点别的调料。

阿寿尝了尝。“上次我们煮这么大、这种颜色的石头时，还放了些胡萝卜，那汤可真甜。”

“胡萝卜？”站在后排的一个妇人说，“我家可能有！不过只有几根。”她转身就跑，回来时捧着许多胡萝卜，多得都快抱不住了。她把胡萝卜倒进大锅。

“再放几个洋葱，你们觉得味道会不会更香？”阿福问道。

“哦，对啊！放个洋葱进去味道也许不错。”农夫说着，快步离开。过了一会儿，他拿来五个大洋葱，把它们放进沸腾的汤中。“呵！真是一锅好汤！”他说。

村民们都点头称是，因为那汤闻起来真的很香。

“不过，要是我们有蘑菇的话……”阿寿说着，摸了摸下巴。

几个村民舔了舔嘴唇。还有几个一溜烟地跑开，回来时拿着新鲜的蘑菇、面条、豌豆荚和卷心菜。

村民中间，一件不可思议的事情发生了。当每个一人敞开胸怀付出时，下一个就会付出更多。就这样，汤里的料越来越丰富，汤闻起来也越来越香。

“我想要是皇帝在这儿，他会建议我们再放些饺子！”一个村民说。

“还有豆腐！”另一个说。

“再配些云耳、绿豆和山药，怎么样？”又有几个喊道。

“还有芋头、冬瓜和玉米尖！”另一些村民说。

“大蒜！”“生姜！”“酱油！”“百合！”

“我家有！我家有！”人们大声喊着，然后飞奔而去，不一会又都满载而归。他们能拿什么就拿什么，能拿多少就拿多少。

和尚们搅啊搅啊，汤咕噜咕噜冒着泡。闻起来可真香！喝起来一定更香！村民们一个个都变得那么慷慨好施！

汤终于煮好了。村民们聚在一起。他们拿着米饭和馒头，拿来桂圆和甜饼；他们端来了香茶，点亮了灯笼。

大家坐下来一起吃。他们已经很久没有在一起欢宴了，甚至没人记得，以前是否曾经有过这样的欢宴。

宴会结束后，他们又说故事、又唱歌，一直闹到深夜。

然后，他们敞开家门，争着把和尚请到自己家，给他们住非常舒适的房间。

在一个春天的早晨，和风送暖，杨柳依依，村民们聚到河边给和尚们送行。

“谢谢你们的款待，”和尚们说，“你们真的是太慷慨了！”

“谢谢你们，”村民们说，“你们带来的礼物，给我们永远也享用不尽。你们让我们明白了，分享使人更加富足。”

“再想一想，”和尚们说，“幸福就像煮石头汤那么简单。”

好了，故事讲完了。请同学们自行完成这个故事的概念图，把握整个故事的大意。

故事讲的是三个和尚化缘来到一个山村，此时战争、饥饿、洪水等种种苦难让村民们冷漠、警惕胜任，彼此之间互不往来。于是三个和尚决定要帮助村民们弄明白“什么使人幸福”。可是村民们都是紧闭门户，偷偷观望，面对这样的困难，三个和尚怎么解决呢？他们想到的办法是煮石头汤。他们捡来些树枝，点起火，拿出小铁锅，盛满井水，架起火开始煮起来石头汤。和尚们奇特的做法引来了小姑娘和村民的好奇，和尚们继续巧妙地诱使村民拿出各种各样的工具和食材。慢慢地，村民们发现，他们不自觉地已经付出了很多，而此时他们获得的回报也更多了，内心并没有不情愿。故事的结果很显然，村民们敞开了心扉，知道了和尚们的用意，明白了分享使人更加富足的道理。真的，原来，幸福就像煮石头汤那么简单。

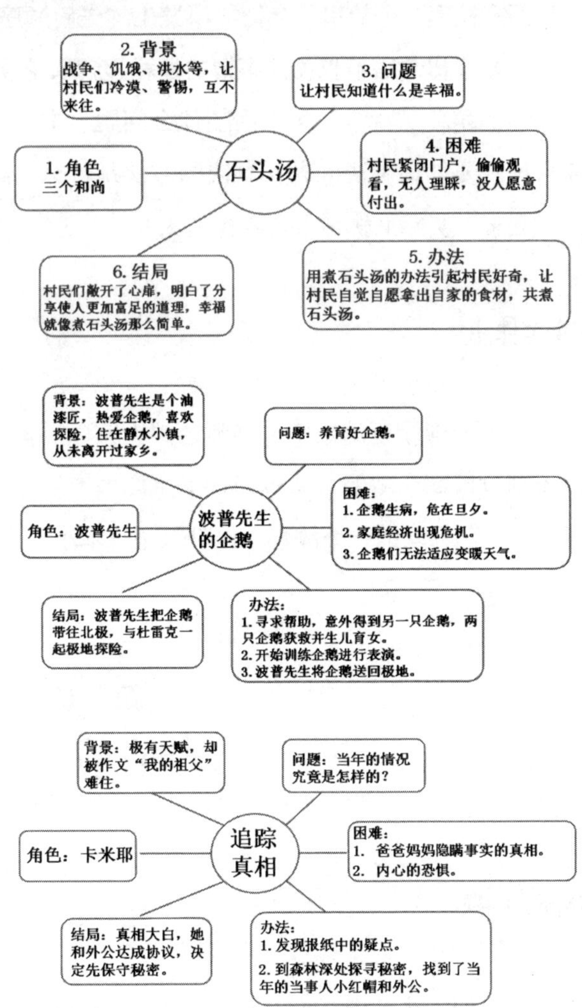

瞧，这么一串联故事概念图中的几个要素和关键问题，就把故事的主要内容梳理出来了。

同学们，下面是两本我们一起共同读过的小说的故事概念图。《波普先生的企鹅》和《追踪真相》，我们一起说一说故事的主要内容分别是什么？

故事概念图与流程图、四格漫画的异同

学到这儿，有些同学会想到在前面的阅读分享中，我们也学过梳理故事主要内容的方法。一个是流程图，一个是四格漫画。的确，这三种图示都是梳理故事主要内容的好帮手。不过，他们之间也有一些不同。

四格漫画是用绘画的形式表现一个故事的起承转合，来加深我们对故事本身内容的理解。

流程图主要用来说明某一过程、顺序，是呈现事物顺序或步骤的图示。如果用流程图来梳理一个故事，会把故事发生的先后顺序以及重要事件给标示出来。

而故事概念图不仅关注事情的过程、步骤，它更侧重提炼故事的一些核心要素，比如故事的角色、背景、角色面临什么问题、主角想要的是什么？什么让主角无法达成目标？要如何解决问题？解决的方法是什么？结果怎么样？把这些问题化的要素串联起来，实际上就是主要内容了。

阅读作业

今天的课就要结束了，老师希望大家以后读完一个故事、一本小说，也能主动用绘制故事概念图的方法梳理一下主要内容。今天的作业也是绘制故事概念图，可以针对自己喜欢的一个故事，也可以是一本小说。

第二课
精彩情节一二三

揭示主题

同学们，这节课我们交流的话题是“精彩情节一二三”，因为我们知道每位作

家都是讲故事高手，他们设计的情节一波三折，扣人心弦。这节课，我们将探寻作家创作精彩情节的秘诀。

上节课我们曾通过故事概念图学习了一个精彩故事的基本要素，一个精彩的故事其实就是主人公围绕着一个核心问题来展开行动，为了使故事更精彩，更真实，故事中角色遇到的问题不是轻而易举就能解决的，高明的作家往往会在主角解决问题的过程设置一些困难，或者是让角色有一系列的尝试。

第一秘诀：困难重重

我们先来阅读一本有趣的图画书《我的幸运一天》，看看主人公为了解决问题，遇到了哪些困难，又是如何解决的?

讲述《我的幸运一天》。

一天，一只饥饿的狐狸正准备出门找午餐。在他修爪子的时候，忽然门外传来一阵敲门声。

狐狸打开门——门外站着一只小肥猪。“哎呀，我找错门了！”小猪尖叫起来。“啊，没错，”狐狸喊着，“你找的正是地方！”他一把夹住小猪，使劲地把他拖了进来。

“这真是我的幸运一天！”狐狸大声叫道，“什么时候午餐竟然自己送上门来了！”

小猪一边挣扎一边尖叫：“放开我！让我走！”

“对不起，小子，”狐狸说：“这可不是一般的午餐呐，这是一顿烤猪肉——我的美味大餐！现在，就到烤锅里去吧！”

挣扎也没有用了。小猪说：“好吧，听你的安排吧。不过，我有一件事要说。”

“什么事？”狐狸吼道。

“嗯，你知道，我是一只猪，而猪是非常脏的。难道你就不想给我先洗洗澡吗？想一想吧，狐狸先生。”

“嗯……”狐狸自言自语道，“他是很脏。”

于是，狐狸开始忙起来了：他捡树枝，他生火，他拎水。然后，他给小猪痛痛快快地洗了个澡。

“你真是个令人害怕的家伙！”小猪说。

“好了，”狐狸说，“现在你是全村最干净的小猪了。给我安静地待着！”

“好吧，”小猪叹了口气，“听你的安排吧，可是……”

“可是什么？”狐狸吼道。

“嗯，你知道，我是一只非常小的猪。难道你就不想喂饱我，让自己吃得更过瘾一点吗？想一想吧，狐狸先生。”

“嗯……”狐狸自言自语道，“他确实小了一点。”

于是，狐狸开始忙起来了：他摘西红柿，他做通心粉，他烤小甜饼。然后，他给小猪吃了一顿丰盛的午餐。

“你真是个令人害怕的厨师！”小猪说。

“好了，”狐狸说，“现在你是全村最肥的小猪了。给我进烤锅吧！”

“好吧，”小猪叹了口气，“听你的安排吧，可是……”

“可是，可是，可是什么？”狐狸吼道。

“嗯，你知道，我是一只勤劳的猪，所以我的肉特别硬。难道你就没有想过给我按摩一下，让自己能吃上更嫩一点的烤肉吗？想一想吧，狐狸先生。”

“嗯……”狐狸自言自语道，“肉嫩一点当然更合我的口味啦！”

于是，狐狸又开始忙起来了：他先推推这儿，又拉拉那儿。他把小猪从头到脚又捏又敲。

“这真是令人害怕的按摩！”小猪说。

“不过，”小猪接着说，“这些日子我确实工作得很辛苦，我的背都僵硬了。你能再用点力吗，狐狸先生？再多用一点点力气就好了。噢，可以了，可以了。现在，再往左边用点力气。”

“狐狸先生，你在哪儿？”

可是，狐狸先生再也听不见了——他累昏过去了，连抬抬手指头的力气都没有了，更别说烤猪肉啦！

“可怜的狐狸先生，”小猪叹了口气，“他忙了整整一天！”

然后，村里最干净、最肥、最柔软的小猪，拿着剩下来的小甜饼飞快地跑回家去了。

先用故事概念图，把握这个故事。

角色：小猪、狐狸。

背景：饥饿的狐狸正要觅食，而小猪误闯狐狸家。

问题：狐狸要吃小猪，而对小猪而言就是不要被狐狸吃掉。

困难：身体脏、个子小、肌肉紧。

解决办法：洗澡、做顿午餐、按摩。

结局：狐狸累倒，小猪成功逃脱。

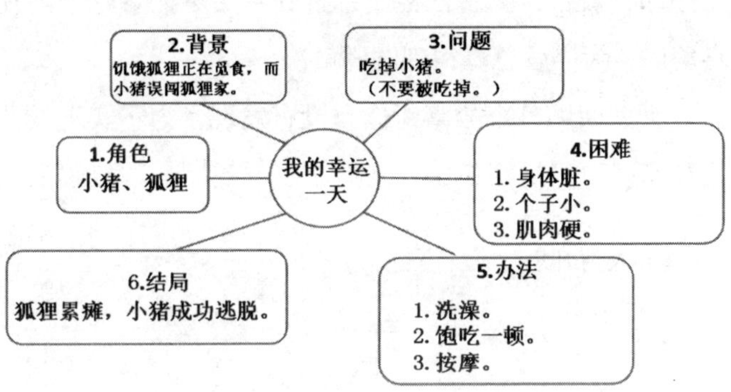

在这个故事中，最精彩的地方、最能抓住读者心得地方便是小猪机智的和狐狸周旋，用“身体脏、个子小、肌肉硬”三个理由为自己赢得时间，也耗费了狐狸的精力，从而成功逃出。大家想一想，假如作家就设计一次困难，让小猪就付出一次努力就成功逃脱，那你会觉得怎样呢？正是因为作者安排这样反反复复好几次尝试，才使得故事精彩，小猪的机智、沉着，才越发清晰地印刻在我们读者的脑海中。

一个简单的童话故事尚且如此有如此精彩的情节，一本国际大奖小说那就更别提了。我们再回顾一下这段时间我们共读的《乌鸦人阿凡思》，看看作家在构思故事情节时是否也是这样，让主人公面临重重困难，不断努力，不断去克服。

《我的幸运一天》

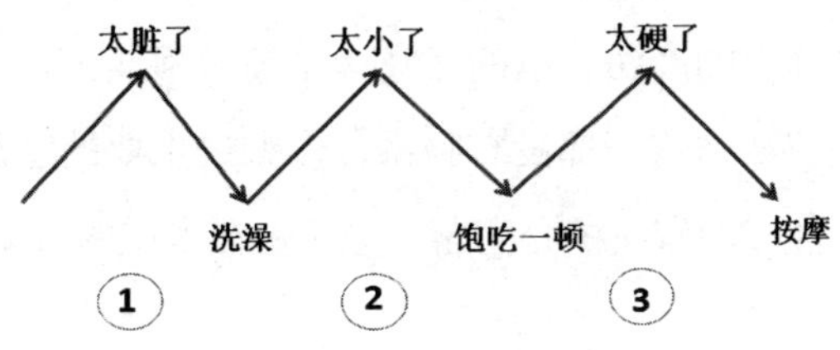

为了找到能变身的魔法李子，摩多万和阿凡思踏上了寻找魔法李子的征途。在这过程中，首先就是阿凡思带着幸存

的五个铜钱希望能解决饥饿问题，却被面包店老板当做强盗驱赶；摩多万在白鸽的热心帮助下得以休养，当两人喜相逢结伴去找女巫美娘，以为找到女巫美娘后便可得到魔法李子，殊不知当年美娘就已经把魔李全部给了摩多万，此时她也没有魔法李子了；幸好有魔法书的启示，他们重新踏上征程。谁料阿凡思又被马戏团给绑架了；在摩多万和大马熊的帮助下终于逃离马戏团，经历好大一番波折找到 S 湖，来到水上宫殿，遇到雌鸦阿霞，也知道了怪兽的秘密，可是却面临强大的邪恶巫师古古嘛，甚至还即将被古古嘛魔法控制；直到咕咕嘛无意吃下阿凡思塞过魔法李子的蛋糕变成乌龟时，大问题总算得到圆满解决。

大家回顾整个故事，你有没有发现，为了实现找回李子成功变身的目标，阿凡思和摩多万经历了饥饿、没有李子、受困、与最强敌人对决等遭遇，如果作家一开始就让阿凡思和摩多万找到美娘，得到魔法李子成功换回原身，你觉得故事还会这么精彩吗？阿凡思和摩多万对自身的认同、对命运的理解还会是故事结局中体现的那样吗？

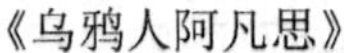
《乌鸦人阿凡思》

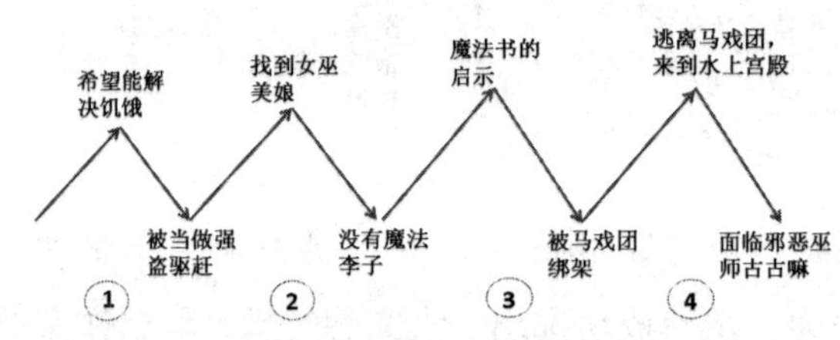

聪明的同学甚至发现，作家构思精彩情节的第一秘诀便是：**困难重重**。

那设立多少困难比较恰当呢？在这里，老师要给大家讲讲**神奇的三**。“三”在作家的创作里是个神奇的数字，有句俗语叫“事不过三”，也是这个道理。因为，如果尝试两次总觉得不能考验主人公，一般来说，为了解决核心问题，作家一般要安排主人公经历至少三次困难或受到三重以上的阻碍，主人公也就需要做出相应的尝试，比如大家耳熟能详的故事：三打白骨精、三借芭蕉扇、三顾茅庐，以及“我的幸运一天”里三难狐狸，还有《魔镜》一书中三买魔镜等等，此外，“三”在数学里还特别具有稳定的作用。当然，有的小说、故事经历的还有四次五次困难、尝试，例如《爱的魔法》里的库宾为了追求阿佳莎，尝试了一次又一次的爱的发明等等就不止三次，这个都没有关系，作家最主要的意思就是主人公需要经过多次努力和尝试才能成功解决核心问题，也正是在多次的行动之后，主人公才能得以成长。

第二秘诀：难度攀升

那么，小说里面，这些一次又一次的尝试，一层又一层的阻碍，作者是怎样编织的呢？有没有规律呢？作家为了抓住读者的阅读心理，让这些反反复复的困难与尝试一次比一次难。这是第二个秘诀：**难度攀升**。

我们再次看看乌鸦阿凡思和摩多万遇到的这些困难就知道了。饥饿问题解决了，接下来的问题更让他们不知所措，那就是女巫美娘也没有魔法李子。这和饥饿相比，那是更大的问题。可在魔法书的启示下，他们看到了希望，却不料中途被马戏团给绑架了。经过一番波折，好不容易才来到水上宫殿，摸清了“强盗”的真实面目，殊不知，邪恶巫师古古嘛格外强大，仅凭摩多万和阿凡思是不可能战胜的。同学们，你们看，饥饿问题、美娘没有魔法李子、被马戏团给绑架、差点被古古嘛的魔法控制，这些困难，难度逐渐加大，一次比一次棘手，解决问题的办法也越来越难，读者的紧张程度在一路攀升。

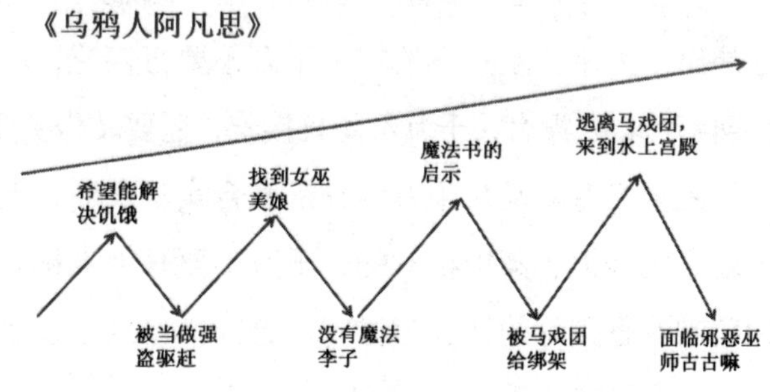

再比如《魔镜》一书，哈维尔三次遇见老爷爷，面对三面魔镜也是的。对哈维尔来说，三次相遇，可以说一次比一次的诱惑大。不管哪部小说，我们都能看出，我们的主人公解决了一个问题、克服了一个困难，做出了一次尝试，又会出现新的问题、困难，需要主人公再次克服、解决和尝试。后来的问题、困难总比上一次复杂，难度要高、要大。正因为如此，才使得情节不断上升。

第三秘诀：发生逆转

随着情节的反复、上升，主人公采取的一系列行动，造成读者的心情时起时落，大喜大悲，这是阅读的快乐，作家深谙其理。他们更有一个绝招，能牢牢抓住读者心情的，这便是第三个秘诀：发生逆转。所谓“逆转”便是在我们本以为事情会这么发展的，结果却完全不一样。

举个例子。端午节前啊，老师和你们的爸爸妈妈一样，收到了很多祝福信息，其中有一条信息给老师印象特别深，我们一起来看看。

紧急通知：

震惊！太可怕了！刚煮熟的粽子千万不要直接吃，转起来，让更多的人知道。经农科院数名专家及几千万例临锅联合实验表明，无论是城市还是农村，无论是大铁锅还是电饭锅、蒸饭机煮的，千万不要马上直接吃！直接吃的话——

烫嘴！！！再祝您端午节安康！

当你们看到“紧急通知”四个字时，是不是和老师一样心里咯噔一下？咦，端午节是我们中华民族的传统节日，正大过节的，出什么事了？没出大事的话怎么会用“紧急”二字呢？带着这种好奇，老师继续往下看——震惊！太可怕了！瞧瞧，一定是出了大事。刚煮熟的粽子千万不要直接吃，转起来，让更多的人知道。啊，怎么回事？看到没有，千万不能直接吃，还要转告更多人。这刚煮熟的粽子怎么了？经农科院数名专家及几千万例临锅联合实验表明，无论是城市还是农村，无论是大铁锅还是电饭锅、蒸饭机煮的，千万不要马上直接吃！果不其然，你们是不是也是这种猜测？直接吃的话会怎样呢？老师都已经吃过了呢，有问题吗？我们一起看一下结尾。直接吃的话——烫嘴！

哈哈，原来是这样啊，大实话，却出乎我们的意料，害得老师虚惊一场。不过回头想想，这则信息蛮有意思的，抓住了读者的好奇心理。同理，作家在设计情节时，为了达到一波三折，让读者的心情跌宕起伏，便会设计这样一些逆转的情节。

作家创作精彩情节的秘诀：

1.困难重重。
2.难度攀升。
3.发生逆转。

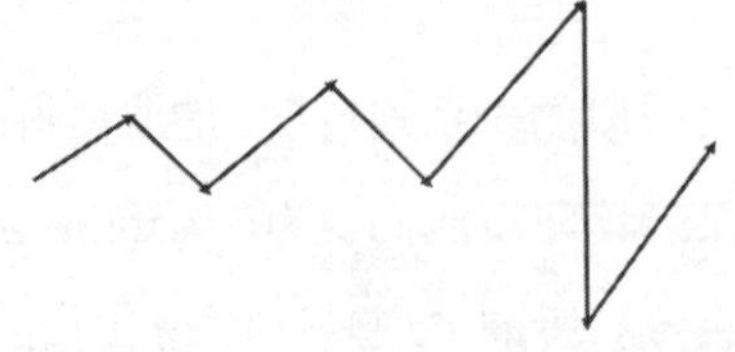

比如，当摩多万与咕咕嘛对决时，我们都以为摩多万就要完全被控制住了，他们的愿望终将功亏一篑了，没料

到，呱呱嘛随手拿了一块蛋糕，而这蛋糕里却被阿凡思塞过李子，而恰巧，乌龟正爬过这样咕咕嘛的脚边。咕咕嘛变成了乌龟，摩多万得救了！结局发生了逆天反转，这里的设计出乎读者的预料，这样的情节才能更加吊起读者的胃口，也能更能满足我们的心理愿望。像这样的逆转情节是整个小说最精彩的地方，故事发展的高潮部分，也是作家最得意的设计。

阅读作业

好了，今天这节课我们一起探寻了作家在创作一波三折的情节时的一些秘诀，那就是设立重重困难，且难度攀升，让情节发生逆转。以上三点正是小说创作常用的一些技巧，我们在阅读的时候了解这些，对小说情节的把握、人物的认识会更清楚。当然，我们在编创一个故事时，不妨也采用这些技巧，增强故事的趣味性、可读性。

这次的作业我们就来尝试创编一个情节有波折的故事，或者用故事概念图或流程图列出提纲也可。如果难以创编，也可以回忆一下，你读过哪些情节有波折的故事，选择其中一个绘制出故事概念图或流程图，也可以用老师在这节课上呈现出来的折线图来描述。

第三课
我有一颗魔法李子

第一次回顾：乌鸦与人互换角色

看了课题，同学们就知道这节课我们要聊一聊书中提到的这枚有着神奇魔法的李子。在开聊之前，大家回忆一下：在书中的开篇，当乌鸦阿凡思和魔法师摩多万碰在一起后，两人做出了一个大胆的决策，这个决策是什么？哈哈，一定难不倒大家，他们的决策是——互换一天的身份，也就是乌鸦阿凡思变成人，体验一天人的生活；魔法师摩多万呢，则变成飞鸟乌鸦，体验体验飞翔的感觉。

阿凡思和摩多万为什么会有换身份的想法？

角色	想换做的身份	原因
	人	被同伴抛弃 人类过冬不用迁徙
	鸟	渴望体验飞行

我们都知道，事出必有因。乌鸦阿凡思和魔法师摩多万想换身份也必然有原因，那么他们为什么会产生换个身份的想法呢？

阿凡思因为不善于飞行，被同伴嫌弃，只能孤独地留在北方过冬，因此他羡慕起人类的生活来，而摩多万也想体验体验作为一只飞鸟是什么感觉。于是，他们两个一拍即合，随即吃下一颗能够让他们变身的魔法李子。

这个魔法李子有多么神奇呢？我们再到文中找找，在魔法李子的帮助下，阿凡思和摩多万如愿以偿了吗？

1. 阿凡思

哈，阿凡思真是高兴极了！

他站到一面镜子前，美滋滋地欣赏自己的新形象。

要说漂亮，当然谈不上。又黑又密的头发和又黑又密的络腮胡须，脸当中伸出了一根长长的黄鼻子，怎么看都有点像他原来的乌鸦嘴。不过，阿凡思不在乎！他现在有了两条腿和两只胳膊，还穿了一套黑色的西装，一句话，他变成了一个人！

“我现在得去刚才见过的那座村庄，”阿凡思想，“那里肯定会有人收留我，然后我就可以坐到火炉前，再也不移动一步了！”

他离开了塔楼，把衣领竖起来，迈开双腿上路了。

瞧瞧，尽管变成人的阿凡思算不上漂亮，但他依然兴致勃勃，对即将开始的人类生活体验充满了信心。那摩多万呢？

2. 摩万多

那么，在这期间，我们的魔法师乌鸦的情况又怎么样呢？他从塔楼窗口飞出去以后，立即冲向了高高的云霄。

有一双翅膀真是太美妙了！他得意地想。他感到格外轻松和自由。而且他最感到意外的是，在如此高的天空他竟然一点都不头晕。平时他有恐高症，连爬几级梯子都不敢，可现在，他却希望飞得越高越好。

从这些文字里，你一定感受到他的兴奋、激动和得意了吧。

第一次追问：我想变成谁

乌鸦阿凡思和魔法师摩万多，一个迫不及待上路，一个感觉美妙极了、希望飞得越高越好。小小一颗魔法李子，就能帮助他们变换身份，的确是一件美妙的事情。那么你们有过换个身份的想法吗？现在机会来了，如果有一天，有一颗魔法李子能够帮助你转变身份，你想变成谁呢？为什么呢？

很多同学们纷纷写下了自己的真实心声，我们来欣赏欣赏，有和你是相同或相近的身份，你们的原因又是不是一样呢？

老师发现，百分之八十以上的同学都希望换个身份，体验一把，其中有一部分孩子还想做某种小动物呢，是不是很新鲜？千万别以为只有我们小孩子异想天开想换个身份，其实，生活中，每个人都曾经想，假如我成为他……

读读这首散文诗《职业》——

早晨，钟敲十下的时候，我沿着我们的小巷到学校去。

每天我都遇见那个小贩，他叫道："镯子呀，亮晶晶的镯子！"

他没有什么事情急着要做，他没有哪条街道一定要走，他没有什么地方一定要去，他没有什么规定的时间一定要回家。

我愿意我是一个小贩，在街上过日子，叫着："镯子呀，亮晶晶的镯子！"

下午四点钟，我从学校里回家。

从一家门口，我看见一个园丁在那里掘地。

他用他的锄子，要怎么掘，便怎么掘，他被尘土污了衣裳。如果他被太阳晒黑了或是身上被打湿了，都没有人骂他。

我愿意我是一个园丁，在花园里掘地，谁也不来阻止我。

天色刚黑，妈妈就送我上床。

从开着的窗口，我看见更夫走来走去。

小巷又黑又冷清，路灯立在那里，像一个头上生着一只红眼睛的巨人。

更夫摇着他的提灯，跟他身边的影子一起走着，他一生一次都没有上床去过。

我愿意我是一个更夫，整夜在街上走，提了灯去追逐影子。

这是印度大诗人泰戈尔的一首诗，题目是《职业》。这首诗像是一个孩子的自言自语，在向他的爸爸妈妈、伙伴朋友轻轻柔柔地诉说着，句子中活活泼泼地“愿意”做这个、做那个，你是不是也有过这样的想法？

老师也曾有过换个身份的想法，我就想着，要是做一个呼风唤雨的魔术师多好啊。做个魔术师多棒，眨眼间能变出奇特的东西来，那种神秘和给观众带来的期待、惊讶、快乐，想想都让我向往。

所以，只要是凡人，都有想体验另类生活的想法。看来，阿凡思和摩多万的想法并非异想天开，不是那么奇葩。他们两个换了身份后，的确在开始时感觉很新鲜，很刺激，很向往。以至于一个迫不及待上路，一个感觉美妙极了、希望飞得越高越好。那么，他们果真如自己所愿了吗？一切都像自己想的那么美好吗？

第二次回顾：人鸦互换后的生活

继续读书，不难发现，现实并不是他们想象的那么美好。我们先来第读一读第二章、第三章相关段落，看阿凡思和摩多万互换角色后的生活。

描写阿凡思的相关段落：

“喂！”房子的主人——一个彪形大汉气愤地喊道，“先生，您到这儿想干什么？您是谁？就这么闯进来，这算是什么规矩？”

就在他这样喊叫的时候，阿凡思已经坐到了壁炉上，正想把鞋脱下来烤火。阿凡思虽然现在是人的模样，但他却听不懂人的语言，而这也是他事先没有估计到的。那个大汉没有多啰唆，一把抓起阿凡思的衣领把他扔出了门。

“快滚！别让我再看见你！”那个大汉喊着狠狠地把门关上了。这人怎么这么不友好呢！阿凡思想。他只好再去第二栋房舍。但那里的人一看到他那可疑的形象和那根大黄鼻子，根本就没有让他进去。在其他房舍里，他遭到了同样的待遇，到处碰壁。对那些人来说啊，阿凡思的样子实在太恐怖了。就这样，他慢慢地走到了村庄的尽头，这时他才突然意识到，现在只有他一个人孤单单地站在黑暗当中，而且不知道应该到何处去。他穿的衣服很单薄，感到很冷。就在这时，阿凡思突然渴望再变回一只乌鸦。当乌鸦，我身上至少还有羽毛，可以御寒，总比人类的衣服要暖和的多。他想着，难过地向前走去。

描写摩多万的相关段落：

突然，另一只鸟儿飞了过来！那是一只黑色的大老鹰，它见到一只乌鸦竟然飞得这么高，心里很不满意，因为这是它的地盘，只有老鹰才有资格在这个高度飞翔，这是所有鸟类内定的一条规矩。摩多万当然不会知道这些。老鹰立即向他发起了攻击，我们的魔法师竟吓得忘记了如何飞行，像一颗石头一样垂直从天上掉了下来，直到快要挨到树冠时，他才勉强控制住了自己，他掉进了树叶当中，落到一根树枝上。他的心跳个不停，所幸的是，那只老鹰没有继续难为他。

“竟会有这种事？”魔法师想，“我真是没有想到，老鹰会什么如此不喜欢乌鸦呢？”他呆站在枝头上，思索着下一步该往哪儿飞。就在这时，他身后突然跳出了一只动物，那是一只黄鼠狼。但是黄鼠狼第一次攻击却没有把他抓住，只是抓掉了他几根黑羽毛，他吓得从树上跳下来，又把飞行忘记了，砰的摔到了硬硬的地上。他喘着粗气，迈开细腿，在森林里跑了起来。过了一会儿，她才想起自己现在是一只乌鸦，才有重新飞上了天空。可是这次的飞行可就不再那么轻松了。因为他少了几个羽毛。“乌鸦的生活我真是受够了，”魔法师想，“行啦，我现在就飞回家。”

看来，不管是阿凡思还是摩多万，在体验到短暂的新鲜后，都饱受苦头。

第二次追问：我还想变吗

哈哈，了解了阿凡思和摩多万变化后的苦恼后，如果你现在有一颗能变身的魔法李子，只有一颗，你还想变吗?

说到变换身份，老师想到了一个特别的人物，不对，应该说是小猪，它也厌倦了自己的生活，就想着换个身份。别说，还真换了，结果怎样呢?

共读《小猪变形记》——

这一天，小猪觉得很无聊。“真烦。”他嘟囔着，“烦、烦、烦、烦、烦！总该有点儿什么好玩的事吧，我去找找看！”于是，他小跑着出去了。

跑到路边，他看到长颈鹿在吃树梢上的叶子。他瞪大眼睛，一个劲儿地盯着人家瞧，“我敢说，做长颈鹿一定很刺激。”突然，小猪想到了一个绝妙的好主意!

小猪咚咚地跑回去做了一对高跷，然后踩着高跷散步去了。

路上，小猪遇到了斑马。“嗨，下面的那位！”小猪跟斑马打招呼，“我是一只了不起的长颈鹿，我可以看到好几里远的地方。”“你不是长颈鹿！”斑马大笑着说，“你是一只踩着高跷摇摇晃晃的小猪，你最好小心点儿。”

小猪气呼呼地走开了，但是没多久……

“哦，天哪！”小猪一边掸着灰，一边感叹，“看来长颈鹿的生活不适合我。我要去寻找更刺激的探险！”

还没走出两步，小猪又想到了一个好主意！他找来颜料，给自己画了一件奇妙的新外套，然后他一路小跑着炫耀去了。

“嗨！”小猪跟大象打招呼，“我是一只了不起的斑马！你看，我身上有斑马纹。”“你不是斑马！”大象大笑着说，“你是一只身上画着斑马纹的小猪，你马上就……”

“讨厌！”小猪叹了口气，“当斑马还不如当小猪呢！我敢说，做大象一定更有趣……”

还没等身上的水全干，小猪又想到了一个好主意！小猪在自己的鼻子上绑了一根长长的塑料管，在两只耳朵上绑了两片大树叶。然后他跺跺脚，又出门去了。

“嗨！”小猪跟袋鼠打招呼，“我是一只了不起的大象！我能用鼻子喷水。”“你不是大象！”袋鼠大笑着说，“你是一只鼻子上绑了塑料管的小猪。”

小猪正想争辩，突然……

“嗯——”小猪哼哼着，“当大象一点儿都不好玩儿！不过，当袋鼠一定很有趣.”

他马上又想到了一个好主意。小猪在自己的脚上绑了两个大弹簧，然后他踩着弹簧，一蹦一跳地出门去了。

“嗨！”小猪跟鹦鹉打招呼，“我是一只了不起的袋鼠！我能跳得跟房子一样高。”“你不是袋鼠！”鹦鹉尖叫着说，“你是一只踩着弹簧的小笨猪，再说你跳得也不高。”

鹦鹉真没礼貌，小猪气坏了，一心想跳给鹦鹉看。他越跳越高……他蹦到了一棵树上，被倒挂起来了！

小猪挂在树上晃啊晃啊，“唉，要是我会飞该多好啊。”他从树上爬下来。不过，这样一来，小猪又想到一个绝妙的好主意！

他找来羽毛和贝壳，给自己做了一对翅膀和一个大鸟嘴。然后，他拍着翅膀出门去了。

“嗨！”小猪跟猴子打招呼，“我是一只了不起的鹦鹉！你的眼睛能看多远，我就能飞多远。”“你不是鹦鹉！”猴子大笑着说，“你是一只披着羽毛的小猪，猪不会飞！”

猴子说对了。小猪根本没飞起来，他就像一块大石头，一头栽进了树下的泥潭里！

“真倒霉！”他躺在泥潭中央，吧唧吧唧地拍打着泥巴，“事情都搞砸了，当小猪一点儿乐趣都没有！”

“你说什么，当猪怎么没有乐趣了？我就是猪，我在泥潭里面打滚，觉得很好玩儿啊。你快试试吧！”

于是小猪也跟着滚来滚去……他滚得越多，身上就越脏，身上越脏，他心里就越快乐。

“太棒啦！”小猪高兴得大叫，“原来当小猪是最开心的事情呀！”

同学们，小猪最后的想法是什么？还是换个身份吗？小猪都知道还是做自己好这个道理。你怎么认为呢？听了这个故事。如果这颗独一无二、能变身的魔法李子就摆在你面前，你吃不吃？变还是不变？老师相信，你一定有自己的想法，或坚定或犹豫或纠结，无论哪种，老师都希望能分享你的真实想法。

阅读作业

今天的作业有两种，你可任选一种，相信完成这项作业，会对你的答案有启发。

1. 角色体验报告

你想换的、体验的这个身份，固然有值得你羡慕嫉妒的地方，但是，他是不是所有方面都是你向往的呢？有没有他的烦恼呢？你可以来个角色体验实验，你想做盲人，你就做一天盲人；你想做老师，也可以和老师商量一下，做一天老师；想做大人，就跟爸爸妈妈换一下身份……就这样，一天下来，你再来确定换还是不换。

2. 我的调查报告

调查调查身边的同学、家人等等，问一问他们都有没有换个身份角色的想法，他想变成谁，为什么想这么变？调查的对象越多越好。既然是调查，就要有个小结。调查完一些人之后，再来梳理梳理，做一个简单的分析，就是面对你的调查发现，你想说什么呢，也一起写一写吧。

角色体验报告		
体验日期：	体验地点：	体验人：
体验时长	（比如从几点到几点，或者几小时）	
体验对象：	体验原因：	体验后的感受：

我的调查报告		
体验日期：	体验地点：	体验人：
被调查人姓名	他想变身谁（没有可不填）	原因
我的调查发现：		
面对调查发现，我想说：		

国际大奖小说
纽伯瑞儿童文学奖金奖
兔子坡
[美]罗伯特·罗素/著.绘 陈诗纮/译
勇敢的兔子乔奇打开了精彩纷呈的新生活之门!
新蕾出版社

第十一本书
兔子坡

关于本书

美国著名儿童文学作家罗伯特·罗素是位兼写作绘画于一身的拿奖高手，他总是有种让读者开启第二遍阅读冲动的本事。就拿本书来说，讲的是兔子坡上小动物们因为新人家要搬来，对新人家由期盼到试探，由猜忌到全然接纳，兔子坡终于从荒凉衰败重新走上富饶生机之路的故事。在这个简单的故事中，作家为读者们呈现了动物们与人类和谐共处的家园。作为读者，你丝毫不会有违和感，读着兔子坡动物们的故事就像看着自己身边人的故事一样，且不同的读者会读出不同的意义，可是动物世界引发出的哲思自然而然，不露痕迹，却又深入人心，不禁让人惊叹作家对人性的洞察、对和谐共生的深刻定义。此外，作家对角色的把握，对情节的调控，在幽默、轻快、细腻的表达中一览无遗，还有，文中那逼真传神的插画，更是与文字相得益彰。难怪，罗伯特·罗素凭此一书荣获美国“纽伯瑞儿童文学奖”金奖，而且该书也一直在很多国家和地区的畅销书排行榜上名列前茅。好书，值得一读再读。

关于主题

主题	目标	拓展书目	读前准备	作业
发现故事里的意义	学习发现小说中的主题，并能从书中找出证据支撑自己的观点	无	提前阅读	利用所学说说自己发现的主题及证据。
有个性的“话”	聚焦书中角色的语言，把握角色的特点，写出真实、有个性的话	无	无	1. 描写一段对话，突出人物的个性，字数不限 2. 朗读第一章
角色类型	认识小说中的人物类型，通过比较，初步了解作家设置不同类型人物的用意	无	无	梳理或设计一本书的角色类型

教学现场

第一课
发现故事里的意义

作家其人

同学们，本月我们一起聊的是一本特别耐人寻味的书，它就是获得美国“纽伯瑞儿童文学奖”金奖的《兔子坡》。它的作者是美国著名的儿童文学作家罗伯特·罗素，他是位拿奖高手，他曾将纽伯瑞金奖及凯迪克插图大奖都收入囊中，这是两项举世瞩目的大奖。22 岁的时候，他为一首诗歌创作的装饰画第一次发表，从此，一发不可收拾，他创作出不同类型的图画，不断被报纸、杂志等媒体所采纳。他为很多作家的书配过插图，并因此获得凯迪克插图金奖。我们读过的《波普先生的企鹅》里的插图就是出自他的手。

这个故事讲的是什么

在读完这本小说后，我想同学们一定会被生活在兔子坡上的各具特点的动物角色所吸引，一定会被发生在这些角色之间的故事所打动。书里有许多话题值得我们来聊。今天这节课，我们首先要聊的是发现故事里的意义。

读完一个小说，我们都要合上书，想想这是一个讲了什么的故事。

这是个怎样的故事？一定首先得回到故事本身。还记得上本书我们曾学到的一个阅读策略——故事概念图，它是帮助我们书里一个故事大意的好帮手。所以，我们首先借助它来回顾一下《兔子坡》讲了个怎样的故事。

故事的角色是以小兔子乔奇为核心的兔子坡上的各种动物，故事发生的背景是两三年来，好心人搬走了，兔子坡变得荒凉衰败，动物们一直过的是悲惨的日子，春天即将来临，而新人家就要搬来了。可是兔子坡的动物们面临的核心问题是不知道新来的人家是否是好人，是庄稼人，是爱护动物的人，因为对新人家不了解，然后是因为小乔齐受伤产生误会对新人家不信任，所以在一次次试探中，例如跳到马路中间挡住主人车子、灰狐狸与男主人碰个正着、女主人驱赶狗解除波奇危机等，在一次次观察中，例如看到男主人抽烟斗、女主人厨子的肥胖体型等，在田鼠威利夜夜监视下，得知新人家种各种菜，在威利、乔奇被困后报复、猜忌，在误会解除后，终于全盘接纳新人家，并且主动保卫菜园，兔子坡人和动物和谐相处。

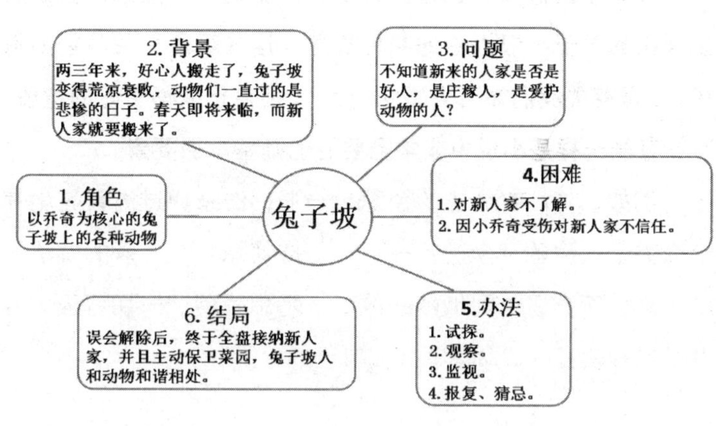

这是一个关于什么的故事

我们利用故事概念图梳理出《兔子坡》的主要内容，知道讲的是这样一个故事，如果需要你用一句话来说说这是一个关于什么的故事，你会怎么认为呢？

兔子、动物、动物与人、兔子坡、填饱肚子、新人家来了、希望、尊重、和谐、共生、家园、勇气……

答案可能很多，各不相同，但是稍微分析一下，像“兔子、动物、动物与人、兔子坡、填饱肚子、新人家来了”这样的属于看得见的，很容易理解的事实，是故事的内容，而“希望、尊重、和谐、共生、家园、勇气”则是通过故事领会到的意义，它不是那么容易理解、看得见，但是寻找到它、领会到它却是我们阅读小说非常重要的策略，是我们作为读者最有收获的一种方式，这就是发现故事中的意义，就是今天这节课我们要重点聊的话题。

故事中的意义，我们又称之为“主题”。**主题，就是意义，就是作者透过故事呈现出的关于一般人生的某种观念，这些观念有关我们如何面对或处理生活中的挑战，或是有关我们如何去感受、行动，使自己变得更好的道理、价值。主题，和角色、情节、背景一样是小说中非常重要的也是基本的要素**。

例如，《波普先生的企鹅》一书，作家通过波普先生养育企鹅的故事是想呈现什么关于人生的观念呢？——“坚持梦想”。《爱的魔法》一书中，作家通过铁木尔一家、库宾追求阿加莎的故事，是想呈现“一切皆因为爱”的道理。《魔镜》一书是告诉读者，“命运掌握在自己的手里”。

如何发现故事里的意义

不过，尽管作家在创作故事时一定有他想表达的观念，但是绝大多数作家是不会用太多的文字来直接陈述主题的。所以，这就需要我们读者带着自己的理解去发现。**如何发现故事里的主题呢？一般来说，我们可以看主人公在故事里学到了什么，得到了什么启发，获得了什么成长，从而判断故事里的意义**。

因为每位读者的背景与理解有所不同，因而会对同一个故事得出完全不同的主题，但是只要能从故事中找到证据，都是可以的，一本优秀的小说，或者说一个好的故事，总能让不同的读者找寻到不同的意义。**所以，一本书或一个故事的主题可以是多元的**。

以书为例，寻找证据发现主题

好，下面我们就来聊一聊《兔子坡》这个故事里的意义，并学习如何从书中找出证据来支持自己的观点。

前面我们有说到不少同学通过这个故事，发现了其中的意义。有的同学认为这个关于希望的故事，有的认为这是关于人与动物和谐共处的故事，也有的同学则认为这是个关于讲尊重、讲友谊的故事，还有的同学认为这是关于呼唤和平的故事。

下面我们以其中一个为例来谈谈如何发现主题。在这里，我们要运用到我们之前学过的一个技能——亮出观点四步法：亮出观点——说清理由——举例证明——重申观点，发现故事里的意义与亮出我的观点其实在表达上是基本一致的。

老师读完这本书和很多同学一样，感受最深的是，在生活俨然如此困难的兔子坡，无论是谁，对美好生活的渴望，对改变现状的希望都在。因此读完这本书，心里强烈地感受到这是一个关于“希望”的故事。这是作为读者发现的意义，即故事中的主题。这个也是读者的读后观点。那这个意义怎么发现的呢？理由是什么？证据在哪里？

理由一：兔子坡的所有动物都对新人家的到来充满希望。

“新人家要搬来了”成了兔子坡的动物们谈论的大新闻，故事也就是从这条新闻开始展开的。这条新闻在兔子坡引起了很大的轰动，以至于整座小山兴奋得沸腾起来，到处叽叽喳喳，此起彼伏。看得出，大家对新人家的到来格外关注。通过他们对新人家如此关注，能强烈地感受到他们对新生活的希望。证据如下：

证据1：小乔奇跌跌撞撞地跑下兔子洞，气喘吁吁地发布消息：“新的一家人要搬来了！”他喊着，“新的一家人要来了！妈——爸，新的一家人要搬进大房子啦！”小乔奇，故事的男一号。他迫不及待地将这一消息告诉爸爸妈妈，这种激动、充满期待的心情自然是不言而喻的。

“哦，该是新人家搬进大房子的时候了，正是时候，我真希望他们是庄稼人，不要像以前那些人一样搬来搬去……”老妈，总是一副忧心忡忡的心态。尽管老妈担心新来的人家会破坏兔子洞，会有毒饵毒气有猫狗有卡车，光是想想这些，都能让她脸色发白，但她还是很渴望改变现有的生活的。

“乔奇的消息说不定就是幸运丰收的先兆呢……”老爹，兔子坡很有权威的一位长者。他听了老妈的担心后这样劝说道。虽然我们不知道兔子坡曾经发生了什么，但是老爹简洁的话语背后隐含着对丰收年份的憧憬。接着，老爹拜访了兔子坡的居民们，打探新人家要来的消息是否属实，打探之后，他的心情愉快多了。所有这些，是不是可以感觉到老爹对新来人家充满期待呢？

其他小动物听到消息什么表现呢？

证据2：“该有新人家搬来了——嘎嘎——是时候了——”“我说，是新人家该来的时候了，是时候啦！”土拨鼠波奇，经历过一个冬眠的波奇满肚子的牢骚，不过，他丝毫不隐瞒自己的想法，虽然牢牢骚骚断断续续，这句“是时候了，是新人家搬来了”却挂在嘴边。

“太好了！”灰松鼠听到老爹告知可能新人家要来的消息后大呼，重新精神抖擞地开始他的搜寻工作。

“大新闻，”威利喘不过气地大叫，“哦，鼹鼠，真实大新闻啊！每个人都在谈论，有新人家要来啦！鼹鼠，新的一家人要来啦！在那栋大房子里，新人家……大家都说他们是庄稼人。鼹鼠，工具房可能又会有种子了，种子和鸡饲料，它们会从裂缝里掉出来，整个冬天我们都可以尽情地吃了，就像夏天一样；还有，地窖里会有暖气，我们可以在墙边挖洞，这样就能住得舒适了。说不定他们会种百合，鼹鼠啊，噢！要是现在能有一个脆脆的百合根，让我拿什么去换都行啊！”

田鼠威利和鼹鼠那种激动欢喜的劲头更是难以言喻。瞧，威利是多么的兴奋，他这么急切地将消息告诉好朋友。虽然他的话有些语无伦次，但是那种期待新人家到来的激动心情显而易见。

证据3：整座小山不断有悉悉碎碎的骚动声从树丛和长得高高的杂草堆里传出来；小动物们跑来跑去，谈论、臆测着这件大事；松鼠和花栗鼠沿着石墙跳跃，为这个好消息欢呼；黑暗的松林里，猫头鹰、乌鸦、松鸦大声为这件事争论；兔子洞里不断有访客进进出出，到处全是这句重复不休的话：“新的一家人要来啦！”

这一段集中描写，更是再现了动物们对新一家人到来的期盼。让读者感受到一种即将到来的大事，喜事，“新的一家要来了”就是“希望”要来了。

读到这儿，我们不妨问一下自己，兔子坡上的这些小动物们为什么这么渴望新人家的到来呢？同学们，认真想过这个问题吗？其实啊，这和他们的过去和现在的生活状况有关，我们依然可以从书中许多处的描写可以得知。

比如在书的第二三页，通过老妈和话以及老爹的所见与回忆，能看出当年的兔子坡因为有好人家，是那么的富有生机，不仅风光好，食物充沛，而且动物与人相处和谐，可是因为好人家搬走了，兔子坡也由原来的芳草萋萋变得了无生机，还有很多动物不堪忍受这日益萧条的状况纷纷搬离。如今的兔子坡荒草丛生，大地萧条，动物们没有吃的，与人的关系也十分紧张。

同样，从其他小动物的对话里也能看出他们对过去美好生活的留念，对现在生活的抱怨，对新人家的到来报以的无限希望。

理由二："新人家要来啦"这个消息贯穿故事始终，让人觉得希望就在眼前。

证据 1："新人家要搬来啦"在书中出现不下几十次。如果说，合上书，书中哪句话会一直响在你的耳畔，我想一定是这句：新人家要来啦！如果数一数，这句话在书中出现的次数恐怕不下于几十次，它出现在第一章的标题上，出现在第一章开篇的第一段，最后一句，出现在生活在兔子坡上的所有动物的谈话里，甚至出现在外围的动物还有人们的嘴里、歌声里。"新人家要搬来啦"这一消息不胫而走之后，引起了兔子坡上的轩然大波，成了头条新闻。动物们冥冥之中觉得几年来的艰苦生活就要结束了。所以，大家都调整自己的心态，积极面对即将到来的那一刻。

证据 2：被谱成歌曲的"新人家来啦！"成为整个故事的背景音乐，广为流传。故事中更让我们难忘的是乔奇，他是消息的发布者，也是带给动物们希望的人。他居然把这个消息创作成了歌子。

新人家来啦！嗨哟！
新人家来啦！嗨哟！
新人家来啦！嗨哟！
新人家来啦！嗨哟！
嗨哟！嗨哟！

歌词虽然很简单，很单调，但是却十分合小乔奇的口味。以至于他大声唱，小声唱，一会儿像凯旋的礼赞，一会又像遇难脱险的故事，他一遍又一遍，不断地唱。这歌声也深深感染着兔子坡的每一个成员，仅仅是小乔奇一路唱来，这无意中，兔子坡的动物们和人们都会哼唱起来了。在书中第 46~49 页中许多的描写中，我们能感受到这歌看似单调，却多么有影响力。是啊，无论是对兔子坡上的动物来说，还是对农场上的这些人来说，新人家要来的消息都是那样令人振奋。的确，有变化就有希望在。大家哼唱着乔奇创作的歌子，满心祈祷着快乐的日子可以重现。

理由三：新人家的种种作为让人觉得希望一定会实现。

新人家真的来了，小动物们个个紧张兮兮地观察着，揣测着来者是好人家还是坏人家。毕竟，遇见一户好人家幸运的，又是可遇不可求的事情呢。于是，小动物们使出了一系列小伎俩来试探新邻居。但是，新邻居经受住了动物们的种种考验。一家人的友善，让动物们有目共睹。

证据 1：他们会在开车的时候避让小动物，还周到地在车道入口树立起警示标牌，以免动物们遭受伤害；

证据 2：女主人从恶狗口里救下了土拨鼠波奇，男主人听任他把洞口开在自己的菜园；

证据 3：新人家还善待失足受伤的田鼠威利，当不明真相的鼹鼠采取疯狂的报复行动——把新人家刚刚碾平的草地弄得一塌糊涂时，善良的男主人却“一笑泯恩仇”。

证据 4：新人家不围围栏，并种上丰富多样的蔬菜庄稼。

证据 5：新人家照顾乔奇，并树立雕塑“圣芳济”，每日给动物们预留食物。

通过这样的发现与找寻，我们明晰了故事里的意义，这是一个关于希望的故事。动物们对新人家的期待正是体现了对改变现状的希望，对美好生活的希望，他们用积极乐观的心态迎接希望，而新人家更是用他们的爱心与实际行动实现动物们的希望。希望，成为动物们团结进取的动力，成为努力的目标，也让作为读者的我们强烈地感受到一种向上积极的力量。这力量是这故事里的角色们带给我们的启示，那就是：即使生活不令人如意，也不要放弃对未来的希望。

同学们，这就是通过探寻故事里的意义，带给我们的收获。

阅读作业

同学们，通过这节课的学习，你是否找到这个故事带给你的意义？你又是从书中哪些地方找到了证据？希望你再次拿起书本，用今天所学的方法去探寻故事里的意义。

<table>
<tr><td>发现故事里的意义</td><td>读了《兔子坡》，我觉得这是一个关于______的故事。我可以从书中这些地方找到证据：
1.______
2.______
3.______
由此，我觉得这本书带给我的启发是：
______
______</td></tr>
</table>

第二课
有个性的“话”

从经典角色语言揭示主题

同学们，我们知道，人物是小说的三大要素之一。作家笔下的人物刻画得栩栩如生、呼之欲出，都给我们留下了深刻的印象。下面我们就先来个猜猜看：读读老师出示的这些话，看看你能都猜出是哪部作品中的哪位人物所说。

“但我相信，词汇总有用光的那天。难道你没听人说过‘我真的无语了？’”

“我的天！还写信！他们连数到三都有困难！真受不了！”

“我常常担心，它会不会有一天懒到连自己的脸都不舔了呢？到那时我还得发明一台自动洗猫机不成？”

猜出来了吗？对的，这是《给爸爸的漂流瓶》中的汉娜的话，天真无邪，富有光彩。我们接着看——

“唉，医生那里我不知去了多少次了。你知道吗，这脚没什么大不了的毛病，就是老了。奶奶从头到脚都老啦。如果再活一次的话，我一定十六岁就生孩子，这样到三十六岁的时候我就可以抱上孙子了。我可以带孙子们去游泳馆，去动物园，秋天我们可以一起去爬山，冬天我们还可以一起去滑冰。那多棒啊！”

这一段是谁说的呢？这是《巴特先生的返老还童药》中的罗比的奶奶说的一段话。当时奶奶不顾自己的肿腿，还想着带孙子去动物园，为了带领孙子四处游玩，奶奶幻想自己再活一次，自己变得年轻、身体好。话虽朴实，却是无比真情，这是一个多么疼爱孙子的奶奶呀！

下面这几句话来自电视作品。

“我还会回来的！”

爱看动画片的小朋友肯定张口就出来，这是《喜羊羊与灰太狼》中灰太狼的语言，每次被羊族打败都会喊出这句话来。

“臭狗熊你们给我等着。”

“臭狗熊，我饶不了你们！”

哈哈，这两句话是不是很熟悉？它们同样出自动画片《熊出没》中的光头强。光头强还有一句非常经典的话呢，还记得是什么吗？出示：

“惹我光头强，揍你没商量。”

读着这些人物的语言，我们会很自然地想起这个人物来，想起这个人物的性格特点来。那是因为在小说里，人物的语言，能够披露人物的内心世界，展示人物的个性特征。语言成了表达人物思想感情表现人物特点的主要工具。所以作家为了塑造个性鲜明的角色就必须赋予人物丰富有个性的语言，这就是今天我们聊的主题——

有个性的话。

聚焦本书语言特色

我们共读的《兔子坡》这本小说中，出场角色非常多，单单张口说话的至少有15个。无论说的话是多还是少，都是特点鲜明，有时读到这个角色说的话，没看人名，我们就能猜出是谁，可谓：闻其声，似见形，得知性。那就是因为作家赋予了人物有个性的话，富有生活气息的话。

在这本书的封底，《学校图书馆杂志》推荐词这样说到："透过精彩的画作与生动的文字，作者赋予每个动物以鲜明的人格。"所谓鲜明的人格呀，就是动物的言谈举止乃至思想与人类并无二致。其中，有生活气息、有个性的话便是最为明显的特征。

书中的乔奇、老妈、老爹、波奇、阿那达斯叔公等，虽是兔子、鼠类，可大家在读他们的话时，就像是我们身边的爸爸妈妈、亲戚长辈、邻居朋友在说话。这在本书的第一章，十分的明显，通过一段段对话，一个个特点鲜明的动物陆续登场：可爱的乔奇、忧虑的老妈、绅士老爹、固执的波奇、有礼的灰狐狸、健忘的灰松鼠、坦率的威利和鼹鼠，以及温顺胆怯的红鹿、大咧咧的臭鼬鼠菲伟等等，有的虽是三言两语，可鲜明的形象照样跃然纸上。我们就以这本书为例，来揭秘怎样才能说出有个性的话。

如何说出有个性的话

首先，人物说的话要符合他的身份。

身份，是和一个人的年龄、地位、角色、职业等有关。比如，你是学生，我是老师；你是小孩，我是成人。有的同学爸爸是公司职员，有的是工厂工人，有的则是公务员，或者有的是律师，等等。这些都表明了不同的身份，身份不同，自然说话的语气、习惯和内容也会有所不同。

有一个流传很广的故事，非常典型地体现了身份不同，说的话就不一样。

秀才、县官和财主在大雪天不期而遇。财主提议，以雪为题，每人吟咏一句诗。秀才说了一句：“大雪落地似鹅毛。”戴乌纱帽的县官听后马上接了一句：“皇家瑞气降人间。”财主笑着说：“下它三年又何妨？”这时正好走过来一位穷人，一听就生气，嘟哝了一句：“放你们的狗屁。”

你知道这段经典的语言描写好在哪里吗？恩，秀才是读书人，讲究文采，用了个比喻来形容；县官不忘为皇帝歌功颂德；财主不缺吃，不愁穿，把下雪看作是乐事；唯独穷人，饥寒交迫，当然要埋怨骂人。你看，不同身份的人因有不同的思想感情，说的话当然就不同。

兔子坡上居住的小动物有很多种类，尽管没有像我们人类社会这样有明显的分工，但是他们生活在兔子坡，也有分工，因为年龄、经历各不相同，所以他们说出来的话也是不同的。我们来看看是不是这样。

“新的一家人要搬来了！”

小乔奇跌跌撞撞地跑下兔子洞，气喘吁吁地发布消息：“新的一家人要搬来了！”他喊着，“新的一家人要搬来了！妈——爸爸，新的一家人要搬进大房子啦！”

这是小说开篇就出现的一段话，是小乔奇所说的。作为兔子坡的年轻孩子的代表，他活泼可爱、机智聪明、精力充沛，深受兔子坡居民们的喜爱。他总是这样充满精力，第一时间把自己看到的信息传递给其他喜爱动物们。所以他的话语速快，话语短，总是充满活力，积极向上。

老爹是兔子坡很有威望的一员，像是村长的角色，所以他说的话都是慢条斯理、礼数周全。在第一章老爹到各个兔子坡邻居家拜访时的语言就能看出来：

“晚安，先生，祝你好运啊，”老爹说，“好运大概是你急切需要的东西吧！”他看着灰松鼠徒劳无功的挖掘，笑笑，“老人家，原谅我这么鲁莽，您的记性可大不如前啦！”这是见到灰松鼠的问候。

在大家都在讨论哪一家该吃哪一种蔬菜时，老爹站起来，拍拍手叫大家注意，他说：“我们都知道，”他严肃地说，“我们小山上的规矩是要在分食夜解决这些问题的，今年五月二十六晚上，我们要像以往一样，在菜园里集合，按照每一家动物的习惯和口味来分配食物。”

书中第 42、43 页有阿那达斯叔公的大篇幅语言描写，我们可以一起读一读，这是阿那达斯叔公对小乔奇说的话。其中这一句——“有好的时代，也有坏的时代，但总会过去的；有好的人，也有坏人，他们也会成为过去；不过，总会有新人家搬来，这就是一直唱的那支歌的意义啦——”让我们更强烈地感受到一个在兔子家族里年高德劭、阅历丰富、看待问题深刻、与人类交往有着丰富经验的老者形象。

俗话说，什么树上开什么花。我们说，什么人说什么话——人物身份不同，说出来的话就不一样。这样的人物语言才有个性。

其次，人物说的话受他的修养、气质影响。

小乔奇活泼可爱、善解人意、特别孝顺老爸老妈，所以他的话总是那么欢快活泼。老妈是家庭主妇，想得多自然有些杞人忧天，丰富的经历让她很期待新人家的到来，同时非常担心新搬来的人家会破坏兔子洞，所以，她在听到新人家到来的消息时说的话充满了忧患。我们可以读一读第 2 页中老妈和老爹的对话。

老妈搅着一锅稀汤，抬起头来：“哦，该是新人家搬进大房子的时候了。正是时候，我真希望他们是庄稼人，不要像以前那些人一样搬来搬去。三年来，这里已经没有一个好菜园了。每年过冬都没能存下足够的粮食，去年是最糟的一年，我不知道我们要怎么活下去，也不知道能不能看出他们是否是庄稼人，我真的不知道。食物越来越少，除了十字路口胖男人那儿，别处就找不到一点儿蔬菜。可是他又有恶犬和其他防备，每天来回还要横过漆黑的道路两次。我真不知道，真不知道——”老妈总是杞人忧天。

“亲爱的，”老爹说，“试着乐观点儿吧。乔齐的消息说不定就是幸运丰收的先兆呢。我看我还是到左邻右舍去走走，探听一下这个消息是否准确。”老爹是个南方绅士，说话总是这样咬文嚼字的。

相比老妈的担忧，老爹就很明显，说话慢条斯理，咬文嚼字。

而土拨鼠波奇呢，则是个固执、不善社交的老者。读读他的话就很容易看出这点。

波奇粗鲁地打断了他："如果你要说的，就是要我搬家的事，你最好省省力气吧！我才不这样做呢！"他固执地耸耸肩，"小山上再也没有比这个洞更好的地方了，我在这里花了这么大的功夫，我才不搬家呢！""不搬，就是不搬。"

说到这儿，老师想到了一个历史故事，很能说明人物的修养气质不同，语言就不同。

岳飞是南宋著名的军事家，战略家，也是我们中国历史上非常典型的爱国将领。《说岳全传》上有这么一段：

岳飞从小便有心系国家之志，打算考取功名，报效国家，于是便和同乡的牛皋一同赴京参加考试，希望实现自己的一片爱国热忱。岳飞和牛皋二人在客栈休息的时候，牛皋按捺不住，想提前去武试的考场熟悉下，由于他不熟悉地形，很快就迷路了。正巧碰到一位老者，就是我们今天所说的老人家。他大摇大摆地在马上吼道："呔，老头儿！爷问你，小校场——就是比武的场地——往哪去？"老人见他五大三粗，说话又没有礼貌，十分不高兴，没有搭理牛皋，反而生气地骂他是个"冒失鬼"。牛皋无奈，但路上人烟稀少，只能频频碰壁，找了好久才找到武场。

岳飞醒来后，看见牛皋不在，知道他一定去了武场，于是也起身出发了。岳飞也看见了刚才的老人。他先离镫下马，然后上前拱手施礼，问道："请问老丈——也是老人家的意思——方才可曾见一个骑黑马的？他往哪条路上去了？"老人家见他眉目清秀，又十分懂礼貌，一扫刚才的不快，十分痛快地告诉了他详细的路径。

你看，牛皋粗鲁莽撞，岳飞温文尔雅，所以两个人的语言就不一样。

第三，人物说的话还受个人习惯爱好的影响。

最明显的就数老爹了，他在和别人说话时总是会提起他的莓草乡，不管说什么，他都会拐到莓草乡，哈哈，邻居们早就听得不耐烦了，这就和老爹的习惯爱好有关系。一个人的习惯爱好体现在话语中便演变成了他的口头禅，就是张口就来，反复用到的一个词，一个句子。"莓草乡"是老爹的口头禅，你还能从书中找到其他动物的习惯用语吗？

老妈的“我真不知道，我真不知道。”

阿那达斯叔公只要一碰到文字，便会说：“我好像把那副鬼眼镜搞丢了。”

瞎眼鼹鼠最常和威利说的就是“威利，做我的眼睛。”

小兔子波奇则是一天到晚“新人家来了，嗨哟。”

我曾经推荐过的一本书《企鹅的故事》中的姑奶奶阿蕾莎，不管对什么事总是会说“行，我看行！”同学们，在生活中你有没有发现一些人物总是带口头禅？比如我的一位同事总是喜欢在一句话后加一句“可吧？”，这些可能就和他的习惯有关。

和个人习惯爱好有关的口头禅往往让一个人的话有个性。

需提醒的一点，有个性的话不是一成不变，它和角色当时的心理状态和当时的特定环境有关。也就是说，在不同的情况下，同一个人物的语言风格也是有不同的。

在《兔子坡》里面，阿那达斯叔公是一位阅历丰富、经验老到的老者，非常喜欢小乔奇，关心兔子坡的命运，看待问题冷静客观，但是自从小乔奇受伤被新人家带走后，他的前后语言就有很大不同。

“这一跳真是惊人啊！乔奇，”他承认，“的确惊人。你老爹就不行，我自己也没办法，就是壮年的时候也不行。真是跳得好；不过，你不应该让自己受到这种惊吓的，也不应该让自己陷入这种困境。不行，这完全是你不小心嘛！我想，你老爹一定不喜欢这样。”

阿那达斯叔公和小乔奇来到死亡溪时，阿那达斯叔公这样感叹。话语里充满了对小乔奇的疼爱、称赞，也有担忧，所以也有批评。

“这是我喜欢的，”他悄悄地对老爹说，“我喜欢抽烟斗的男人，他会先给你一个警告，比方说，有人从田里走过，那时候你可能正在午睡，说不定在你发觉他们到来之前，他已经一脚踩在你可怜的背上了，但是，一个抽烟斗的男人就不同了，尤其是像这位带着这么重的烟味，半里地开外你就知道他来了，嗯，我喜欢烟斗。”

这段话里，看出叔公分析问题客观，已经喜欢上新人家。但是，在经历了小乔奇被车子撞伤、生死未卜这些变故之后，阿那达斯叔公变得怎样呢？

“该死的汽车啊，我要给他们点颜色看看，等某一个下雨天那条漆黑的道路又黑又滑的时候，我要躲在山脚转弯处，等他们冲过来我就在前面跳过去，好吓他们一跳，害他们猛踩刹车，让车子又冲又滑地撞到旁边的石墙上。”

“你知道吗，我一点儿也不相信新搬来的这家人！真替小乔奇担心哪！你知道我想到什么吗，我想他们是拿他当人质，听清楚我的话。等到仲夏夜，我们要是敢碰一下那些蔬菜的话，他们就会折磨他，或者可能把他弄死。”

读着这些话，我们能看到阿那达斯叔公变得异常暴躁，语言偏激，甚至成了激进分子，成了煽动兔子坡众多动物们坏情绪的领头人。年高德劭的老人家不见了，是不是他变了呢？仔细想想，还真不是，他的这些行为背后依然是对乔奇命运的关系，对兔子坡未来的担忧。所以，我们说，人物在什么场合说什么话，和人物当时的环境、心理状态密切相关。

同学们，怎样写出有个性的话，通过再次阅读本书中动物们的话，我们了解了每个人所说的话都符合他的身份、教养、气质、习惯爱好，有时一个人的话会和当时的心理状态，以及所处的特定环境有关，总之一句话，什么人说什么话。使读者观其言而知其人，闻其声便能明其性。**要想写出有个性的话，贵在观察，突出人物的特点，也就是说，语言具有鲜明的个性，写谁得像谁，千万不能众口一词。**

阅读作业

1. 写一段对话，突出人物的个性，字数不限。写之前想想这个人是做什么的，什么身份，他的年龄怎样，气质、习惯、爱好等等，这样，他的个性就比较明显了。

2. 朗读第一章，仔细体会不同动物的话。

第三课
角色类型

关于角色的主题

同学们，在小说的三大要素里，**角色是小说的核心和生命线**，是小说最为重要的要素，其中值得我们去了解去研究的话题就太多了。回顾一下，我们曾经就角色这个话题都聊过什么？

说出心里话，是关注角色的心理活动。

有个性的话，是关注角色的语言。

树形图，是帮助我们对书中众多角色进行大致分类。

童书中的奶奶，是通过所言、所为、所想以及外貌来分析一个角色的性格特征。

同学们，想一想，围绕角色你们还想了解什么呢？比如，作家是怎样设计出角色的？一般要设计多少角色呢？角色之间有什么关联呢？这就是我们这节课要聊的内容：角色类型。

关于角色的数量

先来看一个最简单的问题，不同的作家在不同的小说中塑造的人物数量是不是一样的呢？当然不一样！《给爸爸的漂流瓶》《追踪真相》《魔镜》这几部小说里面相对来说就少些，像《兔子坡》《小女巫艾米》里面角色就较多，像《兔子坡》里单单开口说话的就有不下于15个人物；而《小女巫艾米》中人物也不少：塞姆、鲁巴、爷爷林多罗泽普、爸爸、妈妈、艾米和她的几个姐妹等等，还有没有姓名的公证员、图书馆小姐、老门卫，加起来超过了20位；还有些像《西游记》《三国演义》《水浒传》《红楼梦》这些经典名著里面，人物角色更是繁多，多达上千个。仅《西游记》里有名有姓的妖魔鬼怪就不下200个，《水浒传》好汉108个，《红楼梦》里有名有姓的也不下七八百，同学们喜欢的《哈利波特》里提到的人物也不下百来个。

关于主角

其实，不管一部小说里塑造了多少角色，对于作家创作而言，主人公一定是最先确立的角色，然后围绕这个角色的经历来说故事，通过主人公的故事来抒发作家对人生对世界的看法或情感。

主人公，通常是主角，是在小说的情节、结构、矛盾冲突中占据主要地位的角色，是作家希望通过他来表现故事意义的那个角色。因此，一般情况下，作家首先要考虑的是主人公，它是谁？是人是动物还是别的什么生物？是男的还是女的？这个角色有什么特点？在他身上发生了什么好玩或者刺激的事情？最后他得到了什么样的成长？

主人公在小说中绝大多数情况下有时是一个，比如，《魔镜》里的哈维尔，《雷梦拉八岁》的雷梦拉，《追踪真相》里的卡米耶，大多数小说里的主人公是这种情况，他们性格鲜明。整本书就是围绕他们展开的。当然，有时候小说的主人公不止一个，有时候是两个，有时会是好几个。《乌鸦人阿凡思》里面的阿凡思和摩多万都是主角。《青蛙与蟾蜍》也是双主角。我们大家都非常熟悉的一部古典小说——西游记，唐僧师徒四人可以说都是主人公；我们这个月共读的《兔子坡》呢？主人公是谁呢？我们不妨从各个人物对故事意义所起的作用来看，我们很多人把这个故事的意义确立为充满希望，最让我们感受到这种希望的是哪个？对，是小乔奇，那小乔奇就是这部小说当之无愧的主人公。我们很多同学从故事中读出了人和动物和谐共生这个意义，兔子坡上的小动物们都起着积极的作用，那主人公就不止一个了，而是以小乔奇为代表的整个兔子坡上的动物们。

关于配角

所以，主人公自然是故事中的主角，是故事中的核心角色。可是，一个好故事很难是独角戏，为了说好故事，作家便会围绕主人公设计一些其他的角色，我们可以称之为配角。**每一个配角，都与主人公或者故事情节的发展有着千丝万缕的关系**。可以说，小说中的每一个角色都有自己的价值。也许这个配角可能就露了一面，也有可能一句台词都没有，但是，他们都与主角一样推动着情节的发展。接下来，同学们可以和老师一起回顾一下读过的几本小说，一起来了解一下围绕着主人公，作家一般都会设计哪些类型的角色呢？

第一类：伙伴

伙伴在小说中是起到协助主人公解决困难的。一个复杂的、激动人心的故事情节，它呈现出来的困难不是那么容易解决的，并且只依靠主人公一个人也是很难解决的。所以，作家需要安排一定的帮忙者，这就是伙伴。伙伴可以分为好几种类型。

伙伴的第一种类型是导师。听到这样的称呼，我们就能感受到，导师的年龄往往要大一些，是个长者、老者的感觉。的确是在很多小说中是这样。导师呢，他主要是给主人公一种启发，是引导主人公的那个人。在主人公遇到困难时，他会出现帮助点化，给主人公指引方向，帮助主人公找到解决问题的方法，从而呢战胜困难。这个导师啊，很有智慧，他是智者的化身，能看清楚事情会是怎样发展，他往往不亲自解决问题，就是我们所说的只出主意不出力。

在《兔子坡》里，如果说小乔奇是主人公，那老爹无疑就是一个导师的角色。按说，他直接去接阿那达斯叔公不就完事了吗，也省得他一遍遍不厌其烦地交代小乔奇路上会遇到哪些猎狗、应该躲避哪些困难。但是，我们想啊，如果是这样的话，小乔奇就会少了面对猎狗的追击那种机智、会少了死亡溪前勇敢跨越的那种惊险的描绘。所以，老爹没有亲自去做，而是化身成了小乔奇的点化者、引导者。在整个山坡上，老爹是比较德高望重的，小动物们都比较敬重他，都愿意听从他的指挥。

《兔子坡》里还有一个导师的角色，猜猜是谁？对啦，他就是阿那达斯叔公。阿那达斯叔公是作为导师的角色邀请到兔子坡的，从他出场后就开始教导小乔奇怎么怎么做事情。就是在小乔奇生死未卜的情况下，他依然扮演者一个激进的导师角色，他的关于新人家会怎么怎么迫害小乔奇的想法直接影响着别人。所以，在《兔子坡》里，老爹和阿那达斯叔公都比较接近导师这样的角色。

《魔镜》里面，白胡子老爷爷就是这样一位智者的形象，他像神仙一般，料定了是来考验哈维尔的，诱惑并且指点着哈维尔一点点明白：命运掌握在自己手中，想不劳而获是不现实的。

伙伴的第二种类型是好朋友。这个不难理解，主人公在小说中不是孤独的，他会有一些好朋友在陪伴、支持他，和他一起并肩奋战。我们回忆一下，《兔子坡》上的小动物们，大多数都是好朋友的关系，他们为了美好的生活并肩作战。为了打听到新人家会种些什么蔬菜和草种，威利失足掉进了冰冷的水里，险些丧命。还有一个突出的情节是小乔奇遭遇车祸后，田鼠威利不断地探听小乔奇的消息。在这里，威利就是一个好友的角色。

《巴特先生的返老还童药》的主人公是罗比，那么这本书中有罗比的很多朋友出场，记得是哪些吗？对了，托米、巴斯特等等同学都是罗比的朋友，他们一起努力合作，帮助罗比解决了让奶奶变回原样的难题。

在《乌鸦人阿凡思》里面，阿凡思和摩多万也得到了很多朋友的援助，回忆一下，有哪些呢？女巫美娘可以说是他们的不可缺少的伙伴，两头大马熊以及雌鸦阿霞都是他们两个的好朋友，在阿凡思和摩多万寻找魔法李子战胜邪恶巫师古古嘛的过程中起到了不可缺少的作用。可以说，离开了他们的帮助，阿凡思和摩多万很难实现目标。

说到伙伴，**还有一个容易忽视的类型，那就是情感寄托类型的家人、宠物**。这是一类小的角色，他可能不是协助主人公去做些什么事，不能帮助主人公完成任务，但他却能在主人公需要安慰的时候能送去温暖，给主人公家的温馨。可以说，他给主人公更多的是一种爱，一种依靠。家人在小说里起到的就是这样的作用。比如说《雷梦拉八岁》这本小说中的爸爸，他给雷梦拉更多的是一种温情。在一定程度上，《魔镜》中的哈维尔的妈妈是不是也起到这样的作用呢？在爸爸责怪哈维尔的时候，妈妈却能给他安慰。

此外，很多小说里面还安排了一些宠物，这些宠物其实也是主人公的情感寄托，在主人公苦恼烦闷时，难以解决问题时，总会对着小宠物抚摸、诉说，这时候，宠物的这种作用就很明显了。还记得《给爸爸的漂流瓶》中的长颈鹿和漂流瓶吗？在汉娜非常想念爸爸的时候，她写下一封封长长的信，把它们装在漂流瓶里，投向爸爸出海的方向；她会借助宠物长颈鹿来诉说自己的思念。

好了，以上我们一起分享了围绕主人公的各种各样的伙伴，虽然他们的作用有大有小，方式也不尽相同，但他们都是主人公克服困难、达成目标的得力助手。

第二类：大反派

大反派，就是敌人，是大坏蛋。俗话说，一个巴掌拍不响。没有反派，就不会有困难，就不会有问题出现，也就不会有围绕主人公展开的一波三折的情节。正是因为大反派的出现，才导致主人公遇到一个又一个的困难，主人公才会想到一个又一个的办法，做出一次又一次的尝试，最终达成目标。也就是说，大反派和主人公是敌对的关系，是一种阻碍与前进的，甚至是有你没我、有我没你的水火不容的关系。可以说，两者的关系非常紧张。

在我们读过的十来本小说中，很多都出现了反派的形象。在《小女巫艾米》中，大反派很明显，就是一心想继承叔父的巨额遗产、好吃懒做、渴望一夜暴富的鲁巴。在《乌鸦人阿凡思》中，大反派也非常突出，那就是邪恶巫师古古嘛。从这两本小说中我们不难看出，在整部小说中，大反派往往很明显，非常强大，所有人都害怕他，是可怕的，古古嘛在这方面就非常突出。但有时候，作家为了吊起我们阅读的胃口，会把这个大反派故意隐藏起来了，或者说，刚开始我们很难发现，到最后主人公要想胜利需要和他对决时他才会出现。古古嘛就是最后才出现的，作家在故事的前面始终没有交代古古嘛的真实面目。

有同学会说了，也有一些小说没有大反派啊。想一想，真的没有吗？以《兔子坡》为例，兔子坡上的居民面临的核心问题是不知道新来的人家是否是好人，是庄稼人，是爱护动物的人。所以，他们心中是有敌人的，那就是他们对新来人家的不信任，是他们自己，于是才有后来的一次次试探，才会出现一次次的误会。《魔镜》里的哈维尔也一样，他面临的大反派不是别人，也是他自己对魔镜的依赖，他需要克服的困难就是战胜自己这种依赖魔镜的心理。也就是说，这类小说里面的反派是隐藏起来的，不容易被我们发现。

说到这里，我们会发现一个问题，那就是反派有时候不一定是实际存在的另外一个人，他可能是主人公自己与自己的思想斗争。举个最简单的例子，当我们独自一人走在教室里，发现地面有垃圾，此时你很可能会自己斗争一番，捡不捡呢？你可能会想，要捡起来，因为老师说过我们是班级的小主人，见到地面的垃圾要主动捡起。同时你可能还会想，反正也没人看到，不捡也罢。这个不愿意捡的一面就是反面。这两种想法有时候不一定就是对错的对立关系，可能就是两种不同想法，也正是因为有两种力量的斗争，才会产生一段有波折的故事。

当然呢，反派或许强大，或许面目狰狞，看似难以战胜，实际上他还是有弱点的，要不然主人公战胜不了，故事就没法结尾了，是不是？

第三类：对手

围绕主人公的人物，除了伙伴、大反派之外，还有一类，这一类呢很特殊，我们不妨称之为对手。对手不是反派，不是和主人公终极对决的人。他们通常是小说中的一些小配角，却也是让故事精彩、丰满的重要角色。

比如说《乌鸦人阿凡思》里面，马戏团的匹夫和朱庇特，他们不是阿凡思和摩多万的最终敌人，他们只是想绑架阿凡思用来表演挣钱。但是，他们的出现增加了主人公达成目标的困难，让故事多了一层波折。《爱的魔法》中，富有的爱德华·封·阿克费尔成了库宾追求阿佳莎的对手。《兔子坡》也是，兔子坡的老邻居提姆马克格拉斯和路易不能说是兔子坡的敌人，一直以来，它们之间相处的很好，但是为了各自的生活利益，所以产生了一定的利益纠纷。也就是说，他们不是敌对关系，只是构成了一些竞争，我们可以称之为竞争者。

在对手里面，还有一些人物和主人公在同一个阵营，但是，他们会不断制造悲观情绪，会影响主人公和周围的人对解决问题失去信心，我们可以称他们是一群悲观者。比如，《兔子坡》中的老妈，她总是忧心忡忡，增加了小动物们对新人家的不信任，对问题的解决很不利。

对手中的还有一种小角色，对我们对着来说是开心果，对完成任务来说可能就成了捣蛋鬼，就是我们说的猪队友。比如很《西游记》里面动不动就要撂挑子分行李回家、动不动就告状的角色是谁？是猪八戒对不对？他本身是很善良的，不是故意针对主人公，但是他却无形中制造了小麻烦，需要主人公收拾、原谅。

我们来总结一下，老师帮大家梳理了围绕主人公的几类人物，一类是伙伴，那些师傅、导师、好朋友、寄托情感的家人和宠物啊，都属于这一类。第二类就是主人公的最大对手——大反派了，在不同的小说中，大反派呈现的形式不一样，有时候是个强大的敌人，有时候却是主人公自己的另一面。第三类主要是一些小人物，我们叫做对手，他们和主人公没有敌对的关系，只是影响到了主人公解决问题。总而言之呢，这些人物或敌或友，共同构成了完整的故事情节。

其实，这些人物类型有时候不是绝对的，也会发生转化。像阿那达斯叔公，前面我们说是以导师的身份出现的，当小乔奇遭遇车祸后，他处于急切知道小乔奇的心理，脾气暴躁起来，一度成了激进主义者，成了一个悲观者，扰乱了兔子坡居民们对新人家的信任。

同学们，一部小说的角色或多或少，但是角色类型大致有这样几种，也许有些小说不是全都具备，只有其中的一部分，这都是很正常的，和作家的构思有关系。不管怎么说，这些角色之间的矛盾构成了有趣、丰满、生动、曲折的情节，对故事的发展都起到了不同的作用，满足了我们阅读的欲望。在以后的阅读中，我们可以有意识地思考：作家为了突出故事中的意义，塑造了哪些角色，他们和主人公是什么关系呢？对故事的发展有什么作用呢？

阅读作业

今天的作业，就请大家试着梳理或者设计一本小说的角色类型吧。

国际大奖小说
升级版
纽伯瑞儿童文学
傻狗温迪克
[美]凯特·迪卡米洛/著 傅蓓蒂/译
迪卡米洛笔下的温迪克并不勇敢，但它能够用笑容化解人与人之间的隔墙，
让他们真正有勇气敞开胸怀，走进七彩的世界。
新蕾出版社

第十二本书
傻狗温迪克

关于本书

凯特·迪卡米洛，美国作家。说起她，很多人是源自一本小说《爱德华的奇妙之旅》，因为在一部十分流行的韩剧里，男主人公会经常读起这本小说，因这部韩剧，凯特得到了更多人的关注。其实，本书《傻狗温迪克》是凯特的处女作品，而且这本书一问世就得到广泛好评，获奖连连。“纽伯瑞儿童文学奖”银奖、美国图书馆协会“优秀童书”、美国“《纽约时报》畅销童书”、美国“马克·吐温文学奖”的名单里都有这本书的名字。而且，这本小说在2005年还被华纳公司改编为电影，搬上了大银幕。当然，选择这本书作为本次国际大奖小说阅读之旅的最后一站，并不是它身上的种种光环，而是这本不厚的小说深深地打动了我——一个女孩，一条狗，带领着我们走进美国一个普通不能再普通的小镇，去认识了一个个普通但鲜活的角色，去体会了生活中的喜怒哀乐。凯特用细腻的笔触，以一个孩子的视角向我们展现了一个现实却不失温暖、沉思中充满力量的真实生活。我愿意将它带给可能有着同样遭遇的同学们。

关于主题

主题	目标	拓展书目	读前准备	作业
生活就像“里德莫斯·洛”丹糖	通过对书中故事的梳理，对各角色甜与悲的梳理，从而了解应该如何结交朋友，如何对待多滋多味的生活	无	提前阅读	糖果设计师
思维导图助聊书	借助思维导图，知道如何分享一本书	无	无	绘制本书或其他的思维导图
图书馆之旅	了解图书馆的历史变迁以及利用，激发泡图书馆的热情与兴趣。	《图书馆老鼠》	无	玩转图书馆

现场教学

第一课
生活就像“里德莫斯·洛丹”糖

读书有色有味

同学们，本次阅读之旅最后一站——《傻狗温迪克》你们读了几遍？喜欢这个故事吗？如果让你用一种颜色或者一种味道来形容读完这本书的感想，你会用什么颜色？什么味道？粉红的？淡蓝色的？橘黄的？甜甜的？酸酸的？相信这本获得众多国际大奖的小说值得你一读再读。也相信你每读完一遍会有不一样的感觉与收获。今天这节课，我们就一起走进这个特别的故事里，去感受那不一样的味道。

借助插图回顾故事

首先我们回忆一下这本书讲了个什么故事。关于如何梳理故事的大致内容，我们曾经教给同学们一些方法，比如借助目录、流程图、故事概念图等等，今天蝴蝶老师要和大家借助书中的一幅幅插图来回顾故事的内容。

第一幅图（P3）：故事发生在一个叫做“温迪克”的超市里，女孩印第亚·欧宝·布隆尼要为牧师爸爸采购食品，却在超市里发现了一只狗狗。它把超市里的食品弄得乱七八糟，把经理气得直哭。就在这个当口，欧宝发现这是一只会笑的狗狗，她决定冲出来保护这只狗狗。她认领了狗狗，还谎称狗狗的名字就叫“温迪克”。

第二幅图（P9）：欧宝把温迪克领回家，温迪克用它的微笑赢得牧师爸爸同情，成功留下。

第三、第四幅图（P14、P16）：三岁的时候妈妈就离开了家，从此再也没有回来，一直觉得自己就像孤儿一般的欧宝在温迪克这里找到了理解和回应。欧宝认真地帮温迪克梳洗，把它变得又香又漂亮。在与温迪克的默默交流之后，欧宝终于鼓起勇气，向牧师爸爸提出要知道关于妈妈的十件事。

第五幅图（P24）：温迪克的到来慢慢改变了一家人的生活，温迪克被破例带进教堂，一只老鼠的出现打破了教堂的宁静，温迪克瞬间化身为捕鼠能手，为大家奉献了一场精彩的捕鼠表演。

第六、第七幅图（P26、P33）：来到新环境的欧宝没有朋友，她交到的第一个朋友是芬妮小姐，这也要算作是温迪克的功劳。图书馆管理员芬妮小姐在看到温迪克的第一眼就被吓得半死，原来她把温迪克认成了一头熊。几十年前的奇妙经历让芬妮小姐在回首往事时多了一份感慨，也让欧宝交到了第一个朋友。

第八幅图（P36）：既然不再是流浪狗，那就要乖乖地戴上狗链和项圈。欧宝带着温迪克来到了宠物商店，想以在店里打工的方式来赊购一个漂亮的项圈。店员奥蒂斯非常羞涩，但还是答应了欧宝的要求。走出宠物商店，欧宝遇到了社区里一个五岁的小女孩汤玛斯。她非常喜欢温迪克，还邀请欧宝九月份去参加她的生日派对。欧宝在这一天里交到了朋友，得到了工作，还收到了邀请，她的心开始不那么寂寞了。

第九、第十幅图（P44、P47）：一天下午，温迪克跑进一个陌生人家的院子，欧宝跟着跑了进去，认识了被光头兄弟称之为“巫婆”的格洛丽亚，她为欧宝做了几个美味的花生酱三明治，然后开始认真地听欧宝的倾诉。欧宝还在她的院子里种了一棵属于自己的小树苗。

第十一幅图（P54）：一个暴风雨的夜晚，温迪克像发疯一般在屋里横冲直撞，把牧师一头撞倒在地毯上，然后又像被火烧到一样四处狂奔。雷雨过后，温迪克恢复了平静。牧师告诉欧宝，这是一种雷雨恐惧症。他要欧宝好好保护温迪克，这样的爸爸不禁让欧宝十分感动。

第十二、第十三幅图（P58、P73）：在宠物商店里，店里所有的小动物都乖乖地坐在地上，听奥蒂斯弹吉他。奥蒂斯向欧宝坦白自己曾经坐过牢，所以很明白笼子里动物的感觉。欧宝和格洛丽亚谈起这事。格洛丽亚告诉欧宝不能用奥蒂斯以前犯的错来评价他，而要用他现在做的事来评价他。

第十四幅图（P89）：欧宝为了感谢格洛丽亚，借了一本关于南北战争的书《飘》，并每天为格洛丽亚朗读。

第十五、十六、十七、十八幅图（P109、P117、P129、P134）：为帮助朋友们摆脱悲伤的情绪，欧宝策划了一场聚会，大家都来了，可是一场雷阵雨，让温迪克不见了，欧宝和爸爸在雨中寻找温迪克的途中敞开了心扉，相互理解。谁料温迪克在床底下躲着在，大家在奥蒂斯的歌声中愉快地度过了美好的一夜。

“里德莫斯·洛丹”糖的由来

故事讲完了，你能像蝴蝶老师这样借助插图，讲述故事的大致内容吗？在这个真实又贴近生活的故事里，哪些地方感动了你？温暖了你？启发了你？在这样一个短暂的暑假里，初来乍到的欧宝结交了那么多的朋友，对不熟悉、害怕的甚至讨厌的朋友、对离去的妈妈、对总是缩在壳里的爸爸有了新的认识，对自己未来的生活有了更加美好的期待，这个暑假，这样一个傻狗究竟给了欧宝怎样的体验呀！你都读出了怎样的味道？

生命就像“里德莫斯·洛丹”，甜与苦总是掺杂在一起，要把它们分开是很难的。

书中的这句话，大家还记得是在什么情况下出现的吗？

对，欧宝为了感谢格洛丽亚，想为她借一本书，芬妮小姐推荐了《飘》，并讲起了家族里的一个有关南北战争的故事……芬妮小姐的曾祖父里德莫斯曾经谎报年龄，入伍当兵，参加了南北战争。经过艰苦的作战之后，里德莫斯回到家乡，却发现家乡早已被烧成灰烬，所有的亲人都病死了。他瞬间成了一个孤儿。里德莫斯发现世界是一个大悲剧，充满了丑陋，而他想要为生活加一点儿甜美的东西。于是，他振作精神，重新出发，在佛罗里达开了一家糖果工厂，生产一种叫做“里德莫斯·洛丹”的糖果。这糖果虽然味道甜甜的，又像草莓又像草汁，但还有种说不出的味道，让人伤心的味道。原来，里德莫斯在糖果中加入了一道秘方：悲伤，让人们同时品尝到甜美与苦涩。欧宝把从芬妮小姐那里拿来的糖果分给众人品尝，大家都尝到了自己心底的苦涩和心酸。原来每个人都有自己的快乐，也都有自己的悲伤。

故事中各角色的甜与悲

角色	甜	悲
欧宝	收养傻狗，交到朋友	思念妈妈
爸爸	传教、有女儿	离家的妻子
芬妮	拥有图书馆	没有朋友
格洛丽亚	认识欧宝	做过许多错事，与人别离
奥蒂斯	弹吉他	坐过牢
“小不点儿”汤玛斯	6 岁生日聚会	不能养狗
阿曼达	认识朋友	失去弟弟

正因为每个人都有自己的甜与悲，才会让每个人都不一样；正因为每个人不一样，才能让生活变得更加多姿多彩。然而，有些人，正因为不能看到别人的悲，不能理解别人的不一样，才会有种种误会、偏见、甚至是歧视，才会交不到朋友：

奥蒂斯因为坐过牢，生性胆怯，所以被人误解白痴，被人歧视，其实他只是热爱音乐，是个善良腼腆有才华的人；

格洛丽亚因为视力不好，独自一人生活，所以被人认为是“巫婆”；

阿曼达因为伤心溺水身亡的弟弟，所以一直不开心，被欧宝认为难以亲近；

就是光头兄弟，也只是因为想和欧宝做朋友才故意挑衅，让欧宝觉得令人讨厌。

其实痛苦的往事，不一样的外表，或者疾病，这些都成为人们不一样的地方，但也可能成为交友的障碍，可是只要真诚以待，用宽容的心对待别人，了解别人的甜与悲，就能结交到一个又一个朋友。格洛丽亚说：

“记住，你不能用别人以前所做的事来评判他，你要用现在他做的事来评判他。她还说，我们无法抓住任何想要远走的东西，我们只能在拥有它的时候爱他。”

所以这个夏天，在傻狗温迪克的牵线下，在格洛丽亚的启迪下，欧宝用真诚与宽容结交了一个个朋友，也因为真诚与宽容，她理解了爸爸，虽然欧宝依然没有妈妈，但她不再寂寞不再孤单，在温迪克的陪伴下，她终于可以打开心扉去面对新的环境，认识新的朋友，开始崭新的生活。

联结《雷梦拉八岁》，体会生活的多彩多味

不知道同学们在读到这本书时，有没有和欧宝一起经历这样一个美好的夏天，经历这样一个因狗交友、不断成长的故事。这样我想起了我们读过的同样记录真实生活的小说——《雷梦拉八岁》，以及她的姊妹书。大家还能回忆起雷梦拉多彩的生活吗？

最高兴的事	得到礼物
最享受的事	持续默读
最有成就感的事	完成精彩的读书报告
最头疼的事	对薇拉珍友好
最担心的事	爸爸妈妈吵架
最难过的事	被威利太太说成讨厌鬼
最生气的事	开学第一天被丹尼抢走橡皮
最糗的事	把生鸡蛋敲在脑门上成了鸡蛋头
最委屈的事	为什么碧翠西不用陪薇拉珍
最具有挑战的事	第一次做晚餐
最意想不到的事	被陌生人买单
最希望的事	一家人开心单

这张雷梦拉之最图表，是否也在告诉我们，其实，生活从来都不是一种颜色，一种味道，生活都是多姿多彩，多滋多味的。就像书中的结尾，“里德莫斯·洛丹”甜蜜、忧伤的滋味像一朵花在我的嘴里绽放。希望同学们和雷梦拉以及欧宝一样，去积极体验生活的甜与悲，去结交不一样的朋友，去过多姿多彩、多滋多味的生活。

阅读作业

今天的作业，希望同学们能做个糖果设计师，设计一款如里德莫斯·洛丹一样的特别的糖，把美好的祝福和独特的体验融入到糖果中吧。

糖果名字			
糖果外形		设计理念	

第二课
思维导图助聊书

从约定聊起，揭示主题

同学们，还记得在阅读之旅的开始，我们曾约定，为了使这趟国际大奖小说的阅读之旅有收获，我们有三个约定——快乐的心态、独立的思考和积极的分享。其中会分享让我们的阅读乐趣成倍的放大。为了大家学习分享，老师还为大家设计了一个阅读护照以及读后阅读单，通过内页和阅读单，我们可以大致知道可以从哪些方面进行读后的回顾，可以和别人分享哪些话题。今天，老师给大家介绍另外一种帮助我们分享一本书的思维图示，那就是思维导图，它会更加方便我们展开思考，帮助我们记录下关于一本书的主要内容和你想和别人分享的主要话题。

认识思维导图

什么是思维导图呢？先来看几个例子。其实它和我们之前学过的树形图、概念图、圆圈图有类似的地方，是帮助我们发散思维的图形思维工具，图文并重，能把各级主题的关系用相互隶属与相关的层级图表现出来，把主题关键词与图像、颜色等建立记忆链接。我们可以结合这个图示来了解。

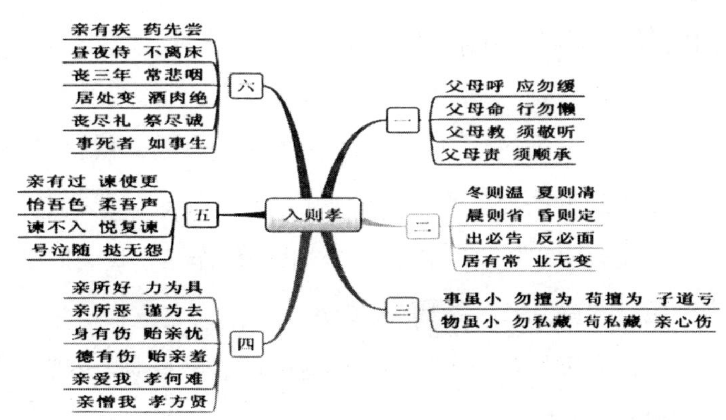

如何绘制思维导图呢？

1. 纸张中间用关键字或图画像记录中心主题。关键词就是指最能概括出表达内容的词语。每一个分支线条上只有一个关键词，表示主题1、2、3等。而图像用色彩丰富、生动有趣的图形会让人记忆深刻，但是它不要求精细过多，以免喧宾夺主。

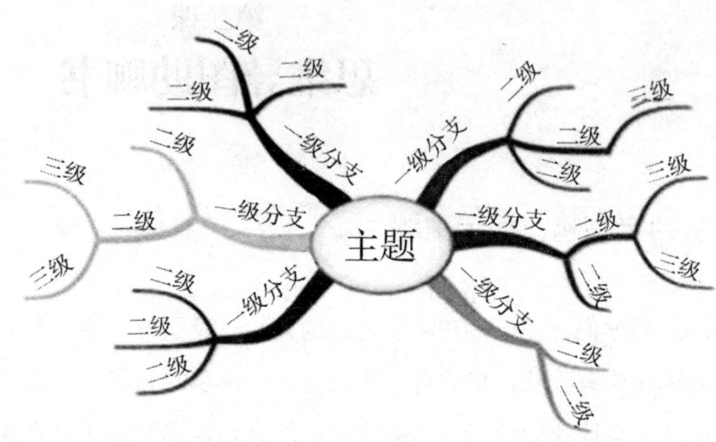

2. 然后围绕中心从右上角45° 开始绘制分支。

3. 分支线条形状是由粗到细的平滑曲线，而且，越靠近中心主题的线条越粗，越远离的越细。这样，我们可以一目了然的知道它们的主次关系。

4. 同一个主分支要用同一个颜色，不同的主分支之间颜色互不相同。

5. 主分支数目不要过多，7个以内最好。

6. 不同的分支之间如果有关联关系，可以用带箭头的虚线连接起来，但也不要过多。

这样一种放射性的图示就是思维导图，是可以帮助我们进行非线性思考和系统思考的一把利器，在学习和生活中都能发挥巨大作用。和我们之前学过的圆圈图、气泡图、树形图等思维图示一样，接下来我们试着利用思维导图来帮助我们来聊一聊书。

如何给一本书绘制思维导图

以这本书为例。先在中间写上本书的书名，然后想一想围绕《傻狗温迪克》我们可以想到哪些分享的话题呢？可以有“作家”“此书”“内容”“主题”，还可以是“精彩地方”“我的联想”“我的创作”。我们把以上话题从书名的右上45度角开始一一写出来。

再思考围绕每一个话题，还可以伸展出其他内容呢，将这些关键词作为第二层级写出来。例如：

关于作家，我们要了解“姓名”“其他作品”“逸闻趣事”等；

关于此书，我们可以了解“出版社”“奖项”“周围产品”等；

关于内容，我们可以了解“角色”“情节”“环境”；

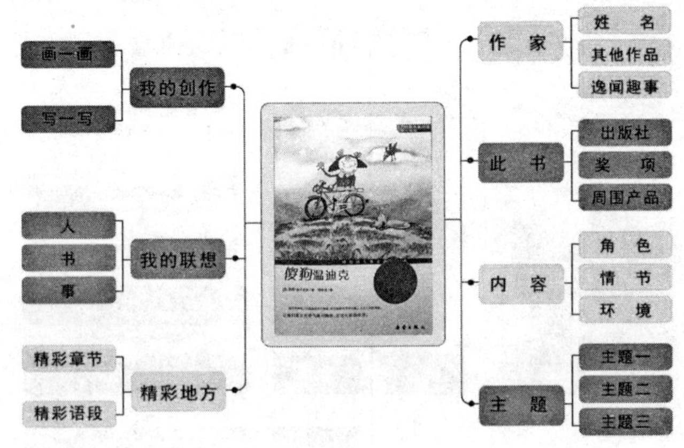

关于主题，我们可以想一想，你都读出了哪些故事里的意义，如“主题一”，“主题二”；

关于精彩地方，可以是“精彩章节”“精彩句段”，也可以是“精彩插图”；

关于我的联想，自然是想到了哪些“人”、哪些“书”、哪些“事”；

关于我的创造，主要是用自己的方式表达自己读后感受，如“画一画”“编一编”“写一写”“读一读”“演一演”等。

对于同学们来说，写下哪些话题，可以根据自己读到的层次或水平来确定，在此基础上可以有删减。

学用思维导图来聊书

思维导图框架绘制好了，如何利用它聊这本书的故事呢？老师就开始以这个思维导图来和大家分享其中两个话题。一个是关于作家，一个是关于此书。

本书作家叫凯特·迪卡米洛，美国作家。《傻狗温迪克》她的处女作品，她还有几部非常有名的小说也是获得国际大奖小说的，分别是《爱德华的奇妙之旅》《高飞》《浪漫鼠德佩罗》。说起凯特，非常有意思，有人问她，你的处女作为什么要以狗狗来做主题呢？她解释说：“我当时在明尼苏达州租了一间公寓，但是公寓里不让养狗，这还是我生命里第一次没有狗狗的陪伴。我仿佛患上了‘狗狗缺乏症’。没有真狗，那想象一只有什么不可以？”于是，在严寒和缺少狗狗的刺激下，凯特拿

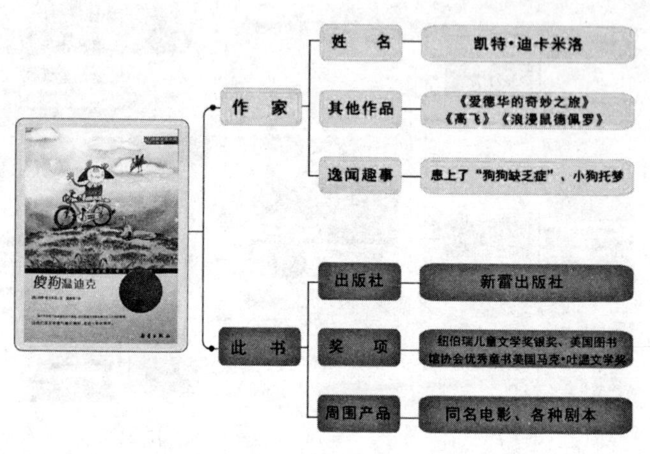

起笔，描绘出一只自己能想到的最好的狗狗：一只体型巨大，又脏又臭，但非常可爱的会笑的狗狗。她把自己对动物，对家乡的归属感融入了文字之中。

那么温迪克这个故事又是如何创作出来的呢？这一点有点儿玄妙。凯特的说法是：有一天晚上，我刚要上床睡觉，就听见一个小女孩的声音……她的声音带有浓厚的南方口音，她说：“我有一只狗，叫温迪克。”第二天当我起床时，那个小女孩的声音依旧在我脑中回响。于是，我翻身起床，马上动笔把印第亚·欧宝·布隆尼告诉我的故事写了下来。我的写作从来没有这么顺畅过，从头至尾，都充满着愉悦和兴奋。

这本书是新蕾出版社出版的国际大奖小说系列中的一本，它曾获得“纽伯瑞儿童文学奖”银奖、美国图书馆协会“优秀童书”、美国“马克·吐温文学奖”、美国“《纽约时报》畅销童书”、德国“青少年文学奖提名奖”，入选美国教育协会评定的“教师推荐给孩子的100本最棒的书”，入选美国《学校图书馆杂志》评选的“100本最棒的童书”。它是作家的处女作也是代表作之一，不仅获得纽伯瑞银奖和《纽约时报》畅销书的美誉，还被称为是“对狗狗，友谊和南方家乡的一首动人的赞美诗”。

这本书在2005年被华纳公司改编为电影，搬上大银幕。不同出版社相继出版了这本书，各家的封面也各不相同。

好了，以上是老师利用思维导图其中的两个分支与大家做了分享，你们从中是否学会了如何给一本书做思维导图，并用思维导图做分享呢？

我们来看看一位同学的思维导图及分享。

这本书的内容，可以从角色、情节、环境三个主要要素来聊。

角色：主要角色是欧宝和温迪克，其他角色有爸爸、芬妮、奥蒂斯、格洛丽亚、小不点儿、阿曼达、光头兄弟。

情节：就是欧宝收养流浪狗温迪克并因为它结交了一个又一个朋友，也重新认识了爸爸，也明白了如何面对今后的生活。

环境：欧宝和爸爸来到新的小镇（陌生的环境），因为爸爸工作忙（忙碌的爸爸），妈妈早就离开（思念妈妈），欧宝没有朋友（没有朋友），十分孤独。

主题：这位同学觉得读了这个故事，她认为这是本讲如何交朋友关于友谊的书，也是讲亲情的书，是关于一个孩子心灵成长的书。

精彩地方：她最喜欢的章节是第二十四章，理由是这一章十分感人，在雨中，因为温迪克的失踪，欧宝和爸爸发生了冲突，欧宝总算将对爸爸的不满发泄了出来，而爸爸也哭了，倾诉自己的烦恼，父女俩相互理解，也相互原谅了。

精彩的语句：“我们无法抓住任何想要远走的东西，我们只能在拥有它的时候爱它。”

联想到的人：这位想到了自己，三年级转学到了一个新的学校新的班级，心情和欧宝到了新的小镇一样十分孤独，特别希望能有一个像温迪克这样的爱微笑善解人意的狗，希望能像欧宝一样结交到很多好的朋友。

联想到的书：这位同学想到了曾经读过的两本书，一本是《我的爸爸叫焦尼》，这是讲一个爸爸妈妈离婚后儿子每周会和爸爸见一面的故事，故事像这本书一样让人读起来酸酸的，甜甜的，让我知道每一个人的生活都有甜与悲。还有一本叫《周末与爱丽丝聊天》，里面的爱丽丝就和格洛丽亚一样，是个老奶奶，独自生活在一个

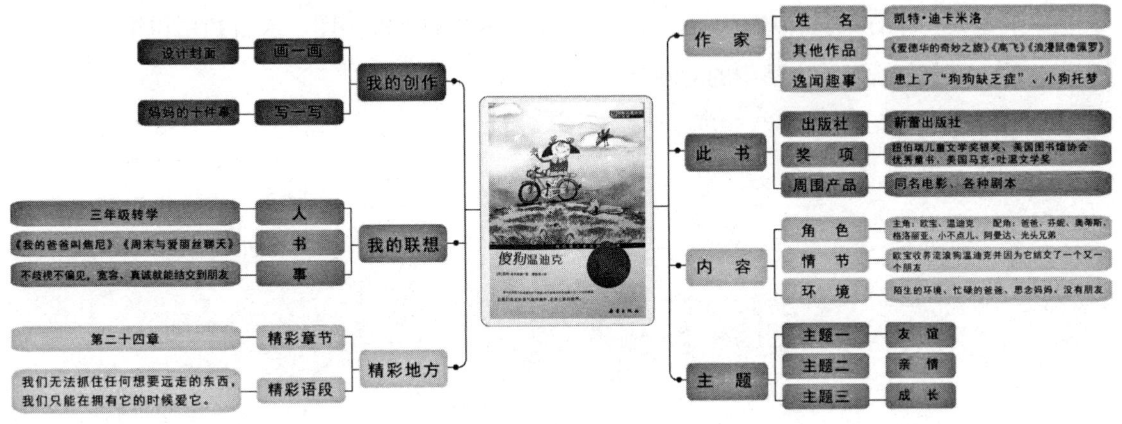

神秘的院子里，她就像是个心灵导师，专门为主人公答疑解惑，指点迷津，最后都成为主人公非常好的朋友。

联想到的事情”这位同学认为好朋友不是从天而降，它需要我们真诚以待，对待我们的身边有很多不一样的人，不产生歧视，不要有偏见，宽容、微笑，就会像欧宝那样结交到很多不一样的好朋友（不歧视不偏见，宽容、真诚就能结交到朋友）。

我的创作：这位同学想到为傻狗温迪克画像，设计封面。也想写一写她妈妈的十件事。

从这张思维导图能看出该同学的读书体会，它也成为和别人分享的内容。同学们，你能像这位同学一样利用思维导图和大家分享你读过的这本《傻狗温迪克》吗？

思维导图的其他用途

思维导图的作用其实远远不止能帮助我们阅读和分享，它的最大作用是帮助我们记忆和思考，所以它的用途很大，可以帮助我们解决生活和学习中的许多问题，我们再看看这几张图就可以看出思维导图在生活和学习中的运用。

阅读作业

今天的作业，便是画一张《傻狗温迪克》思维导图，利用这个思维导图和爸爸妈妈说说一下你的具体收获。也可以画另外一本书的思维导图。或者利用思维导图总结一下其他学习或生活中的问题。

第三课
图书馆之旅

关于图书馆

同学们，一说起图书馆，你都会想起什么呢？现在你就拿起一张纸，用圆圈图试着写下关于图书馆你能想到的词语或画面。

关于图书馆，自古有许多说法，例如：

天堂，应该是图书馆的模样。（博尔赫斯）

图书馆是一座神奇的陈列大厅，在大厅里人类的精灵都像着了魔一样沉睡者，等待我们用咒语把它从沉睡中解脱出来。（爱默生）

一所学校只要拥有图书馆，就可以称之为学校。（苏霍姆林斯基）

小说中的图书馆

在我们读过的很多小说里，都会读到与图书馆有关的人或故事。大家都记得哪些？

《傻狗温迪克》里的芬妮小姐从小就想拥有自己的图书馆，成为一名图书馆管理员，因为整天泡在图书馆里，所以她聪明，一肚子故事。

《爱上读书的妖怪》书中的三个妖怪原本是想给钱找个家，从柳树的洞到自己想建一座房子，到后来因为爱上了读书，将所有的钱给了学者建造图书馆，给书找了家，也让自己有了最好的安顿场所。这是书中“爱上读书的妖怪”图书馆。

《小女巫艾米》里的鲁巴为了寻找女巫，专门到图书馆里查阅资料。艾米的三姐爱莲、四姐蕾娜塔正是因为爱到图书馆看书写作业，才会和到图书馆查找女巫资料的鲁巴有了接触；正是赞卡在图书馆咨询处工作，又恰巧是艾米家的管家迪奥的外甥，才会将迪奥的带有重要信息的填字游戏带到图书馆，被鲁巴捡到；图书馆在这个故事里起到了非常重要的作用。

《波普先生的企鹅》的波普是当地图书馆的常客，他会在那儿借到最新的有关极地探险的书，当他在养育企鹅的过程中遇到困难时也会首先想到去图书馆查找资料。

通过对作家的了解，我们还知道许多我们喜欢的作家都曾经是图书馆管理员，或者受到图书馆管理员的影响从而走上创作道路的。比如，《雷梦拉八岁》的作家贝芙莉就说她从小经常去图书馆借书，一位学校图书馆的管理员激发了她对阅读的热爱和对写作的动力，成年后，她进修图书馆管理学。她的第一份全职工作是在西雅图担任一名图书馆管理员，正因为当了图书馆管理员，成天与书与孩子打交道，所以她才写出了一本有一本好看的小说。

说“天堂，应该是图书馆的模样”的博尔赫斯是诺贝尔文学奖的获得者，他的真实身份就是图书馆管理员。

我们国家第一任主席毛泽东年轻时就是北京大学图书馆管理员，当时还只是助理员，职责是登记来图书馆读报刊者的姓名。因为每天管理和阅读报刊，早年的毛泽东获取了许多有益的知识，结交了很多名流学者，对今后的个人发展以及我国的解放事业起到了良好的铺垫作用。

图书馆对于个人的成长以及对人类进步都起到了莫大的作用，那么，同学们，你们真正了解图书馆吗？所以今天，我们就来聊一聊“图书馆”。

图书馆的历史变迁

我们看一组图片，了解一下图书馆的历史变迁（见课件）。

迄今为止，人类发现的最古老的图书馆位于叙利亚北部的埃布拉古城。通过考古发掘出两万块刻有楔形文字的泥板文书，可以想象出当时的图书馆是规模宏大的。

亚历山大图书馆，在公元前 300 年，成为当时周边的文学、书籍和学者的活动中心，因为其收藏内容丰富，堪称一座博物馆。

图书馆在我国古代不叫图书馆，叫藏书阁、藏经楼、书院。每一个朝代都有自己的官方档案馆，私人也都有重视藏书的优良传统。

中国最早的藏书阁，是浙江宁波的天一阁。天一阁是明代兵部侍郎范钦创建于嘉靖年间的私人藏书楼，也是亚洲现存最古老的一家图书馆。因它走过了一段极端艰难的藏书历程，因而被认为是中国古代藏书楼的典范和文化奇迹，从而成为中国藏书文化的象征。

莫高窟藏经洞，也称“千佛洞”。由近 500 座寺庙组成，拥有 **50 万平方英尺**的宗教壁画，储存 15000 册纸质书、1100 捆纸包——每捆纸包有几十卷卷轴。

随着历史的发展，图书馆发展也潮起潮落，但在文明传承的历史长河中，她一直扮演着十分重要的作用。现如今的图书馆，已俨然成为一个国家、一个城市、乃至一所学校的文化象征。

我们来看一组现当代十分有名的图书馆（见课件）。

浏览了这些美丽的图书馆图片，你一定十分向往，有机会来到这个国家或城市，记得一定去拜访他们呀！

看过这一组图片，你对图书馆的认识有加深么？可以在你的圆圈图里继续丰富你的联想。

图书馆不仅仅是幢幢宏伟的建筑，它更是书的天堂。英文中的“library”（图书馆）一词来源于拉丁文的“liber”，也就是“书”的意思。自从有了人类社会以来，便产生了文字，用来记录这些文字的载体——图书也就应运而生。它记载了从古至今人类历史的发展和演变。图书馆的功能之一，就是要收集、加工、整理、科学管理这些珍贵的文献资源，以便广大的读者借阅使用。因此，我们可以说，**图书馆，是收藏、记录知识的地方，是人类的集体记忆库，是作为保存各民族文化财富的机构而存在的，当然，由于计算机网络化的实现以及科学技术的突飞猛进，图书馆不但保存手写和印刷的文献，还保存其他载体形式的资源**。**通过图书馆，我们可以了解到人类历史发展的脉络，窥视到世界文化发展的历史**。**通过图书馆，创造新的知识**。

如何利用图书馆

同学们常去的图书馆还是学校的图书馆，那你是学校图书馆的常客吗？你知道图书馆里的区域以及书籍是怎样摆放的吗？如何找到一本自己想要的书呢？当我们在学习、生活中遇到问题，怎样才能到图书馆找到答案呢？

我们以合肥市望湖小学图书馆为例，看看同学们如何玩转图书馆——

望湖图书馆的平面图，能一目了然地看出区域的分布。

在准备区，可以放下书包，换上鞋套，整队进入。

布告区、新书推荐区可以了解最新图书信息，排行榜。

在管理区，可以借还书，可以向图书馆老师咨询。

在藏书区，可以按照图书分类，按图索骥，找到自己想要的书。

图书馆里还有许多主题书展区，大家可以学习、浏览，找到自己喜欢的书。

在阅览区，可以找本喜欢的书找个喜欢的地方用自己喜欢的姿势读书。

在多媒体区，可以浏览安全网站，读电子书，查找电子资料。

阅览分享区，大家可以看到同伴的阅读收获，阅读痕迹。

在表演分享区，可以听故事，也可以表演分享。

怎么样？图书馆里是否就像一个美丽的天堂，总有一处是你喜欢的地方，是一个来了就不想离开的地方。

图书馆除了阅读，除了分享，还可以做什么？

解决问题，通过阅读解决问题。

比如，我们在读《傻狗温迪克》时，看到书中有提到佛罗里达州，那么它在哪里？就可以到图书馆里去找答案。可以找到世界地图，找到美国，然后找到佛罗里达州；也可以询问图书馆老师，有无关于佛罗里达州的书或文章，然后到相应的书架上去寻找；或者直接到电脑前，通过搜索，在网络上查阅有关信息。

再比如，同学们都喜欢自己能像欧宝一样能拥有一条狗，那么对于狗，想了解多一些。于是，你可以到图书馆里，找到科普知识类书架，去找关于狗的书，或者也可以利用网络查阅。

再比如，读了《傻狗温迪克》，你对作家迪卡米洛十分感兴趣，想读一读她的其他书，那么也可以到图书馆去找。你可以到文学类书架去找，或者用更便捷的办法——在“我的图书馆”网站的搜索栏里，打下“迪卡米洛”，便可找到她的各种书，还可以知道这些书是否在馆，在哪一个书架上。而且网站还对每本书做了主要内容的介绍，你可以大致了解小说内容，然后决定借不借。

再比如，读完《傻狗温迪克》，你对“友谊”这样的主题十分感兴趣，你很想知道关于这个主题的书还有哪些？同样，你可以到图书馆寻找答案，可以到图画书、文学类书架里去一本本找，也可以利用“我的图书馆”网站，利用主题词“友谊”搜索，同样可以找到一系列的书。

在图书馆里除了阅读、分享、解决问题，还可以做什么？我们跟随一只图书馆老鼠去看看吧。

讲述周边书的《图书馆老鼠》——

山姆是一只图书馆老鼠。

他的家在图书馆墙角的一个小洞里，就在少儿工具书架的后面。

他觉得生活真的很棒。

白天，图书馆到处都是人。

人们在过道里走来走去，读书、借书、还书，在电脑上敲敲打打。

这时，山姆蜷曲在他的小洞里，睡得正香。

晚上，人们都回家了，房间里黑黑的、静静的。

这时候，图书馆可就是山姆的了。

山姆每天晚上都在读书，他读啊，读啊。

山姆读图画书，也读分章节的故事书。

他既读传记和诗歌，也读教人做饭的书和有关运动的书。

他还读神话故事、鬼怪故事，还有谜团重重的推理小说……

他读了成堆的书。

山姆的脑子装得满满的。

他知道很远的地方发生的事情，还在心里画出那里的模样。

丰富的想象，奇特的幻想，在他的脑子里都快装不下了。

一天晚上，山姆决定，从这天起他要写一本自己的书！

山姆从图书馆馆员的桌上拿来几张方纸片，折成书页的样子。

他又找到一支滚到书架底下的铅笔，开始写了起来。

“写你熟悉的事”——这是山姆在一本讲“怎么写作的书”上读到的。

所以，山姆就写“身为一只老鼠的经历和感受”。

为了给自己的书画插图，他就在小镜子前摆好姿势，然后把看到的样子画下来。

山姆非常努力地写啊、画啊，终于，他的第一本书完成了。

他给这本书起名叫《吱吱！一只老鼠的一生》。

他在封面上写道：“山姆　文/图”。

他来到图书馆放“传记/自传类”图书的分区，把自己的第一本书塞到书架上。

然后，他回到自己的小洞里，等待着。

第二天下午，阳光透过窗户洒进了图书馆。

“这是什么？”一个女孩问。她是被老师派来做一篇读书报告的。

“我还从未见过这样的东西！”一位馆员说着，

就把这本《吱吱！一只老鼠的一生》放到自己的桌上。

稍后，她把这本书拿给其他馆员一起看。

山姆决定再写一本书，书名叫做《孤独的奶酪》。

他在写这本书的时候，总觉得肚子非常饿。

还好，在走廊的垃圾篓旁边，他总能找到足够的面包屑来吃！

当山姆画完了所有的插图，他一路小跑来到放图画书的分区，

把他的新作得意地摆到书架上。

然后，他回到自己的小洞里，等待着。

第二天上午，阳光透过窗户洒进了图书馆。

“这是什么？”一个小男孩问。他正在找一本关于卡车的大书。

“这是山姆写的另一本书。”那位馆员回答。

“只是，这个山姆是谁呢？”她心里想着，把这本《孤独的奶酪》放到自己的桌上。

稍后，在说故事时间，她把这本书都给了小朋友们听。

山姆决定写一本分章节的故事书，书名叫做《老鼠公馆之谜》。

当山姆写到吓人的部分时，他自己也被吓出了一身鸡皮疙瘩。

那天晚上正好是满月，明晃晃的月光透过窗子，照进黑漆漆的图书馆里。

山姆悄悄地爬进放推理小说的分区，偷偷地把刚写完的书放到书架上。

然后，他回到自己的小洞里，等待着。

第二天，阳光透过窗户洒进了图书馆。

“这是什么？”一位少年问。他正在找一本睡前讲的真正吓人的故事书。

“这个山姆是谁？我们必须得查出来。”那位馆员说，

“我会在公告板上留张纸条，告诉他，我将非常乐意见到我们的新作家！”

她把《老鼠公馆之谜》放到自己桌上。

稍后，她与放学后来参加写作班的孩子们一起分享了这本书。

那天夜里，山姆发现了这张纸条。上面写道：

亲爱的山姆：

我们图书馆里所有的人都非常喜爱您的书。我们都很好奇，这个神秘的山姆到底是谁呢？不管您是谁，很显然，您非常有天赋。不是每个人都有这种天赋，能写出哪怕是这样的一本书来，更不用说三本书啦！我们想举办一个‘作家见面会’，这将会很有趣，而您就是我们的特邀嘉宾！孩子们会很喜欢听您朗读自己的书，并希望能分享一些您的写作秘诀。

您真诚的朋友——

馆长福瑞斯特太太

山姆觉得又高兴又紧张。

图书馆的孩子喜欢他的书，他很开心。

他们想要见他，他也感到很得意。

可是，让老鼠去见人类？——老鼠们通常会非常害羞的！

山姆一点儿也不明白：

“人类为什么会觉得写作和编故事那么困难呢？

只要他们愿意试一试，就会发现写作真的是乐趣无穷呀！”

早上，当馆员打开少儿借阅室的房门时，门上贴着一张纸，上面写着：

“今天与作家见面！”

山姆做的展品就摆在第一张桌子上，第一个发现它们的是一个小女孩。

“这是什么？”小女孩问。

桌上摆着一个纸巾盒，盒的两边竖着两支铅笔，铅笔之间拉着一条横幅，

上面写着：“与作家见面！”

还有一个箭头指向下面。

小女孩低下头，向那个空纸巾盒里看去。

“噢！”她惊讶地叫起来。

原来，在盒子的底部放着山姆的小镜子。

在那面镜子里，小女孩看见一张笑吟吟的脸，那不是别人，正是她自己！

“我？”她说，“一个作家？”

在镜子旁边，放在一堆空白的小书和一排已经削好的铅笔——是山姆用他的小牙齿削的。

这一整天，还有从那以后的好多天，许多人来到这个小展台前“与作家见面”。

不久，人们自己写、自己画的书摆满了整整一个书架。

以前他们从未写过一本书，而现在他们会讲述我们从未听过的故事。

山姆是一只图书馆老鼠。他的家在图书馆墙角的一个小洞里，就在少儿工具书架的后面。整个晚上，山姆坐在他的小洞里，想了又想：下一本书该写什么呢？一本推理小说？一个冒险故事？一本搞笑的书？还是一个真实的故事呢？山姆想说的故事实在太多了。“啊哈！”他想好了，“我只要一个一个把它们写下来就行了！”

山姆捡起他的铅笔，开始写起来。

故事读完了，你对图书馆是否又有了新的认识？老鼠山姆告诉我们，原来在图书馆里除了阅读，还可以创作自己写书。在山姆看来，读书最大的乐趣就是写书。

德国伟大的哲学家马克思就说过，不在图书馆的时候，无论多么好的愿望，也总是不能动笔。

图书馆可以为自己提供无穷无尽的资源，可以激发自己无穷无尽的想象，不写不快！图书馆的最大功能就是创造新的知识，你们说对吗？同学们，你愿意像山姆

一样，做个图书馆孩子，不仅看书，还能写书，希望有一天在图书馆里能看到你们的大作。

阅读作业

孩子们，在图书馆里还可以做什么？又不能做什么？在图书馆里会发生什么有趣的故事呢？你们可以到真实的图书馆里体验体验，也可以从各种书籍里去发现。

<table>
<tr><th colspan="2">玩转图书馆</th></tr>
<tr><td>图书馆全名：</td><td>所属城市：</td></tr>
<tr><td>建筑面积：</td><td>建筑年代：</td></tr>
<tr><td colspan="2">平面图：（一般图书馆里都会有，找一找试着画一画）</td></tr>
<tr><td colspan="2">图书馆的样子和馆内最有特色的一角：（拍照或者画一画）</td></tr>
<tr><td colspan="2">我完成的图书馆任务</td></tr>
<tr><td colspan="2">1. 我在（　　　）区域找到了《傻狗温迪克》，是通过（询问管理员、网络搜索、按排架自行寻找）的，它的索书号是（　　　）

2. 我还在（　　　）区域找到了一本关于狗的书，书名是（　　　），作者是（　　　），出版社是（　　　），索书号是（　　　）

3. 我还借了几本和图书馆有关的适合我读的书，它们是：

（1）《　　　　　》，作者（　　　）
（2）《　　　　　》，作者（　　　）
（3）《　　　　　》，作者（　　　）</td></tr>
</table>

整本书阅读与教学——以儿童小说为例

一线教师第一次接触整本书概念的应该是来自于《语文课程标准》中的这句话："培养学生广泛的阅读兴趣，扩大阅读面，增加阅读量，提倡少做题，多读书，好读书，读好书，读整本的书。"整本书是相对于教材中的单篇短章而言的。从形式上看，整本书可分为图画书、桥梁书和文字书；从内容上看，可分为文学类、科普类、人文类。儿童小说是文学类中最主要的一种类型。

受以教材为中心的思想桎梏，一线教师对整本书阅读及教学的认识程度不够，实际践行的更少，即使有，也多是作为课外阅读口头号召而已，整本书阅读在语文教学中是缺位的。本文以儿童小说为例谈谈一线教师如何进行整本书阅读与教学。

一、整本书阅读的意义

1. 小学生阅读素养发展的需要

小学语文教学的主要目标之一是培养学生的阅读素养，具体来说是培养学生广泛的阅读兴趣，使其养成良好的阅读习惯，具备一定的阅读理解力和欣赏力，形成独立阅读能力。尽管教科书选编了不同的阅读材料，但受篇幅以及其他因素制约，它更多的是帮助学生掌握语文学科的必备知识和技能，主要是担负起语言文字的训练任务。文学阅读实在难以担负。与教科书单篇阅读课文相比，整本书内容更多、篇幅更长、线索更多，结构更复杂、题材更多元、语言更丰富灵活，因而整本书阅读不仅能够让学生接触到足够的丰富的语言，扩大知识面，提供学生思维发展深入的可能性，还能弥补教科书中文学教学的不足。再者，长长的一本书更是挑战了学生的阅读能力，也教会学生真实的阅读策略。"国际学生评价项目"PISA 以及"国际阅读素养进展研究项目"PIRLS 的测试都用到了文学材料和资讯材料，且都是长长的篇幅，这对学生阅读长篇资料的能力提出挑战，这些能力都需要在实践中才能得以培养。

2. 儿童成长的需要

以儿童小说为例，作为整本书文学种类中创作最丰、读者最多的一个类型，它常以年龄的适切性、情节的曲折性、人物的典型性、主题的丰富性吸引着也引导儿童的成长。它不分国界，文化多元，题材广泛，涉及成长、爱、生命、旅途、探索等儿童成长中应该关注的主题。阅读这些作品，不仅能使学生得到文学滋养，震撼于故事本身，还能感受到书中水晶般透明的精神世界，感受到人文关怀。儿童小说可以分为多种种类，如，科幻小说、动物小说、冒险小说、成长小说，国外甚至还有专门的少女小说、体育小说，这些能满足不同需求的儿童。

3. 教师专业发展的需要

教师首先应该成为阅读者，成为博览群书的典范。一直以来，教科书和教学用书成为教师主要的阅读材料，专业发展意识强的老师逐渐开始阅读教育教学理论及实践层面的书，但作为儿童文学却一直鲜入教师视野，认为太小儿科，殊不知，儿童文学不仅仅是儿童的文学，它蕴含的文学初乳以及人生哲理同样意义非凡，它能作为非常好的教育教学资源，且通过阅读儿童文学可以更进一步了解儿童，更好地育人。许多一线教师因为重视整本书阅读开始喜爱儿童文学，成为儿童阅读推广人，自己不仅开拓了阅读视野，更是养成了良好的阅读习惯，提升了专业素养。

二、如何阅读整本书?

《如何阅读一本书》里介绍一本书的阅读层次：检视阅读、基础阅读、分析阅读、反刍阅读。整本书阅读一般会经历这样几种过程：

浏览，即检视阅读。先读读书名、副标题、目录，然后看看封面题图、内页插图、作者的序言、摘要介绍以及书后的评论等。如果书还有书衣的话，看看出版社的宣传文案。这种粗浅阅读，是帮助读者在有限的时间内了解一本书的大致内容。

通读，即基础阅读。从前至后阅读，建议连续、快读。如果愿意边读边批注也是可以加强阅读理解。

回读，即分析阅读和反刍阅读。通读全书后，需要对书做一个回顾，可再次浏览全书，然后对精彩的、疑惑的地方重读，此时的阅读，需要带着一定的指向性，可以做摘抄或者批注。

在阅读不同类型的整本书时，读者要具有文体意识。例如图画书，则不仅好关注文字本身，还要关注图画。而文学类的书则要关注文学要素，科普知识类的书要关注知识本身和说明方法。

下面以儿童小说为例，谈谈阅读时需要关注的地方。

小说的要素一般包括情节、角色、背景、主题等。

情节。事件及其出现的先后次序就构成故事的情节。对于小读者来说，情节是小说中最重要的要素。情节一般来源于冲突，冲突一般来源于人与自我、人与他人、人与自然、人与社会的矛盾。安排情节的方式很多，儿童小说最常见的是递进式情节。梳理复杂情节，常常是小说阅读与教学的重要内容。

角色。对小读者来说，角色是小说中最可感、最可接受的要素。儿童小说中的主要角色（主人公）可以是人，也可以是动物。角色通常有主要角色和次要角色。优秀的作者，总能通过多种方式塑造角色，让角色真实可信，栩栩如生。了解角色的动机、选择、价值观，是小说阅读与教学的重要内容。

背景。故事发生的时间和地点构成故事的背景。故事的背景常常模拟出生活实景，让我们更能理解角色的行为，也为情节的发展提供依托。借助对背景的理解了解角色性格、价值观形成的原因，是小说阅读与教学的重要内容。

主题。主题通常是小说中传达的意义或作者想要表达的观点。区分儿童小说高下的标准之一常常是作者传达主题的方式。高明的作者通常都不会把主题直接告诉读者，而是通过事件铺陈和主角言行表达出来。

除了上述要素，儿童小说的要素还有结构、语言等，它们一起共同运作，构成一篇小说的基本面。学生如果在掌握故事内容的同时，能对上述文学要素进行感知和分析，就能达到举一反三的阅读效果。

以上内容只有教师在阅读时自己关注到了，才会引导学生关注。

三、如何教学整本书?

1. 两种教学模式

一是泛读，二是精读。

所谓泛读，就是学生自由自主地选择读本，自由阅读，教师只要鼓励，适机给予平台让大家交流即可。当然，选择读什么书最好能予以引导。

精读则是师生共读，也是我要重点推荐的类型。它主要承载一定的教学任务，是教师引导学生掌握整本书阅读的策略、探讨文学的“例子”，是有计划、有组织的教学活动，以期达到课内指导课外拓展的目的。

2. 精读整本书的一般程序及方法

精读整本书一般分为读前导读、读中推进、读后交流。

导读，即推荐本书，引发学生的阅读期待，激发学生的阅读兴趣，也可渗透阅读本书的策略、提醒阅读的关注点。它需要教师自己必须熟悉作者与作品的背景，有自己的阅读体会。导读的常用方法有：

从作者、绘者说起；

从相关话题谈起；

从精彩片段读起；

从书评介绍起；

从封面预测起；

从目录阅读起；

从周围产品引发起；

从改编的电影看起；

从读后交流的成果诱导起。

……

除了教师导读，同学的导读效果也是一样的好!

推进，即在学生阅读时，教师要关注学生群体和个体的阅读进度，尤其关注读困生的阅读状况。常用方法：

利用午读课师生同读；

利用阅读单辅助阅读、推进阅读；

利用机动时间，了解大家读书进度；

可以和读困生一起阅读。

经常询问**读困生**：读到哪儿了？有哪里不懂得？有哪里有趣的？

交流，则是读后利用班级读书会以及其他形式组织大家分享阅读心得，转化能力。这里需要教师做一定的设计，常用形式：

讨论：围绕主题展开讨论与教学；

活动：与艺术、生活、科学、身体、文学等领域相连，设计趣味性、体验性的延展活动。

讨论和活动，是读后交流的两种教学形式，一个偏理性一个偏感性，一静一动，各有所指，各有所长，两种形式也很难说截然分开，又是可以混合使用，根据教学实际情况而定。

3. 整本书教学的特别关注

（1）兴趣第一，儿童本位

牢牢记住，阅读是件快乐的事情，不要把整本书的阅读与教学变成学生的负担，教师最重要的工作只有一个，遵循儿童的身心特点，不断激发他们的阅读兴趣。

（2）低结构的教学组织

“结构”一词，其实源于建筑学概念，是指组成整体的各部分的搭配和安排，移植到课堂教学中来，那就代表了教学活动环节内容、形式、实施与评价等构成要素间的程序化的程度。与“目标指向鲜明，学生活动内容有严密的流程，教师作为组织者、调控者，控制整个活动走向和流程”的传统课堂“高结构”教学过程相比，那些“目标比较模糊笼统，学生活动的过程比较自由，教师的控制是比较间接和隐蔽”的教学过程则就是“低结构”的。低结构的课堂组织强调的是教师时刻不忘营造一种包容、公平、分享氛围，强调从学生的兴趣出发，强调让学生多提问、多思考，强调同文本的对话，强调尊重学生的阅读感受，强调自主、合作、探究的学习。要相信孩子的阅读能力，给孩子更多的表达时间和空间。整本书教学的设计与组织不同于一般的语文教学，它应该是粗线条的，板块式的；它不以解决语文的基本能力为目的，鼓励学生自己扫清文字障碍，也允许学生“不求甚解”。

（3）提供有价值的主题组织讨论与教学

讨论是班级读书会的核心环节。学生通过对书的讨论，不但厘清困惑、深化理解，还能分享快乐、分享经验，培养团体探索的习惯。因此，选择什么主题讨论十分重要。

一般来说，主题的选择可以有这几个面向：文本内容、文学要素、阅读策略、表达写作。

文本内容：聚焦故事内容的理解；

文学要素：聚焦情节、角色、背景、主题、结构、表达等构成文学作品的主要要素；

阅读策略：聚焦阅读方法和技能，例如预测、背景知识、联想、提问、图像化、推理、找出主旨和重点、综合、检视理解、观点等常用阅读策略；

表达写作：聚焦文本中典型的语段及表达特点，进行读写结合，引导学生“像作家一样写作”。

主题可以是老师根据以上价值面向确定，也可以从孩子的问题中产生。教师要鼓励学生在阅读整本书后提出一两个问题，然后集中全班所有问题，可分类讨论，也可挑选其中几个课堂集中讨论，也可以用游戏化的方法让同学互问互答。有时学生的问题抓不住重点，或者离文学要素比较远，教师也不要随意否定，可以帮助学生区别好问题和差问题。例如，文本性问题通常只涉及书本本身，要少提，而非文本性问题能引发学生运用思考、推论等技能，要多提；事实性问题只要求学生给出唯一答案，要少提，而判断性问题要求比较复杂的思考，没有固定答案，要多提。

讨论的氛围很重要，我们一定要给孩子一种轻松的阅读环境，通过多元化的活动提升孩子的阅读兴趣，避免老师把交流课上成另一种形式的语文课，把传统语文课的无趣带进来，因此建议多以活动的方式带入。有趣、有创意、有游戏感的设计会让学生乐意参与。台湾王淑芬老师最擅长运用游戏的方法组织学生讨论，她有很多招儿。例如用“钓到一个 WHY”“寻宝记”“作家发言人”等游戏化的方式就很容易调动学生参与讨论的积极性。

（4）阅读学习单的适当辅助

合理利用阅读学习单不仅在激发学生阅读兴趣、形成良好阅读习惯、提升阅读理解力等方面发挥重要作用，也是整本书阅读与教学的最好成果体现。阅读学习单分为通用型和特制型。需要注意的是，并不是所有的阅读都需要学习单，也不是所有的活动都需要学习单，因人而异，因书而异。

整本书阅读与教学毕竟是较为新鲜的事，也许理论和操作层面还有待于进一步研究，例如评估、例如读困生的指导、不同类型学生的阅读推荐，但是我坚信，整本书阅读与教学越早开始越好，只要读起来，就有意义！

附：辅导用书

[1] 斯蒂芬·克拉生.阅读的力量.乌鲁木齐：新疆青少年出版社，2012.

[2] 莫提默·J·艾德勒，查尔斯·范多伦.如何阅读一本书.郝名义，朱衣，译.北京：商务印书馆，2004.

[3] 托马斯·福斯特.如何阅读一本小说.梁笑，译.海口：南海出版公司，2015.

[4] 佩里·诺得曼，梅维丝·雷默.阅读儿童文学的乐趣.陈中美，译.上海：少年儿童出版社，2008.

[5] 吉姆·崔利斯.朗读手册.徐海帲，译.海口：南海出版公司，2009.

[6] 艾登·钱伯斯.打造儿童阅读环境.许慧贞，蔡宜容，译.海口：南海出版公司，2009.

[7] 亲近母语研究院.中国小学生分级阅读书目（每年更新）.

[8] 安妮塔·西尔维.给孩子100本最棒的书.王林，译.长沙：湖南少儿出版社，2010.

[9] 王淑芬.抢救阅读50招.福州：福建少年儿童出版社，2014.

[10] 王林，胡冬梅.童书玩转语文课堂.天津：新蕾出版社，2017.